myBook+

Ein neues Leseerlebnis

Lesen Sie Ihr Buch online im Browser – geräteunabhängig und ohne Download!

Und so einfach geht's:

– Gehen Sie auf **https://mybookplus.de**, registrieren Sie sich und geben
  Ihren Buchcode ein, um zu Ihrem Buch zu gelangen
– **Ihren individuellen Buchcode finden Sie am Buchende**

Wir wünschen Ihnen viel Spaß mit myBook+ !

https://mybookplus.de

Innovative Rechtsberatung

Anette Schunder-Hartung (Hrsg.)

Innovative Rechtsberatung

Strategien und Handlungsfelder
für nachhaltige Kanzleientwicklung

Schäffer-Poeschel Verlag Stuttgart

Herausgeberin: Dr. Anette Schunder-Hartung,
Rechtsanwältin, Inhaberin der aHa Strategische Kanzleientwicklung, Frankfurt a. M.

Bibliografische Information der Deutschen Nationalbibliothek

Die Deutsche Nationalbibliothek verzeichnet diese Publikation in der Deutschen
Nationalbibliografie; detaillierte bibliografische Daten sind im Internet über
http://dnb.dnb.de/ abrufbar.

Print:	ISBN 978-3-7910-5793-4	Bestell-Nr. 17217-0001
ePub:	ISBN 978-3-7910-5794-1	Bestell-Nr. 17217-0100
ePDF:	ISBN 978-3-7910-5795-8	Bestell-Nr. 17217-0150

Anette Schunder-Hartung (Hrsg.)
Innovative Rechtsberatung
1. Auflage, Juni 2023

© 2023 Schäffer-Poeschel Verlag für Wirtschaft · Steuern · Recht GmbH
www.schaeffer-poeschel.de
service@schaeffer-poeschel.de

Bildnachweis (Cover): Stoffers Grafik-Design, Leipzig

Produktmanagement: Anna Pietras
Lektorat: Barbara Buchter, extratour, Freiburg

Schäffer-Poeschel Verlag Stuttgart
Ein Unternehmen der Haufe Group SE

Inhaltsverzeichnis

Abkürzungen

AO	Abgabenordnung
ArbGG	Arbeitsgerichtsgesetz
AEUV	Vertrag über die Arbeitsweise der Europäischen Union
AR	Augmented Reality
BBodSchG	Bundes-Bodenschutzgesetz
beA	besonderes elektronisches Anwaltspostfach
BGB	Bürgerliches Gesetzbuch
BGBl.	Bundesgesetzblatt
BIM	Building Information Model (Ganzheitlicher Prozess zum Erstellen und Verarbeiten von Informationen für ein Bauobjekt)
BImSchG	Bundes-Immissionsschutzgesetz
BMWK	Bundesministerium für Wirtschaft und Klimaschutz
BNatSchG	Bundesnaturschutzgesetz
BNotK	Bundesnotarkammer
BNotO	Bundesnotarordnung
BRAO	Bundesrechtsanwaltsordnung
BVerfG	Bundesverfassungsgericht
CCZ	Corporate Compliance Zeitschrift
CSR	Corporate Social Responsibility (gesellschaftliche Verantwortung eines Unternehmens für nachhaltiges Wirtschaften)
CRRC	China Railway Rolling Stock Corporation (chinesisches Unternehmen zur Herstellung und Vertrieb von Eisenbahntransportmitteln)
DiRUG	Gesetz zur Umsetzung der Digitalisierungsrichtlinie
DSGVO	Datenschutz-Grundverordnung
DSVO	Drittstaatensubventionsverordnung
EEG	Erneuerbare-Energien-Gesetz
EnLAG	Gesetz zum Ausbau von Energieleitungen
EnWG	Energiewirtschaftsgesetz
EPO	Europäische Patentorganisation
ESG	Environmental, Social and Governance (Umweltschutz, soziale Gerechtigkeit und gute Unternehmensführung)
EuGH	Europäischer Gerichtshof
EUIPO	Amt der Europäischen Union für geistiges Eigentum
GNotKG	Gesetz über Kosten der freiwilligen Gerichtsbarkeit für Gerichte und Notare
GG	Grundgesetz
GWB	Gesetz gegen Wettbewerbsbeschränkungen
HGB	Handelsgesetzbuch
IFRS	International Financial Reporting Standards (weltweites System von Rechnungslegungs- und Berichtsvorschriften für Unternehmensabschlüsse)

InsO	Insolvenzordnung
IPO	Initial Public Offering (erstmaliges öffentliches Angebot bei Börsengang)
IoT	Internet of Things (Netzwerk technologiegestützter physischer Objekte)
KYC	Know Your Customer (Kenne deinen Kunden)
KrWG	Kreislaufwirtschaftsgesetz
LkSG	Lieferkettensorgfaltspflichtengesetz
M&A	Mergers and Acquisitions (Fusionen und Übernahmen)
NABEG	Netzausbaubeschleunigungsgesetz
OCR	Optical Character Recognition (optische Zeichenerkennung)
ODI	Overseas Direct Investment (Übersee-Direktinvestition)
OwiG	Gesetz über Ordnungswidrigkeiten
PlanSiG	Planungssicherstellungsgesetz
RDG	Rechtsdienstleistungsgesetz
RVG	Rechtsanwaltsvergütungsgesetz
StaRUG	Gesetz über den Stabilisierungs- und Restrukturierungsrahmen für Unternehmen
StPO	Strafprozessordnung
UPC	Unified Patent Court (Einheitliches Patentgericht)
VerSanG	Verbandssanktionengesetz
Vertikal-GVO	Gruppenfreistellungsverordnung für vertikale Beschränkungen
VR	Virtual Reality (computergenerierte künstliche Wirklichkeit)
WHG	Wasserhaushaltsgesetz
WIPO	Weltorganisation für geistiges Eigentum
ZPO	Zivilprozessordnung

Vorwort

Die Herausforderungen im juristischen Arbeitsalltag nehmen zu. Digitalisierung, Personalfragen und weitere Marktveränderungen erzeugen Diskussionsbedarf. Meist finden entsprechende Erörterungen aber *nur punktuell und/oder in fachlich begrenztem Rahmen* statt. Man spricht auf besonderen Tagungen und in thematisch begrenzten Arbeitsgemeinschaften miteinander oder publiziert in Medien mit einem bestimmten fachlichen Schwerpunkt. Was die Arbeitsrechtlerin umtreibt, bleibt dadurch dem Baurechtler, sollten die beiden nicht in derselben Kanzlei arbeiten, ziemlich fremd. Insolvenzrechtlerin und Kartellrechtler sprechen vor allem als Studienfreunde miteinander, haben ansonsten aber nur noch wenig Gelegenheit zum systematischen Austausch. Energierechtler und Versicherungsrechtlerin begegnen sich ihrerseits vor allem dann, wenn sie im gleichen Unternehmen oder am gleichen Fall arbeiten.

Dabei gilt es *zahlreiche übergeordnete Aspekte* zu bedenken.

Seit einigen Jahren ist zunächst der große gemeinsame »Gamechanger« einzuordnen: *die digitale Transformation.* Hierzu ist mittlerweile eine Reihe umfassender Publikationen erschienen (statt vieler: Hartung/Bues/Halbleib, 2018; Schulz/Schunder-Hartung, 2019). Allerdings enthebt keine noch so gute technische Lösung die juristischen Beteiligten von weiterführenden strategischen Überlegungen. Hier gilt das alte Sprichwort: »A fool with a tool is still a fool«. Tools sind Werkzeuge, wie man sie sinnvoll einsetzt, muss jede und jeder selbst entscheiden.

Hinzu kommen *geopolitische Verwerfungen* – auf übergeordneter Ebene beispielsweise im Zuge der globalen Covid-19-Pandemie, die sich nahtlos an den juristisch noch immer nicht ganz bewältigten Brexit angeschlossen hat. Zwei Jahre später überfiel Russland die Ukraine, und es begann zum ersten Mal seit Jahrzehnten wieder ein Krieg in Europa, mit weiteren Rechtsfolgen für das Geschäft. Über all das ließ sich über einen längeren Zeitraum hinweg allenfalls online diskutieren, Zusammenkünfte fanden nur in sehr begrenztem Rahmen statt.

Nationale Herausforderungen schlossen und schließen sich an. So wird im berufsständischen anwaltlichen Bereich der Schutz vor Konkurrenz durch die Berufsrechtsanwaltsordnung (BRAO) immer weiter aufgelockert. Bezeichnend dafür ist die große BRAO-Reform mit der Liberalisierung der interprofessionellen Zusammenarbeit zum 1. August 2022. Intern erhöhen eine zunehmend segmentierte Mandatsvergabe und schließlich ein immer anspruchsvollerer juristischer Nachwuchs den Druck. Wie lässt es sich in dieser Situation weiterhin zukunftsfest beraten? Als langjährige leitende Redakteurin, die über die Jahr(zehnt)e mit den unterschiedlichsten Wirtschaftskanzleien zu tun hatte, habe ich gelernt, dass es auf eine solche Frage die eine richtige Antwort nicht geben kann.

Seit 2011 habe ich die Freude, eine Gruppe von derzeit bundesweit rund 80 Juristinnen und Juristen – vor allem: Anwaltspartnern, aber auch Unternehmensjuristen und Gerichtspräsidenten – regelmäßig in unseren bundesweiten *aHa-Kanzleireihen* zu versammeln. Sie befassen sich mit den unterschiedlichsten Fragestellungen des B2B-, also des unternehmensberatenden Bereichs. Dabei erlebe ich zu ganz unterschiedlichen Fragestellungen immer wieder den Effekt der *Schwarmintelligenz*: Gemeinsam setzen wir unsere Erkenntnisse und Fähigkeiten dazu ein, auf neue, bessere Zukunftsideen zu kommen. Aus diesem Impuls heraus entstand auch das vor Ihnen liegende Werk.

Darin haben wir uns *aus allgemeinstrategischer, unternehmensjuristischer und dann vor allem aus anwaltlicher Sicht* jeweils dieselben Fragen gestellt, und das zu 20 unterschiedlichen, zentralen Bereichen der B2B-Betreuung.

Unsere Autorinnen und Autoren haben sich übereinstimmend damit befasst,
- welche drei Faktoren ihren heutigen Arbeitsalltag maßgeblich prägen,
- wo sie die drei zentralen Herausforderungen für ihren Erfolg sehen und
- welche Weichen sie für ihre Marktpräsenz in zehn Jahren stellen.
- Schließlich: Wenn man einen Wunsch an den Gesetzgeber frei hätte – welcher wäre das?

Zu all diesen Aspekten finden Sie im letzten Abschnitt einen weiterführenden *Über- und Ausblick*. Auf diese Weise möchten wir allen Interessierten einen möglichst klaren Einblick in die wichtigsten metajuristischen Fragen auf dem Weg in die Zukunft verschaffen.

Unser besonderer Dank gilt dem hervorragenden Lektoratsteam von Schäffer-Poeschel, allen voran Anna Pietras und Claudia Knapp.

Frankfurt, im April 2023
Dr. Anette Schunder-Hartung, Rechtsanwältin

Literatur

Hartung, Markus/Bues, Micha-Manuel/Halbleib, Gernot (Hrsg.) (2018): Legal Tech – Die Digitalisierung des Rechtsmarkts. München.

Schulz, Martin/Schunder-Hartung, Anette (Hrsg.) (2019): Recht 2030 – Legal Management in der digitalen Transformation. Frankfurt.

Teil 1 – Allgemeiner Teil

1 Strategische Geschäftsentwicklung für Juristinnen und Juristen

Dr. Anette Schunder-Hartung

Welche drei Faktoren prägen den heutigen Arbeitsalltag im Bereich der juristischen strategischen Geschäftsentwicklung maßgeblich?

Strategische Geschäftsentwicklung umfasst die *Analyse, Festlegung, Formulierung,* sodann das *Implementieren und Nachhalten zukunftsführender Maßnahmen* entlang der gesamten Wertschöpfungskette. Wer im juristischen Bereich entsprechend praxisAFFIN arbeiten will, muss eine Vielzahl von Faktoren im Blick behalten. Sie beginnen bei der Mandatsanbahnung und Personalgewinnung und erstecken sich über die effektive und effiziente, aber auch wohlwollend akzeptierte Arbeit am Fall aus einer gut strukturierten Einheit heraus. Am Ende der Wertschöpfungskette steht die ansprechende Darstellung der juristischen Ergebnisse gegenüber Dritten, sowohl intern als auch nach außen hin. Hier wie dort sind die unterschiedlichen Wahrnehmungswege der Stakeholder ebenso zu beherzigen wie deren voneinander abweichende Interessen.

Dabei sind juristische Dienstleistungen für Außenstehende anders als früher keine »Black Boxes« mehr. Anhand öffentlich zugänglicher Informationsquellen lässt sich heute besser denn je nachvollziehen, was rechtens ist. Das hat Juristinnen und Juristen von Halbgöttern in Roben zu hoch qualifizierten, aber nicht weiter aufsehenerregenden *Dienstleistern* gemacht – ähnlich wie IT-Spezialisten auch. Man verlangt nicht nur eine transparente, unter Compliance-Aspekten einwandfreie Vorgehensweise von ihnen.

Ebenso gefragt sind Sekundärtugenden wie Empathie und Kommunikationsfähigkeit. Persönliche, soziale und methodische *Social Skills* werden mehr erwartet denn je (vgl. hierzu bereits Schunder-Hartung, 2021). Gleichzeitig konfrontiert der eigene Berufsnachwuchs die Juristenwelt mit ungekannten Idealen und Forderungen. Hier geht es immer weniger um eine traditionelle Entlohnung in Form von hohen Gehältern und Statussymbolen wie Dienstwagen oder Eckbüros. Stattdessen werden Maßnahmen zur Verbesserung der Work-Life-Balance eingefordert, die auf Kosten der Erreichbarkeit gehen und die die Delegation von Arbeiten auf den Nachwuchs, der sich traditionell »seine Sporen noch verdienen soll«, behindern.

Gleichzeitig eröffnet die Liberalisierung des Anwaltsmarkts zum einen nichtjuristischen Unterstützern als Nebenleistern im Sinne des § 5 RDG den Zugang zum Betreuungsmarkt – seien es Versicherungen oder Fuhrparkanbieter. Um das lukrative Transaktionsgeschäft wiederum *konkurrieren* anwaltliche M&A- bzw. Banking-und-Finance-Anwälte mit Finanzexperten, die durch den Abbau von Arbeitsplätzen bei Kreditinstituten freie Kapazitäten haben.

Zum anderen und vor allem aber verändert die *digitale Transformation* die Vorstellung des Marktes von der Wertigkeit juristischer Dienstleistungen. Sie bringt eine zunehmende Zahl von Plattformen hervor, die eine automatisierte Informationsverarbeitung leisten. Noch ist das vor allem im Convenience-Bereich, in Standardkonstellationen der Fall. Prominente Beispiele betreffen im B2B-Bereich vorgelagerte Due Diligence- und im Weiteren: Vertragsprüfungen im Arbeits-, Handels- und Gesellschaftsrecht, von populären B2C-Begleitfragen aus dem Miet- oder Verkehrsrecht ganz zu schweigen.

Zwar ist die Bearbeitung komplexerer Sachverhalte derzeit ein originär menschliches Geschäft. Das wird allerdings nicht so bleiben. Trotz Big Data fehlt es vor allem noch an entsprechend guten selbstlernenden Logarithmen. Prinzipiell ist der bisherige Kern juristischer Dienstleistungen aber nicht nachahmungsfest. Zu sehr ähnelt die Verarbeitung von Sachverhaltselementen und Rechtsnormen zu Entscheidungen bzw. Prognosen der KI-förmigen Kombination von Daten und Regeln.

Vor diesem Hintergrund ist es für die Zukunft unseres Berufsstands hochproblematisch, dass auch in Studium und Referendariat *syllogistische Schlüsse noch immer im Mittelpunkt* stehen. Zwar werden an den Universitäten durchaus fachfremde Schlüsselqualifikation gelehrt. Benachbarte Fakultäten wie Philosophie, Soziologie, Psychologie stellen Wissen und Kapazitäten zur Verfügung. Für den Examenserfolg sind jedoch nach wie vor dogmatische Erfolge in den juristischen Kernfächern des privaten, öffentlichen und des Strafrechts entscheidend. Nur wer in kurzer Zeit möglichst gut Ober- und Untersätze zu Konklusionen verarbeiten kann, hat die Aussicht auf ein Prädikat. Das ist eine kurzsichtige Selektionsweise, die die nächste Juristengeneration nur unzureichend auf die Neuerungen der nächsten Jahrzehnte vorbereitet. Von einem sinnvollen »Embracing the Revolution« (Glock, 2019) ist sie weit entfernt.

Für die juristische strategische Geschäftsentwicklung bedeutet das, dass sie entlang der gesamten Wertschöpfungskette *Transformationshilfe* leisten muss. Juristinnen und Juristen müssen in Theorie und Praxis lernen, worauf es für den langfristigen Geschäftserfolg wirklich ankommt – nämlich auf die optimale Einpassung des Gelernten in einen sich stark wandelnden Markt. Für strukturkonservatives Denken und Handeln ist 2023 kein Raum mehr. Das gilt (1) von der Zielrichtung her sowohl (a) personell als auch (b) sachlich, (2) im (a) Innenverhältnis ebenso wie (b) in der Außendarstellung und (3) für alle juristischen Berufsgruppen.

Wo liegen die drei maßgeblichen Herausforderungen für eine erfolgreiche strategische Beratung von Juristinnen und Juristen?

Die Juristerei bietet Ihren Vertreterinnen und Vertretern etwas ganz Besonderes: Sie schafft einen verbindlichen sozialen Ordnungsrahmen. Kaum eine andere Disziplin, die sich diesem Vorhaben widmet, hat eine vergleichbare gesellschaftliche Durchsetzungskraft. Dieser Umstand zieht von Vorneherein einen bestimmten *Menschentypus* an, der tendenziell struktur-konservativ, durchsetzungsstark und – das ist die nicht seltene Kehrseite – rechthaberisch ist. Weder das juristische Studium noch der Referendardienst »verschleifen« diese Tendenzen, im Gegenteil: Man bleibt schon aus Zeitgründen im Fachbereich unter sich, Doppelfachstudieren-de sind die Ausnahme. Auch privat sind Juristinnen und Juristen gerne mit ihresgleichen be-freundet. Erwerb und Anwendung von Social Skills tragen kaum zum Examenserfolg bei und werden in gewissen Kreisen bis heute belächelt.

Eine *systematische Verbesserung der Arbeitskultur durch qualifizierte Coaches* findet anders als im benachbarten Bankenbereich nur in Einzelfällen statt. Die Mehrzahl der (potenziellen) juris-tischen Führungskräfte findet Coaching in völliger Verkennung ihres eigenen blinden Flecks un-nötig. Persönlichkeiten, die weltoffen sind und sich gerne in neue Verhältnisse und gemischte Teams einfinden, zieht man auf diese Weise nicht heran.

Das ist umso heikler, als zahlreiche Vertreterinnen und Vertreter der juristischen Profession sich ohnehin nicht besonders stark mit anderen arrangieren müssen. Viele von ihnen arbei-ten nämlich in Konstellationen ohne weisungsbefugten übergeordneten Ordnungsrahmen. Ob Richterin oder Einzelanwalt, beide besitzen ein *hohes Maß an Handlungsfreiheit*, auf das Dritte nur sehr begrenzt Einfluss nehmen können. Auch Equity Partner in Wirtschaftskanzleien sind keine »besseren Abteilungsleiter«: Als Miteigentümer ihrer Sozietät bilden sie ein Vorstands-kollektiv, das im Innenverhältnis nur einander verantwortlich ist und keiner übergeordneten Geschäftsführung.

Zwar gibt es in B2B-Sozietäten regelmäßig Managing Partner. Sie sind allerdings meist keine Al-leingeschäftsführer, sondern allenfalls Erste unter Gleichen auf Zeit. In der Folge tun sie schon wegen der »Zeit danach« gut daran, es sich mit den anderen Sozien nicht zu sehr zu verscher-zen. Da zudem wichtige Entscheidungen oft einstimmig getroffen werden, findet in vielen Fäl-len kein fortwährender Lern- und Entwicklungsprozess statt. Die Betroffenen bleiben hinter den Kooperationsstandards ihrer (potenziellen) Stakeholder zurück.

Eine durch jährliche Akkumulation und Ausschüttung geprägte Gewinnverteilung tut ein Üb-riges, um systematische Fortschritte zu verhindern: Rückstellungen für strategische Entwick-lungsmaßnahmen sind viel weniger stark ausgeprägt als bei herkömmlichen Unternehmen. Eine *Research-und-Development-Abteilung*, für Mandanten selbstverständlich, ist für die meis-ten Wirtschaftskanzleien und erst recht die Gerichte ein Fremdwort.

Diese Kombination aus organisatorischen und psychosozialen Faktoren erschwert die strategi-sche Planung im juristischen Bereich in einer Zeit, in der sich die Berufsgruppe ein »Weiter so« aus den oben genannten Gründen nicht mehr lange leisten kann. Viele Sozietäten verhalten sich bei näherem Hinsehen wie ein Kunde am Bankschalter, der sich 1000 Euro in 50-Euro-Scheinen auszahlen lässt. Nachdem ihm 700 Euro vorgezählt wurden, winkt er ab mit der Begründung:

»Schon gut, bis hierher war's okay, dann wird der Rest auch richtig sein.« Um auf dem Rechts-markt erfolgreich beraten zu können, ist ein *viel genaueres Hinsehen* nötig.

Dabei sind (1) Markt und Bedarf mitsamt allen Stolpersteinen präzise zu erfassen, (2) muss man den Grundtypus des jeweiligen juristischen Beraters mit seinen spezifischen Stärken und Schwächen genau verstehen. Last but not least ist (3) eigene Autorität vonnöten. Beraterinnen und Berater, die selbst keine erfahrenen Juristen sind, können das meist nicht leisten. Hier gilt nichts anderes als im operativen juristischen Geschäft auch: Nötig ist eine solide fachliche und *Branchenspezialisierung*. Auch aus Akzeptanzgründen führt daran kein Weg vorbei – Juristen neigen dazu, nichtjuristische Unterstützung nicht ernst zu nehmen. Dann können deren An-regungen und Vorschläge noch so geeignet, erforderlich und angemessen sein – sie finden kein Gehör.

Welche Weichen sind für eine juristische Strategieberatung in zehn Jahren jetzt zu stellen?

Um den Fortbestand von Kanzleien am Markt zu sichern, müssen selbst gute juristische Dienst-leistungen vor allem eines sein: *nachahmungsfest*. Das bedeutet, dass solche Fähigkeiten und Fertigkeiten erlernt und praktiziert werden müssen, die die Betreffenden gegenüber ihren Kon-kurrenten im Beratungsgeschäft auszeichnen.

Unter anderem müssen sich Juristinnen und Juristen auf neue, flexiblere Arbeitsformen einlas-sen, wie sie bei ihren Auftraggebern zuweilen schon gang und gäbe sind. Ein bekanntes Beispiel dafür ist agiles Arbeiten. Methoden wie *Legal Design Thinking*, im Rahmen derer mit fachüber-greifenden Stakeholdern in Rückkopplungsschleifen geplant, verworfen und neugeplant wird, verdienen viel größere Aufmerksamkeit als gewohnt (siehe dazu bereits Schunder-Hartung, 2021).

Dass damit auch eine neue Fehlerkultur einhergeht, sei nur am Rande bemerkt. Zwar hat sich der Deutsche Anwaltverein dieses Themas bereits 2018 in verdienstvoller Weise angenommen: Der 69. Deutsche Anwaltstag wählte »Fehlerkultur in der Rechtspflege« zum Leitthema. Viel geändert hat sich in dem halben Jahrzehnt, das seither verging, allerdings nicht. (Auch) Hier besteht Nachholbedarf.

Diskussionsrunden sind stärker als bisher so zu gestalten, dass sich nicht immer wieder die glei-chen Leute die gleichen Dinge über ihre Praxisgruppen- bzw. Branchenarbeit erzählen. Dafür sind die Wege auszubauen, die einen qualifizierten Austausch unterschiedlicher Berufsträger über Fach-, Branchen- und Arbeitgebergrenzen hinaus ermöglichen.

Ein praktisches Beispiel sind die seit 2011 stattfindenden *aHa-Kanzleireihen* für Wirtschafts-sozietäten, an denen auch Unternehmensjuristinnen und Richter teilnehmen. *Auch das anwalt-*

liche Autorenteam des vor Ihnen liegenden Buchprojekts setzt sich fast ausschließlich aus dem Kreis unserer Reihenteilnehmenden zusammen. Anders als bei herkömmlichen Branchenveranstaltungen kommen die aHa-Runden nämlich nicht auf zufällige Anmeldungen hin zustande. Um Verzerrungen zu vermeiden, sind die Gruppen aus entsprechenden Bewerbern gezielt zusammengesetzt. Der Auswahlprozess beherzigt das persönliche Augenhöhe-Prinzip ebenso wie eine komplementäre Fachexpertise.

Arbeitet man mit einer nach anderen Kriterien entstandenen Gruppe, sind verbesserte Kommunikationsmuster anzustreben. Interne Prozesse lassen sich beispielsweise dadurch demokratisieren, dass die wichtigsten und dringendsten Herausforderungen von allen Beteiligten *visualisiert* werden. Zu diesem Zweck eignen sich Block, Stift und Smartboard ebenso wie beispielsweise *Lego-Serious-Play®*-Sets. Damit lassen sich Themen Stück für Stück von allen Teilnehmenden darstellen und erläutern.

Auch eine verstärkte *Spracharbeit* tut not. Die juristische Sprache ist eine Formsprache, die auch im B2B-Bereich nicht immer gut ankommt. Je mehr Auswahlmöglichkeiten potenzielle Auftraggeber haben, umso wichtiger ist es, dass sie sich gerade hier und jetzt gut angenommen fühlen. Wer hier extrovertiert-sachbezogene Auftraggeber beispielsweise nicht im ZDF-Stil mit Zahlen, Daten, Fakten abholt, wird einen schweren Stand haben. Umgekehrt empfinden eher personenbezogene Entscheiderinnen und Entscheider den Verzicht auf freundliches Beiwerk leicht als unhöflich.

Die wirksame Ansprache von Mandantinnen und Verfahrensteilnehmern ist in entsprechenden Trainings fortwährend zu üben. Im Zuge dessen tut auch ein sorgfältigeres *Customer Relationship Management* not, als das bisher in den meisten Kanzleien zu beobachten ist (siehe dazu grundlegend Schunder-Hartung, 2023a).

Mit dem gekonnten Eingehen auf ein Gegenüber lässt sich umgekehrt ein herausragendes *Wohlfühlmoment* erzielen, mit dem man die Konkurrenz hinter sich lässt und auch Multiplikatoren positiv beeinflusst. Eine entsprechend gut konfigurierte *User Experience (UX)* setzt allerdings mehr als die üblichen Mailantworten, Telefonate und Business Lunches voraus. Sie bedingt ein planmäßiges sensibles Eingehen auf unterschiedliche Menschentypen, die man zuvor erkennen lernen muss (siehe hierzu bereits Schunder-Hartung, 2020).

Selbst dann ist zu konzedieren, dass man nicht alles jedem rechtmachen kann. Das ist allerdings auch gar nicht wünschenswert: Everybody's darling is everybody's Depp. Wessen *Profil* nicht erkennbar ist, der fällt zurück in die Austauschbarkeit. Auch aus diesem Blickwinkel ergeben sich für eine juristische Strategieberatung vielfältige Anforderungen. So muss sie nicht nur in der Lage sein, die tatsächlichen *Motivationsgrundlagen* der beratenen Juristen herauszuarbeiten. Ist der grundlegende Arbeitsansatz eher idealistisch oder pragmatisch? Sollten die Mitstreiterinnen möglichst standfeste Persönlichkeiten oder eher Rollenträger sein, nach deren Arbeit sich die Wasseroberfläche wieder schließt wie nach einer herausgezogenen

Hand? Welche Selbstwahrnehmung und welche Wertvorstellungen bestimmen ihr Handeln? Welche Glaubenssätze herrschen vor? Ab wo beginnt die tendenziöse Wahrnehmung im Sinne eines Bias und welche *Verrauschungen* finden im Arbeitsalltag statt (siehe hierzu grundlegend Schunder-Hartung, 2023b, und zum letztgenannten Aspekt weiterführend Kahneman/Sibony/Sunstein, 2021)?

Je nach Tendenz ist man als Einzelperson, Gruppe und Organisation für verschiedene Adressaten ein mehr oder weniger geeignetes Gegenüber. Und je nach Verortung sind die konkreten Zielvorstellungen, die es anschließend zu ermitteln gilt, unterschiedlich gut umzusetzen. Ein von Managementberater Peter Drucker entwickelter essenzieller Merksatz lautet: »Culture eats strategy for breakfast.« Je komplexer die schon beschriebene Herausforderungsmatrix für juristische Dienstleister wird, desto wichtiger ist diese Erkenntnis. Die *Klarheit über die eigene Arbeitskultur* geht jeder sinnvollen strategischen Maßnahme voraus. Ohne diese Vorarbeit werden noch so vernünftige *Zielsetzungen* scheitern – sei es im Wege von Objectives und Key Results (OCR) oder nach der bekannten SMART-Methode.

Eine zukunftsorientierte Strategieberatung muss Juristinnen und Juristen entlang all dieser Aspekte *ganzheitlich* unterstützen. Mit profundem Wissen darüber, wen sie da in welchem Setting betreut, muss sie die unterschiedlichsten Instrumentarien anbieten können. Dazu zählt neben Empfehlungen im eigentlichen Sinne last but not least auch die klassische Hilfe zur Selbsthilfe. Entsprechende Zusatzbefähigungen verleiht eine qualifizierte, zertifizierte Coaching-Ausbildung. Wer kluge Menschen langfristig fördern möchte, sollte neben Markt- – und selbstverständlich – Digitalverständnis auch die dort gelehrten Skills besitzen und vermitteln können.

Wenn Sie als Strategieentwicklerin einen Wunsch an den Gesetzgeber frei hätte: Welcher wäre das?

Mein dringlichster Wunsch ist eine *systematische Aufmerksamkeit* oder Awareness der Juristinnen und Juristen für die grundlegenden Veränderungen im Markt, und zwar *entlang der gesamten Wertschöpfungskette juristischer Produkte*. Damit geht eine *entschlossene Änderung der juristischen Aus- und Fortbildung einher*. Begehrenswerte Juristen und Juristinnen werden sich in zehn Jahren nicht so sehr durch noch mehr Fachwissen als durch besondere technische und soziale Fähigkeiten herausheben. Für das juristische Examensstudium und das ihm nachgelagerte Referendariat bedeutet das, dass IT-Verständnis und Soft Skills eine nie gekannte Aufwertung erfahren müssen. Beide müssen für einen nicht unerheblichen Teil des Prüfungserfolgs verantwortlich zeichnen.

Mit Blick auf *Sozialkompetenz* wird insoweit gerne eingewandt, dass sich entsprechende Fertigkeiten nur schwer messen lassen können. Bei näherem Hinsehen verfangen diese Bedenken aber nicht. Andere Fachbereiche, bei denen diese weicheren Faktoren eine größere Rolle spielen, sind ebenso wie wir in der Lage zur Wissensvermittlung und Notengebung. Daran muss sich die künftige juristische Ausbildung messen lassen.

Auch *ökonomisches Denken und Handeln* muss eine größere Rolle spielen als heute. Judex non calculat – aber auch der Anwaltsbereich hinkt in Sachen wirtschaftliches (Investitions-)Verständnis oft hinterher. Hier wird noch immer zu viel »nach Gefühl« gehandelt. Dass auch Kolleginnen und Kollegen über entsprechende Fähigkeiten und Fertigkeiten verfügen müssen, sollte sich eigentlich von selbst verstehen. Praktisch selbstverständlich ist es aber bis heute nicht.

Das Gleiche gilt für ein koordiniertes *Customer Relationship Management* (CRM), das im strukturkonservativen Anwaltsbereich schlicht unterentwickelt ist. So unverzichtbar eine systematische Betreuung aller Stakeholder an der Schnittstelle zwischen Marketing-, Vertriebs- und Serviceprozessen ist, so wenig selbstverständlich ist sie vielerorts bis heute selbst in B2B-Sozietäten. Als die Autorin dieses Thema für den neuen Legal-Tech-Stichwort-Kommentar (Ebers, 2023) recherchierte, stieß sie selbst in großen Kanzleien nicht auf entsprechende Marketing Funnels. Das darf kanzleiseitig so nicht bleiben (Schunder-Hartung, 2023a).

Was die *Fortbildung* betrifft, ist gerade im Anwaltsbereich zudem eine Weiterentwicklung der bisherigen FAO-Dogmatik geboten. Wer sich – wie bisher – ausschließlich dogmatisch nach Fachgebieten weiterbilden muss, bei dem bleibt alles andere zu leicht auf der Strecke. Die Folgen eines »Weiter so« können wir uns als Juristinnen und Juristen aber nicht leisten. Das gilt nicht nur um unserer eigenen Karrieren willen – es dient auch der Liquidität unseres berufsständischen Versorgungswerks. Die meisten von uns haben noch viele Lebensjahrzehnte vor sich, in dieser Zeit sollte uns auch die kommende Juristengeneration versorgen können.

Wenn wir uns als Juristinnen und Juristen nicht entsprechend weiterentwickeln, droht uns umgekehrt das, was der israelische Historiker und Philosoph Yuval Noah Harari (Harari, 2022) so formuliert: »Leider gewährt die Geschichte keinen Rabatt. Wenn über die Zukunft … in unserer Abwesenheit entschieden wird, weil wir zu sehr damit beschäftigt sind, unsere Kinder zu ernähren …, werden wir und sie dennoch nicht von den Folgen verschont. Das ist ausgesprochen unfair; aber wer will behaupten, die Geschichte sei fair?«. So weit dürfen wir es alle nicht kommen lassen.

Literatur

Ebers, Martin (2023): Stichwort-Kommentar Legal Tech. Baden-Baden.

Glock, Philipp (2019): Kollege Software – Der Anwalt der Zukunft? In: Schulz, Martin/Schunder-Hartung, Anette (Hrsg.), Recht 2030. Frankfurt a. M., S. 129–140.

Harari, Yuval Noah (2022): 21 Lektionen für das 21. Jahrhundert. 19. Aufl., München.

Kahneman, Daniel/Sibony, Olivier/Sunstein, Cass R. (2021): Noise. Was unsere Entscheidungen verzerrt – und wie wir sie verbessern können. München.

Schunder-Hartung, Anette (2020): Erfolgsfaktor Kanzleiidentität. Wiesbaden.

Schunder-Hartung, Anette (2021): Klare Strukturen leben. In Schunder-Hartung, Anette/Kistermann, Martin/Rabis, Dirk (Hrsg.), Strategien für Dienstleister. Wiesbaden, S. 14–51.

Schunder-Hartung, Anette (2023a): Customer Relationship Managment (CRM). In Ebers, Martin (Hrsg.), Stichwort-Kommentar Legal Tech, S. 273-287.

Schunder-Hartung, Anette (2023b; im Erscheinen): Alltagscoaching 360°. Wiesbaden.

Teil 2 – Wirtschaftsnahe Rechtsbereiche aus Unternehmensperspektive

2 Die Zukunft der unternehmensinternen Rechtsberatung

Dr. Christian Herles

Die unternehmensinterne Rechtsberatung befindet sich in einem Transformationsprozess, weil dies auch für die Unternehmen selbst gilt. Digitalisierung, Internationalisierung und ein umfassender Wandel der Arbeitskultur seien hier als Schlagworte genannt. Branchenübergreifend arbeitet ein marktübliches Unternehmen heute anders als vor 10 Jahren und wird in 10 Jahren wiederum anders aussehen. Ebenso verhält es sich auch mit der Tätigkeit von Unternehmensjuristen.

Bevor wir den Blick in die Zukunft richten, seien auch die mannigfaltigen Entwicklungen in der jüngeren Vergangenheit rekapituliert. Zu beobachten sind dabei ebenso Umbrüche im Berufsrecht wie im Berufsbild von Unternehmensjuristen.

Das *Berufsrecht der Rechtsanwälte* hat sich auf die Realität der Unternehmensjuristerei mit einer Weiterentwicklung der *Syndikusanwaltschaft* eingestellt. Um es auf einen Nenner zu bringen, überwiegen die Gemeinsamkeiten zwischen einer niedergelassenen Anwältin und einer Syndikusanwältin gegenüber den Unterschieden. Wenn man überhaupt Unterschiede machen möchte, denn beides sind Zulassungsformen derselben Anwaltschaft, auch die Doppelzulassung (mit einer Mitgliedschaft in der zuständigen Rechtsanwaltskammer) ist weit verbreitet. Doppelzulassungen werden bisweilen viermal so oft beantragt wie reine Syndikuszulassungen (Bundesrechtsanwaltskammer, 2021). Die Zulassung als Syndikusrechtsanwalt erfordert dieselben Voraussetzungen und erlegt weitestgehend dieselben Pflichten auf, § 46 c Abs. 1 BRAO. Die zentrale Reform der Syndikusanwaltschaft im Jahre 2006 (BGBl I 2015, 2517) hat auch die überaus wichtige sozialrechtliche Gleichstellung klargestellt, sodass Syndici auch in die Versorgungswerke einbezogen sind – letztlich bilden niedergelassene und unternehmensinterne Rechtsanwälte somit auch eine wirtschaftliche Schicksalsgemeinschaft. Unterschiede bleiben nach § 46 c Abs. 2 BRAO bei der Prozessvertretungsbefugnis. Bei den Landgerichten und den sonstigen Gerichten mit Anwaltszwang soll die Funktion des Anwalts als objektives (also externes) Organ der Rechtspflege durch die niedergelassene Anwaltschaft erfüllt werden.

Noch weiter greifend waren die Entwicklungen im *Berufsbild* der Unternehmensjuristen. Dabei muss schon aufgrund der wachsenden Komplexität der Erkenntnis Rechnung getragen werden, dass es »den« Unternehmensjuristen nicht gibt. Neben der angesprochenen *Syndikusrechtsanwältin* besteht eine Vielzahl an akademischen und ausbildungsbasierten Zwischenstufen, die mitunter von Unternehmen sehr gefragt sind (hierzu Herles, 2022, S. 44 f.). Ein *Wirtschaftsjurist* mit Universitätsabschluss (z. B. Bachelor oder Master) kann sich als überaus leistungsstarkes Mitglied einer Rechtsabteilung etablieren. Auch fachspezifische Qualifikationen wie die einer

Datenschutz- oder Compliance-Beauftragten sind von großem Wert. Hier zeigt sich auch die nächste große Entwicklung, die *Spezialisierung*. Doch soll gleich vorweggenommen werden, dass sich eine Rechtsabteilung als Ganzes nie so spezialisieren kann wie eine Kanzlei. Unternehmensjuristen bleiben immer auch *Generalisten*, abhängig von ihrer Anzahl im Unternehmen und der damit verbunden Arbeitsteilung. Sie müssen als Ansprechpartner und Koordinator in allen rechtlichen Angelegenheiten fungieren. Die geschilderten Entwicklungen haben auch zu einer enormen Steigerung des *Berufsbild-Ansehens* geführt. Die Anzahl der Unternehmensjuristen steigt ebenso wie ihre Vergütung (Bundesrechtsanwaltskammer, 2020, S. 149). Auf dem Arbeitsmarkt sind sie aktuell gefragt und nicht leicht zu rekrutieren.

Die Entwicklung ist zweifelsohne aber noch lange nicht abgeschlossen. Richten wir den Blick auf Gegenwart und Zukunft. Die zentralen Fragestellungen dieses Sammelwerkes sollen dabei übernommen werden, wenngleich sie auf das Wesen der unternehmensinternen Rechtsberatung zugeschnitten sind. So wird nicht auf die Marktpräsenz und den wirtschaftlichen Erfolg der Beratung selbst geschaut, sondern die »gute« interne Rechtsberatung als wertstiftender Faktor im Unternehmen in den Vordergrund gestellt.

Welche drei Faktoren prägen den heutigen Arbeitsalltag in der unternehmensinternen Rechtsberatung maßgeblich?

Faktor Aufgabenstellung: Risikomanagement und Business Partner

Unternehmensinterne Rechtsberatung ist durch ein *duales Aufgabenspektrum* geprägt. Es geht stets darum, rechtliche *Risiken zu reduzieren* und *Geschäftstätigkeiten zu unterstützen*. Diese duale Aufgabe ist deshalb besonders prägend, weil sie die Kernfunktion der Unternehmensjuristen determiniert und alltäglich, in jedem Einzelfall, beachtet werden muss. Zum wirtschaftlichen Erfolg eines Unternehmens gehört nicht nur das Erzielen von Profiten und das Durchführen vorteilhafter Geschäfte, sondern auch das Ausbleiben bzw. Verhindern von Schäden. Unter dem Schlagwort Compliance hat sich der Umgang mit rechtlichen Risiken – und dabei vor allem aus Rechtsverstößen resultierenden Risiken – zu einem integralen Bestandteil unternehmensinterner Rechtsberatung entwickelt.

Die Dualität der Aufgabenstellung führt dabei nicht notwendigerweise auch zu einer Trennung der Aufgaben. Risikomanagement und Projektunterstützung fallen häufig zusammen, wie an folgenden Beispielen gezeigt werden kann:
- Bei der Unterstützung in Vertragsverhandlungen wird eine Unternehmensjuristin einbezogen, um rechtliche Bedenken des Geschäftspartners zu entkräften und einen schnelleren Abschluss zu bewirken. Gleichzeitig muss sie vor nachteiligen Klauseln schützen.
- Im Rahmen der digitalen Produktentwicklung von Apps sollen so wenige Nutzerschritte (z. B. Einwilligungen und Checkboxen) wie möglich eingebaut werden, um den »User-flow«

zu erhöhen. Gleichzeit darf keine Einwilligung fehlen und müssen datenschutzrechtliche Verstöße vermieden werden.

Unternehmensinterne Rechtsberatung ist also immer auch das Finden von Kompromissen und pragmatischen Lösungen. In der Praxis werden diese oft als »Grauzonen« beschrieben. Gemeint sollte aber eben nicht eine möglicherweise illegale (graue) Zone sein, sondern ein gerade noch sicherer (»weißer«) Weg.

Um der Dualität der Aufgaben gerecht zu werden, bedarf es auch *einer richtigen Einordnung* der Anforderungen an die Beratung abhängig von *den internen Mandanten*. Gesetzliche Leitungsorgane wie eine Geschäftsführerin sind anders zu beraten als ein Vertriebsmitarbeiter. Beide stehen unter enormen Erfolgsdruck und erhoffen sich Grauzonen, um schnelle Erfolge zu erzielen. Die Geschäftsführung ist aber selbst zivil- und strafrechtlich haftbar und unterliegt der Legalitätspflicht (Altmeppen, 2021, § 43 Rn. 6). Unternehmensinterne Rechtsberatung muss hier vor allem eine fundierte Entscheidungsgrundlage liefern. Eine echte Kontrollpflicht durch Unternehmensjuristen besteht nur selten, etwa bei einer Bestellung als Datenschutz- oder Compliance-Beauftragter (Herles, 2022, S. 208). Der Fachabteilung darf dagegen gar nicht erst der Spielraum zu einer Grauzone eröffnet werden.

Faktor Teamarbeit

Einen weiteren prägenden Faktor stellt die *kooperative Beratungsform* dar. Unternehmensjuristen sind niemals Einzelkämpfer, sondern stets Teamspieler. Eine Unternehmensjuristin ist an einer Vielzahl von Projekten beteiligt, ganzen Abteilungen als *Ansprechpartnerin* zugeordnet und Teil einer Rechtsabteilung. Sie hat mit vielen Kollegen und internen Mandanten zu tun. Der richtige Umgang mit allen relevanten internen Ansprechpartnern (*Stakeholder*) gehört zu den wesentlichen Erfolgsfaktoren, Kommunikation zu den Kernkompetenzen. Der Austausch mit unterschiedlichen Berufsgruppen als Teil eines Teams macht die Tätigkeit als Unternehmensjurist zugleich reizvoll.

Der Faktor Teamarbeit gewinnt ebenso weiter an Bedeutung. Zu beobachten ist nämlich auch eine Entwicklung der *Unternehmenskultur*, die auf schnelllebige Kommunikation, flache Hierarchien und interdisziplinäre Teamarbeit fokussiert ist. Großraumbüros und Gemeinschaftsflächen zum Austausch sind hier nur ein Sinnbild. Unternehmensinterne Rechtsberatung muss sich auf die kommunikativen Gepflogenheiten im Betrieb einstellen – aus der anwaltlichen Tradition kommend ist dies nicht immer eine einfache Aufgabe.

Teamarbeit prägt auch zunehmend die *Arbeitsweise innerhalb der Rechtsabteilung*. Nicht nur weil der beschriebene kulturelle Wandel keinen Halt vor ihr macht, sondern auch weil eine Arbeitsteilung unter den Unternehmensjuristen wichtiger denn je ist. Die eingangs beschriebene Aufwertung der unternehmensjuristischen Tätigkeit selbst trifft auf eine zunehmende Komplexität durch Regulatorik, Internationalisierung und Digitalisierung. Innerhalb der Rechtsabteilung muss es also Spezialisten geben (etwa für Arbeitsrecht oder Datenschutz). Gleichzeitig darf aber keine aufkommende Rechtssache durch ein Zuständigkeitsraster fallen, die Rechtsabteilung bleibt also auch eine generalistische.

Großer Beliebtheit erfreuen sich daher auch Modelle, in denen jede Unternehmensanwältin einem bestimmten Team oder Unternehmensbereich als Ansprechpartnerin zugeordnet ist – losgelöst vom rechtlichen Thema, aber ausgestattet mit einem spezialisierten Schwerpunkt. Ähnliche Überlegungen lassen sich auf Ebene der Konzernorganisation anstellen, insbesondere wenn internationale Gesellschaftsstrukturen bestehen. Ob hier zentrale oder dezentrale Rechtsabteilungen eingerichtet werden, sollte mehr von der sachlichen und personellen Nähe der Unternehmensanwälte zu den internen Mandanten abhängen als von formalen Konzerngesichtspunkten.

Nicht zuletzt ist die unternehmensinterne Rechtsberatung auch durch die *Teamarbeit mit externen Anwälten* geprägt. Eine Netzwerktätigkeit innerhalb der Anwaltschaft kann durchaus als Erfolgsfaktor gesehen werden. In jedem Unternehmensjuristen steckt ein Anwalt und ein Mandant, und in beiden Funktionen muss er wichtige Beiträge leisten. Auch eine gute externe Rechtsberatung ist auf eine funktionierende Teamarbeit mit der Rechtsabteilung angewiesen.

Faktor Digitalisierung

Als dritter prägender Faktor soll die *Digitalisierung* hervorgehoben werden. Keine neue, aber eine nachhaltige und noch lange *nicht abgeschlossene Entwicklung*.

Digitalisierung bedeutet für die Unternehmensjuristen zunächst einmal die Notwendigkeit eines fundierten *technischen Verständnisses*. Das Datenschutzrecht etwa gehört zu den täglichen Basisaufgaben für jeden Unternehmensjuristen, gleichgültig welche Arbeitsteilung vorgesehen wurde. Datenschutz ist aber keine isolierte Rechtsmaterie, sondern lebt von der technischen Funktion der Datenverarbeitung und der Datensicherheit. Das Recht muss mit der Technik standhalten, weshalb die DSGVO als technologieneutrale Normierung gilt (vgl. Erwägungsgrund 15: Paal/Pauly, 2021, Art. 2 Rn. 5). Umgekehrt darf der Rechtsanwender aber keinesfalls technologieneutral denken. Zunehmend bilden sich auch technikaffine Rechtsanwendungsfelder, die ein fundiertes technisches Verständnis erfordern. Beispielhaft hervorgehoben sei hier die digitale Produktcompliance (Herles, 2022, S. 173). Bei der Entwicklung von Software und digitalen Produkten sind Unternehmensjuristen häufig frühzeitig und in einem agilen Entwicklungsprozess innerhalb crossfunktionaler Teams beteiligt.

Auch die rechtsberatende Tätigkeit selbst ist zunehmend *digital geprägt*. Das betrifft zunächst die viel diskutierten Entwicklungen im Bereich *Legal Tech* (vgl. Wagner, 2017, S. 898 ff.). Die teilweise oder vollständige Automatisierung einzelner Arbeitsschritte bestimmt vor allem die Aufgabenstellung der unternehmensinternen Rechtsberatung. Die Juristin fokussiert sich nicht auf die repetitive Bearbeitung (Klauseln erstellen, Fristen notieren etc.), sondern auf den Bereich menschlicher Kernkompetenz, der Gestaltung, Verhandlung und Kommunikation. Auch die Kommunikationsformen sind zunehmend digital geprägt, sei es durch den kulturellen Wandel durch Homeoffice oder durch den Einsatz digitaler Projektmanagementprogramme (Herles, 2022, S. 60).

Wo liegen die drei maßgeblichen Herausforderungen für eine gute unternehmensinterne Beratung?

Unternehmenskultur aufgreifen und gestalten

Rechtsberatung kennt viele Herausforderungen, der *richtige Umgang mit dem Mandanten* gehört zu den größten. Besonders gilt dies auch für die internen Mandanten der Unternehmensjuristen. Man muss sich hier nicht nur auf die individuelle Person des Stakeholders einstellen, sondern auch auf die Gepflogenheiten im Unternehmen selbst. Einstellung soll hier aber nicht als rein passiver Vorgang verstanden werden, sondern auch als Chance zur Mitgestaltung.

Zu diesen Gepflogenheiten gehören zunächst die *Kommunikations- und Umgangsformen*, mit denen im Team gearbeitet wird. Der Trend geht hier klar zu einer Vereinfachung und Entformalisierung. Selbst sensible und kritische rechtliche Fragen werden nicht selten über Chatprogramme und E-Mails aufgeworfen. Unternehmensinterne Rechtsberatung muss sich hier ein Stück weit anpassen, darf andererseits aber die Standards für sorgfältige Rechtsberatung nicht vernachlässigen. Letztlich muss stets und im Einzelfall abgewogen werden, welche Informationen wie und mit welchem Empfängerkreis geteilt werden.

Zur Unternehmenskultur gehört aber auch die grundsätzliche Einstellung der Mitarbeitenden und des Managements mit rechtlichen Aspekten und Risiken. *Compliance* lebt von der *Unternehmenskultur* (Herles, 2022, S. 203). Hier kommt der unternehmensinternen Beratung die herausfordernde Aufgabe zu, die Unternehmenskultur mitzugestalten. Das fängt mit der Sensibilisierung für rechtliche Anforderungen an. Damit schließt sich der Kreis zum Thema Kommunikation, sie muss so gewählt werden, dass keine Mitarbeitende Hemmungen hat, die Rechtsabteilung (frühzeitig) zu konsultieren. Diese muss als gute Ansprechpartnerin angesehen werden.

Compliance fördern und Bürokratie abbauen

Die zweite große Herausforderung könnte man auch so formulieren: *Keep it simple!* Einfachheit und Effizienz wird in einer wirtschaftsrechtlichen Umgebung schwierig, die zunehmend Bürokratie aufbaut. Dabei ist Bürokratie nur ein unerwünschtes Ergebnis einer an sich sinnvollen

Entwicklung: der Einführung von Compliance-Strukturen. Der Gesetzgeber stellt immer neue Anforderungen, die zu einem enormen internen Aufwand führen. Flankiert werden gesetzgeberische Anforderungen von einer unternehmensinternen Prozessorientierung und Standardisierung. Einige Beispiele:

- Unternehmen mit umfangreicher Datenverarbeitung müssen unter den Voraussetzungen des Art. 35 DSGVO eine Datenschutzfolgenabschätzung durchführen.
- Der Einsatz von Subunternehmern erfordert eine umfangreiche Prüfung rechtlicher Standards, etwa im Hinblick auf Lieferketten (hierzu auch Ehmann/Berg, 2021, S. 287 ff.), Mindestlohn oder die Auftragsdatenverarbeitung nach Art. 28 DSGVO.
- Zur Prävention von Geldwäsche müssen Geschäftskunden zunehmend eine Prüfung der letztlich wirtschaftlichen Berechtigten durchlaufen (Know Your Customer – KYC).

All diese Anforderungen sollen Compliance fördern und Kontrolle sicherstellen. Das ist gut und wichtig, kann aber auch in lähmender Bürokratie enden. Gute unternehmensinterne Rechtsberatung muss hier das richtige Maß finden. Nicht jedes ausufernde AGB-Werk, nicht jede konzerninterne Bewilligung schafft effektive Compliance. Die *Priorisierung* von Risiken und Maßnahmen muss im Vordergrund stehen (vgl. Grunert, 2020, S. 76). Compliance muss gelebte Praxis in der Unternehmenskultur sein und darf sich nicht auf Formalitäten beschränken.

Innere Organisation

Als dritte Herausforderung soll hier die innere Organisation der Rechtsabteilung genannt werden. Die Anforderungen an ihre *Leistungsfähigkeit* sind im Lichte der immensen Komplexität enorm gestiegen (hierzu Rau/Reus, 2020, S. 1397 ff.). Das gilt nicht zuletzt auch für die Arbeitsintensität, mit der Komplexität steigt auch der Beratungsaufwand. Die Rechtsabteilung muss so organisiert werden, dass die Leistungsfähigkeit durch mehrere Faktoren sichergestellt ist:

- Die *Arbeitsteilung* unter den Teammitgliedern muss klar definiert sein, einheitliche Ansprechpartner für interne Mandanten sicherstellen und den Fähigkeiten der einzelnen Teammitglieder entsprechen.
- Gleichzeitig muss *Flexibilität* gewahrt sein, jede Rechtssache muss durch die geeignetsten internen und externen Ressourcen bearbeitet werden. Die Rechtsabteilung muss ihre generalistische Aufgabe erfüllen.
- Wissenserhaltung und Wissenstransfer müssen durch ein Dokumentationssystem sichergestellt werden (*Knowledge Management*). Das System darf aber nicht so kompliziert zu pflegen sein, dass es das Vorgehen im Arbeitsalltag ausbremst. Legal Tech ist hier essenziell.
- Die Rechtsabteilung muss auf den *digitalen Wandel* eingestellt werden (Legal Tech). Hierzu zählen Systeme zur Arbeitsorganisation, Arbeitshilfen (z. B. Smart Contracts) und zur Kommunikation.
- Die Beauftragung externer Rechtsanwälte muss nach klaren Kriterien ermöglicht und koordiniert werden. *Budgetverantwortung* muss wahrgenommen werden.

All diese Anforderungen zu erfüllen, nimmt zunehmend Kapazitäten der Rechtsabteilung in Anspruch. Unter dem Begriff *Legal Operations* hat sich hier eine eigene Teildisziplin herausgebildet, die sich mit der Optimierung interner Arbeitsabläufe befasst (vgl. Rau/Reus, 2020, S. 1401).

Welche Weichen sind für eine gute unternehmensinterne Rechtsberatung in zehn Jahren jetzt zu stellen?

Weichen müssen heute schon gestellt werden, um Nachschub der wichtigsten Ressource sicherzustellen: den Menschen. Trotz zunehmender Unterstützung durch Legal Tech ließ sich schon in den letzten Jahren ein wachsender Bedarf an Unternehmensjuristen feststellen – und das bei gleichzeitig gestiegenen Anforderungen und einem härter umkämpften *Arbeitsmarkt* auf Arbeitgeberseite. Dies bringt langfristige Herausforderungen für einzelne Unternehmen wie für die unternehmensinterne Rechtsberatung als Ganzes mit sich. Das Berufsbild einer Unternehmensjuristin ist weiterhin auf verschiedenen Ebenen zu schärfen, sei es in der Syndikusanwaltschaft, unter Wirtschaftsjuristen oder Datenschutz- und Compliance-Beauftragten. Vor allem in den letztgenannten Bereichen Datenschutz und Compliance bedarf es aber auch einer breiten Integration in die juristische Bildung. Speziell Datenschutz muss in den Pflichtumfang der juristischen Ausbildung Einzug halten.

Innerhalb der Rechtsabteilung ist zudem schon heute auf eine *nachhaltige digitale Transformation* zu achten. Legal Tech kann nur funktionieren, wenn es mit der tatsächlichen Entwicklung der Rechtsabteilung Schritt hält und umgekehrt. Es geht hier nicht nur darum, bestehende Arbeitsweisen zu digitalisieren. Wichtig ist vielmehr, schon heute die Möglichkeiten der *Skalierung* durch den Einsatz künstlicher Intelligenz zu nutzen. Legal Tech muss dabei so eingeführt werden, dass sie auf die Bedürfnisse und das Budget der Rechtsabteilung zugeschnitten (nicht notwendigerweise maßgeschneidert) ist (hierzu Hartung et al., 2018, Rn. 754).

Wenn der Bereich der unternehmensinternen Rechtsberatung einen Wunsch an den Gesetzgeber frei hätte: Welcher wäre das?

Es mag überraschen, wenn ausgerechnet aus Sicht der unternehmensinternen Rechtsberatung der Wunsch nach einem klar geregelten *Unternehmensstrafrecht* kommt. Gerade im Bereich Compliance fehlt es aber noch an einer grundlegenden Rechtsklarheit. Das aus dem Schuldprinzip folgende Personenstrafrecht muss durch ein Unternehmensstrafrecht auf die Lebenswirklichkeit von Unternehmen angepasst werden. Bislang ist ein Rückgriff auf Unternehmen nur durch Hilfskonstruktionen wie das Ordnungswidrigkeitenrecht (§ 130 OwiG; vgl. Moosmayer, 2021, § 2 Rn. 11) oder in Spezialnormen möglich (Herles, 2022, S. 198 f.).

Mit dem Entwurf des Verbandssanktionengesetzes (VerSanG-E) lag ein erstmaliger Entwurf »zur Stärkung der Integrität in der Wirtschaft vor«, der Ansätze eines Unternehmensstrafrechts enthielt. Das Gesetz kam in der 19. Legislaturperiode aber nicht mehr zustande (etwa Rotsch et al., 2020, S. 169 ff.).

Wichtig wäre an einem Unternehmensstrafrecht zunächst einmal mehr Klarheit über erforderliche Mindeststandards für Compliance-Management-Systeme. Eine reine Ausgestaltung durch untergesetzliche Standards und Best Practices genügt nicht, um in der Fläche der Unternehmenslandschaft effektive Compliance zum Normalfall zu machen.

Zudem ist eine Sanktionierbarkeit der Unternehmen selbst wichtig, um eine gute Compliance-Kultur rechtlich zu flankieren. Die Vermeidung von Risiken muss im ureigenen Interesse des Unternehmens liegen, sie darf nicht (nur) vom persönlichen Risiko einzelner Verantwortlicher abhängen.

Die unternehmensinterne Rechtsberatung stellt längst Kapazitäten und Fähigkeit zur Einführung von Compliance-Systemen bereit. Was fehlt ist ein klarer und einheitlicher Auftrag hierzu.

Literatur

Altmeppen, Holger (2021): GmbHG. 10. Aufl., München.

Ehmann, Erik/Berg, Daniel (2021): Das Lieferkettensorgfaltspflichtengesetz (LkSG). In: GWR 2021, S. 287–293.

Gesetz zur Neuordnung des Rechts der Syndikusanwälte und zur Änderung der Finanzgerichtsordnung, BGBl. I, 2015, S. 2517 ff.

Grunert, Eike (2020): Verbandssanktionengesetz und Compliance-Risikoanalyse. In: CCZ 2020, S. 71–77.

Hartung, Markus/Bues, Micha-Manuel/Halbleib, Gernot (Hrsg.) (2018): Legal Tech. München.

Herles, Christian (2022): Unternehmensinterne Rechtsberatung. Stuttgart.

Moosmayer, Klaus (2021): Compliance – Praxisleitfaden für Unternehmen. 4. Aufl., München.

Paal, Boris/Pauly, Daniel (Hrsg.) (2021): Datenschutzgrundverordnung. 3. Aufl., München.

Rau, Marco/Reus, Katharina (2020): #Zeitenwende … Agilität in der Rechtsabteilung. In: BB 2020, S. 1397–1402.

Rotsch, Friederike/Mutschler, Magnus/Grobe, Tony (2020): Der Regierungsentwurf zum Verbandssanktionengesetz. In: CCZ 2020, S. 169–182.

Wagner, Jens (2017): Legal Tech und Legal Robots in Unternehmen und den diese beratenden Kanzleien (Teil 1). In: BB 2017, S. 898–905.

Internetlinks

Bundesrechtsanwaltskammer/Institut für Freie Berufe (IFB) (2020): Statistisches Berichtssystem für Rechtsanwälte 2020. Nürnberg. https://www.brak.de/presse/zahlen-und-statistiken/star/

star-2020/#:~:text=Anhand%20der%20STAR%2DErgebnisse%20k%C3%B6nnen,und%20 Vollzeit%2DRechtsanw%C3%A4lte%20 getroffen%20werden (Abrufdatum: 05.03.2023)

Bundesrechtsanwaltskammer (2021): Mitglieder der Rechtsanwaltskammern zum 01.01.2021. https://www.brak.de/presse/presseerklaerungen/2021/mitglieder-der-rechtsanwaltskammern-zum-01012021/ (Abrufdatum: 22.08.2022)

BRAK (2021): Mitglieder der Rechtsanwaltskammern zum 01.01.2021. https://www.brak.de/presse/ presseerklaerungen/2021/mitglieder-der-rechtsanwaltskammern-zum-01012021/ (Abrufdatum: 22.08.2022)

Teil 3 – Wirtschaftsnahe Rechtsbereiche aus Anwaltsperspektive

Teil 3 – Wirtschaftlichkeit gewerblicher Betriebe
aus Anwendungssicht

3 Arbeitsrecht

Dr. Tobias Pusch/Eva Wißler

Welche drei Faktoren prägen den heutigen Arbeitsalltag im Bereich Arbeitsrecht maßgeblich?

Der Alltag im Bereich Arbeitsrecht ist nach wie vor stark geprägt von Aufgaben, wie sie sich seit Jahren in unserer Beratung stellen. Die Führung arbeitsgerichtlicher Verfahren stellt immer noch einen wichtigen Teil der Mandatsarbeit dar. Sie bringt planbare, wenngleich fristgebundene Aufgaben mit sich. Auch in der forensischen Tätigkeit ist die Digitalisierung zwischenzeitlich angekommen, allerdings nur sehr zögerlich. Die Durchführung von Güte- und Kammerterminen durch virtuelle Sitzungen ist und bleibt die Ausnahme, sodass Reisen zu den jeweiligen Gerichten unvermindert erforderlich sind. Überörtlich aufgestellte Sozietäten sind deshalb weiterhin im Vorteil, weil eine Terminwahrnehmung vor Ort im Interesse der Mandanten effizient darstellbar ist.

In der außergerichtlichen Beratung sind zwei Felder prägend: Einerseits ist die laufende Beratung in typischen arbeitsrechtlichen Fallkonstellationen gefragt. Dies gilt vor allem dort, wo das Personalwesen nicht von entsprechend hoch spezialisierten Mitarbeitern betreut wird. Daneben gewinnt vor allem die fachlich sehr detailgetreue, schnelle und innovative Betreuung an Bedeutung. Beispielhaft zu nennen sind umfangreiche Restrukturierungen, strategische Weichenstellungen im Umgang mit Betriebsstrukturen, SE-Gründungen, Verschmelzungen etc.

Wichtig ist daneben die Umsetzung kurzfristiger Maßnahmen, die wegen aktueller Geschehnisse nötig werden. Dazu zählen die Einführung von Kurzarbeit, die Umsetzung der Vorgaben des Infektionsschutzgesetzes und jüngst die Anpassungen in den Arbeitsverträgen aufgrund des neuen Nachweisgesetzes. Bei all diesen Themen sind schnell verfügbares profundes Fachwissen, Erfahrungsaustausch, Best Practices und eine Orientierung an Benchmarks in der Branche für den Mandanten von essenziellem Wert. Insoweit ist der heutige Arbeitsalltag dann doch deutlich verändert: Insbesondere die schnelle Präsentation von Optionen für eine konkrete Fragestellung hat stark an Bedeutung gewonnen. Darin liegt seinerseits ein Mehrwert, den eine spezialisierte arbeitsrechtliche Beratung bieten kann. Schnelle und allseits verfügbare Online-Recherchen oder gar automatisierte Antworten gibt es insoweit nicht.

Wo liegen die drei maßgeblichen Herausforderungen für eine erfolgreiche arbeitsrechtliche Beratung?

Anspruch an die arbeitsrechtlichen Berater

Die Beratung im Arbeitsrecht ist maßgeblich bestimmt durch die Abläufe in den beratenen Unternehmen, Personalabteilungen und der Geschäftsleitung sowie die prozessualen Abläufe in gerichtlichen Verfahren. Daraus leitet sich unmittelbar der Anspruch ab, der an eine arbeitsrechtliche Beratung zu stellen ist. Nur wenn dieser Anspruch kontinuierlich erfüllt wird, ist die Beratung erfolgreich.

- **Laufende arbeitsrechtliche Beratung von Unternehmen**
  Der Arbeitsalltag der laufenden Arbeitsrechtsberatung stellt auf den ersten Blick ein Spiegelbild der Welt der Personalabteilungen und Geschäftsleitungen dar. Dieses Spiegelbild ist jedoch nur scheinbar ein Abbild. Denn es zeigen sich darin die Themen sehr vieler verschiedener Unternehmen aus höchst unterschiedlichen Branchen. Dabei lassen sich nicht nur Gemeinsamkeiten, sondern auch große Unterschiede erkennen. Deshalb zeichnet sich herausragende Beratung gerade dadurch aus, nicht nur das Spiegelbild zu betrachten: Es gilt, auch die verborgenen und unsichtbaren Themen zu erkennen, die hinter diesem Spiegelbild stecken. Der unternehmensinterne Zeitplan gilt in gleichem Maße für die Berater, oftmals und aus diversen Gründen sogar in verschärfter Fassung.

- **Strategische arbeitsrechtsrechtliche Beratung von Unternehmen**
  Von arbeitsrechtlichen Beraterinnen und Beratern werden nicht nur umfassende und top-aktuelle Rechtskenntnisse erwartet. Es kommt für die Mandanten darauf an, in die konkrete Beratung strategisch zu erwartende Entwicklungen einfließen zu lassen. Das gilt gleichermaßen für Tendenzen in Gesellschaft, Rechtsprechung und Politik. Dazu ist ein großes Verständnis für die betriebswirtschaftlichen und unternehmensstrategischen Belange erforderlich. Externe Finanzierungsmodelle beeinflussen die Beratung ebenso wie die Gestaltung der internen Strukturen. Hierdurch unterscheidet sich auch der sehr gute Rechtsberater von einem strategischen arbeitsrechtlichen »Trusted Advisor«. Eine entsprechend langfristige strategische Ausrichtung spielt auf allen Ebenen des Unternehmens eine Rolle. Das beginnt bei der Wahl der Rechtsform und der Betriebsstruktur und reicht über die Tarifbindung und den Abschluss von Betriebsvereinbarungen bis hin zu individualrechtlichen Gestaltungen.

- **Prozessuale Vertretung**
  Arbeitsgerichtliche Verfahren unterliegen dem prozessualen Fristenregime und der von den Gerichten entwickelten Abstufung der Darlegungs- und Beweislast. Die außergerichtliche Beratung im Vorfeld muss daher auch den »Worst case« eines gerichtlichen Verfahrens im Blick behalten. Im Arbeitsrecht entscheidet die außergerichtliche Beratung häufig über die Erfolgsaussichten in einem sich anschließenden Verfahren, das gerichtlich gesteuert ist. Die Mandantschaft erwartet daher zu Recht, dass der versierte Berater die prozessualen Entwicklungen zutreffend einschätzt. Arbeitsrechtlerinnen und Arbeitsrechtler müssen sie in die empfohlene Lösung einkalkulieren und dürfen nicht nur als Bedenkenträger auftreten.

Um den Erwartungen der Mandanten an die drei maßgeblichen Säulen der arbeitsgerichtlichen Beratung gerecht zu werden, sind damit nicht nur exzellente Rechtskenntnisse gefragt – diese sind im Gegenteil als selbstverständlich vorauszusetzen. Es ist auch eine sehr hohe Flexibilität der Berater nötig. Neben der weitreichenden zeitlichen Verfügbarkeit entsprechend der im jeweiligen Mandat üblichen internen Arbeitsweise bringt die Führung von arbeitsgerichtlichen Verfahren eine bundesweite Tätigkeit zwangsläufig mit sich. Der Gerichtsstand bei Arbeitsrechtsstreiten bestimmt sich auch nach dem Tätigkeitsort. Dieser wiederum liegt nicht immer am Sitz des Unternehmens. Er kann auch am Erfüllungsort liegen, beispielsweise dem Homeoffice der Mitarbeitenden (vgl. §§ 46 Abs. 2, 1 ArbGG i.V. mit § 29 Abs. 1 ZPO).

Effizienz der Beratung

Das Erfordernis der Effizienz gewinnt zunehmend an Bedeutung. Nur so kann die erwartete Reaktions- und Bearbeitungsgeschwindigkeit bewerkstelligt werden. Gleichzeitig muss man dem Erfordernis der Wirtschaftlichkeit gerecht werden. Bei der Beauftragung größerer und sehr fokussierter Einheiten ist die Erwartung an Effizienz naturgemäß höher. Diese Haltung ist durchaus berechtigt. Deren Erfüllung ist allerdings kein Selbstläufer; sie erfordert einen fokussierten kanzleistrategischen Ansatz.

Das Zurückhalten von Herrschaftswissen, die Pflege von Eitelkeiten und jede Form von Silodenken sind kontraproduktiv. Die Bevorratung von Wissensspeichern und Plattformen aller Art für die Weitergabe von Wissen ist dagegen zwingend notwendig. Am Beispiel der sich ständig wandelnden und vor allem äußert kurzfristigen politischen Entscheidungen zum Infektionsschutz während der Covid-19-Pandemie ergaben sich vollkommen neue arbeitsrechtliche Fragestellungen. Sie erforderten eine sofortige verlässliche Beratung der HR-Verantwortlichen. In dieser Situation haben sich mehrere Einflussfaktoren in unterschiedlicher Gewichtung als wesentlich erwiesen.

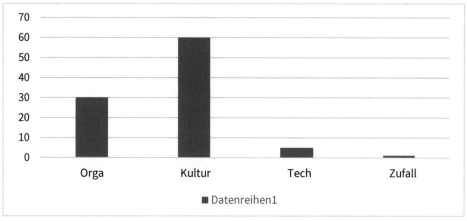

Abb. 1: Einflussfaktoren Effizienz

Dazu zählen organisatorische Maßnahmen wie die schnelle und gezielte Spezialisierung einzelner Berater und die technische Optimierung der Datenbank. Die zufällige Dopplung der Anfragen hat der seit Jahren gelebten Kultur den entscheidenden Vorteil gebracht. Sie ermöglichte die Teilung von Wissen, Feedback, Erfahrungen, Kritik, zeitintensiv erarbeiteten Ergebnissen und Mustern. Dies wiederum erwies sich als Schlüssel dafür, bei einer noch so kurzfristigen Beratung auf juristischem Neuland effiziente Beratung auf hohem Niveau sicherzustellen.

Außerhalb der Beratung in hochaktuellen oder komplexen Fragestellungen rückt beim Thema Effizienz im Tagesgeschäft besonders eines in den Fokus: die generelle Überlegung, inwieweit Legal Tech und KI im Arbeitsrecht gewinnbringend genutzt werden können. Der Markt zeigt einen klaren Trend: Laut einer von JUVE veröffentlichten Legal-Tech-Umfrage aus dem Jahr 2019 waren nur noch elf Prozent der 182 befragten Kanzleien der Auffassung, dass Legal Tech auch in Zukunft bei der täglichen Arbeit des Anwalts keine Rolle spielen wird (vgl. JUVE, 31.07.2019). Der Bundesgerichtshof hat den Weg ebenfalls geebnet und entschieden, dass die Zur-Verfügung-Stellung eines Vertragsgenerators nicht gegen das Rechtsdienstleistungsgesetz verstößt. Die die softwarebasierte Erstellung eines Vertragsdokuments stellt nämlich keine konkrete Rechtsberatung dar (vgl. BGH, Urteil vom 09.09.2021 I ZR 113/20).

Bereits zwei Jahre zuvor hatte der Bundesgerichtshof in der sog. Lexfox-Entscheidung zugunsten des Legal-Tech-Anbieters geurteilt und die tech-basierte Durchsetzung von Mietherabsetzungsverlangen gegenüber den Vermietern als von einer bestehenden Inkassobefugnis umfasst angesehen (vgl. BGH-Urteil vom 27.11.2019 – VIII ZR 285/18). Tatsächlich setzen in der Praxis im B2C-Business Anbieter auf die Standardisierung von Prozessen wie dem Kündigungsschutzprozess. Personalabteilungen streben nach einer Automatisierung bei der Erstellung von Arbeitsverträgen, Zeugnissen etc. Das führt unmittelbar zu einer Reduzierung an Standardanfragen für Rechtsanwälte in den Bereichen, in denen Software die gewünschten Ergebnisse schnell und kostengünstig generiert.

Eine feste Größe

Die arbeitsrechtliche Beratung verlangt von jeher Empathie, Menschen- und Branchenkenntnisse. Die Wahl des Beraters – sofern sie frei erfolgen kann – hängt daher auch von der Persönlichkeit und der individuellen Zusammenarbeit ab. Diese Konstante bleibt beständig bestehen und dürfte bei der künftig anstehenden Entscheidung für Mensch oder Maschine eine noch größere Bedeutung gewinnen.

Die aufgezeigten Erwartungen definieren zugleich die Herausforderungen für eine erfolgreiche Beratung im Arbeitsrecht: Unter dem Strich ist die Betreuung nur dann gelungen, wenn der Mandant rundum und nachhaltig zufrieden ist und im Idealfall eine Weiterempfehlung ausspricht.

Welche Weichen sind für eine arbeitsrechtliche Marktpräsenz in zehn Jahren jetzt zu stellen?

Die Herausforderung besteht darin, eine stabile Einheit zu schaffen, die in langfristigem Miteinander eine ständige Marktpräsenz sicherstellt. Die Entwicklung einer deutschlandweit führenden Marke und eine hinreichende Größe der Sozietät sind ein wesentlicher Baustein zur Schaffung dieser Marktpräsenz.

Die Konsolidierung des arbeitsrechtlichen Beratungsmarkts hat längst begonnen und schreitet weiter fort. Das hat zwei Gründe: Mit einer größeren Transparenz von Qualität am Markt tendieren Mandanten durch professionellere Einkaufsprozesse bei ihrer Auswahl immer mehr zu den Top-Adressen. Hinzu kommt, dass für sehr gute Berufseinsteiger der Weg in die Großboutiquen im Arbeitsrecht hochattraktiv ist. Sie bieten ein gutes Gehaltsniveau und zugleich ein persönliches Arbeitsumfeld, angemessene Work-Life-Balance, aber auch ein hochspezialisiertes Arbeiten mit der Möglichkeit einer persönlichen und fachlichen Weiterentwicklung. Auch wirtschaftlich wird das Etablieren einer starken Marke Vorteile bieten. Das mit der Marke verbundene Qualitätsversprechen erlaubt die Durchsetzung höherer Preise für die Beratungsleistung. Dies wiederum bietet einen Wettbewerbsvorteil, weil auf diese Weise finanzielle Mittel für Investitionen in notwendige IT-Infrastruktur und Legal-Tech-Entwicklungen zur Verfügung stehen.

Komplementär dazu muss eine innere Stabilität der Sozietät gegeben sein. Im Vergleich zu der typischen Struktur eines Unternehmens in einer Größenordnung von 100 bis 200 Beschäftigten ist eine typische Anwaltskanzlei vergleichbarer Größe völlig anders aufgebaut und organisiert. Die Partnerinnen und Partner der Sozietät prägen die Mandantenstruktur, die Unternehmenskultur und die Ausbildung der jüngeren Kolleginnen und Kollegen. Damit ist eine Vielzahl an unterschiedlichen Charakteren mehr oder weniger bestimmend für das Kanzleiganze. Es besteht regelmäßig eine enge Bindung der Mandate an die Sozietät, vielfach vermittelt durch den mandatsführenden Partner. Das Risiko besteht darin, dass Partner oder Gruppen von Partnern besonders beweglich sind. Sie können die Sozietät wechseln und wenn sie das tun, nehmen sie oft Mandaten, Associates und Supportfunktionen gleichermaßen mit. In vielen Sozietäten gehen zudem die heutigen Partner in den nächsten zehn Jahren mit großen Schritten auf das Rentenalter zu. Zum Fortbestehen der Marktpräsenz entwickelt vor diesem Hintergrund jede Sozietät ihre eigene Strategie, seien es finanzielle Anreize oder wertebasierte Pull-Faktoren. In jedem Fall gilt es, in regelmäßigen Abständen selbstkritisch zu hinterfragen, ob ein ausreichend hohes Augenmerk auf das Kriterium der Stabilität gerichtet ist.

Unmittelbar daran geknüpft ist die Notwendigkeit einer rechtzeitigen Förderung von Personen, die in die Partnerrolle hineinwachsen können und wollen. Dieses Personaltableau ist sorgfältig zu pflegen, darin liegt eine große Herausforderung der nächsten zehn Jahre. Die Zahl der zugelassenen Anwälte nimmt nämlich kontinuierlich ab, das Durchschnittsalter steigt im Gegenzug an (Lorenz, 2022; Jung, 2022). Der Traum von der Partnerrolle in einer namhaften Sozietät ist längst nicht mehr das Ideal derjenigen, die sich für ein Jurastudium entscheiden. Erklärungsversuche, woran das liegen könnte, gibt es viele. Die Gründe werden zu Recht intensiv untersucht, beispielsweise vom Soldan-Institut.

Ein bekannter Versuch, der Misere zu entkommen, sind die stetig steigenden Einstiegsgehälter für Juristinnen und Juristen. Hier mitzuhalten, kann aber keine Generallösung sein: Letztlich müssen die Mandanten bereit sein, entsprechende Investitionen über steigende Honorare mitzutragen. Ob der Weg über zunehmend hohe Gehälter im Ergebnis nachhaltig ist, ist ebenfalls noch nicht absehbar. Es muss gelingen, junge Juristinnen und Juristen für den Beruf zu begeistern. Sie sollten davon überzeugt werden, dass es erstrebenswert ist, erfolgreich bei Gericht im Interesse eines langjährigen Mandanten zu verhandeln, langfristige Strategien für Mandaten zu entwickeln und damit einen sehr vielseitigen Beruf zu ergreifen. Das Arbeiten mit einem »One team«-Ansatz und damit verbunden ein gemeinsames Verfolgen von Zielen im Gegensatz zu einer Einzelkämpferphilosophie werden dazu beitragen, die gewünschte Verbundenheit zu erreichen – auch noch in zehn Jahren.

Dabei handelt es sich um eine ebenso zeitintensive wie nachhaltige Investition der Partner, die sich nicht delegieren lässt.

Wenn der Bereich Arbeitsrecht einen Wunsch an den Gesetzgeber frei hätte: Welcher wäre das?

Ein zentraler rechtspolitischer Wunsch ist Wertschätzung für das, was Unternehmen jeder Größenordnung für die bei ihnen Beschäftigten leisten. Es bedarf großen Respekts vor den täglichen Herausforderungen und der Anerkenntnis der gesellschaftlichen Beiträge der in Deutschland ansässigen Unternehmen.

Bis Ende 2025 sehen wir rund 266.000 geplanten Geschäftsaufgaben entgegen – das ist das Ergebnis einer aktuellen Auswertung der Datenlage, die das KfW-Mittelstandpanel ständig erhebt (Schwartz/Leifels, 2022). Mit einer Geschäftsaufgabe gehen selbstredend Arbeitsplätze verloren. Das mag bei der derzeitigen Arbeitsmarktlage und dem ständig postulierten Fachkräftemangel zunächst als nicht weiter störend empfunden werden. Aber: Ein einmal aufgegebener Betrieb wird nicht wieder eröffnet, auch wenn sich die Marktlage ändert. Zudem sind aktuell immerhin über zweieinhalb Mio. Menschen arbeitslos gemeldet. Als Gründe für die Geschäftsaufgabe nennt die Hälfte der Befragten »fehlendes Interesse in der Familie an einer Nachfolge« und ein Drittel gibt »zu viel Bürokratie bei Recht und Steuern« als einen Grund für die Geschäftsaufgabe an (Schwartz/Leifels, 2022).

Die letzten beiden Jahre in der Pandemie haben von allen viel verlangt. Angesichts der unmittelbar nachfolgenden weltpolitischen Situation ruft die Politik zu Recht zum Zusammenhalt in der Gesellschaft auf. Mit Blick auf die Gesetzgebung war man zum schnellen Handeln gezwungen. Dabei ist aber nicht selten übersehen worden, dass Vorgaben zum Infektionsschutz nicht nur das Gesetzgebungsverfahren durchlaufen müssen. Auch vor Ort waren die Verantwortlichen in Geschäftsleitungen und Personalabteilungen gezwungen, diese Vorgaben kurzfristig umzusetzen. Dabei galt es, verschiedene Besonderheiten in den Bundesländern zu beachten. Das Ganze geschah mit wenigen Tagen Vorlauf, unklaren Vorgaben, wenig verschriftlichten Informationen und unter großzügiger Kostenabwälzung auf alle Unternehmen, zum Beispiel mit Blick auf Covid-Tests und verpflichtendes Homeoffice. Vonseiten des Gesetzgebers verharmlost und als selbstverständlich dargestellt, haben diese pandemiebedingten Zwänge viele im Unternehmen Handelnden an den Rand ihrer Belastbarkeitsgrenze gebracht.

Ein weiteres Beispiel aus der jüngeren Vergangenheit zeigt einmal mehr, wie weit der Gesetzgeber von der Lebenswirklichkeit der Unternehmen entfernt ist. Die schon am 31.07.2019 in Kraft getretene Richtlinie (EU) 2019/1152, kurz »Arbeitsbedingungsrichtlinie« genannt, verpflichtet in Artikel 22 die Mitgliedstaaten zur Umsetzung bis 31.07.2022. Was dann kam, war aber zunächst einmal nur die Behandlung der Vorgaben durch Referentenentwurf vom 14.01.2022. Erst am 23.06.2022 hat der Bundestag dann das Gesetz beschlossen. Am 26.07.2022 im Bundesgesetzblatt veröffentlicht, trat das Gesetz in letzter Minute zum 01.08.2022 in Kraft. Inhaltlich betrifft es alle in Deutschland geschlossenen und zu schließenden Arbeitsverträge. Entsprechend ist seine betriebliche Umsetzung mit – je nach Unternehmensstruktur – immensem Aufwand verbunden. Vielfach ist die Implementierung ohne anwaltlichen Rat gar nicht zu bewältigen. Die Einschätzung der Bundesregierung legt dagegen in der Gesetzesbegründung schlicht unrealistische Aufwandsschätzungen zugrunde. Sie basieren auf der Annahme, dass die Unternehmen gerade einmal drei Minuten benötigen werden, um ihre Vorlagen anzupassen und dass nur bei zehn Prozent der Unternehmen Änderungen vorgenommen werden müssten, die mit 21 Minuten Zeitaufwand zu Buche schlagen werden (Nationaler Normenkontrollrat 2022, S. 4). Die Missachtung des Gesetzes wiederum ist bußgeldbewährt. Zumal in den Sommermonaten während der üblichen Urlaubszeit stieß dieses Vorgehen des Gesetzgebers auf wenig Verständnis. Wenn man dann noch bedenkt, dass die Gesetzesinhalte einen langfristigen Mehraufwand bedeuten und die Digitalisierung im Arbeitsleben stark erschweren, wird klar, warum die eingangs genannten rechtspolitischen Wünsche so wichtig sind.

Literatur

Jung, Marcus (2022): Der Anwaltsberuf verliert an Reiz. FAZ vom 21.06.2022.

JUVE (2019). Legal-Tech-Umfrage, 31.07.2019. Verlag für juristische Information GmbH.

Lorenz, Pia (2022): Deutschlands Anwaltschaft vergreist. LTO vom 27.06.2022.

Nationaler Normenkontrollrat (2022): Prüfungsergebnis Nationaler Normenkontrollrat vom 09.03.2022, S. 4.

Schwartz, Michael/Leifels, Arne (2022): KfW Research Nr. 393, 13.07.2022.

Nationaler Normenkontrollrat (2022): Prüfungsergebnis Nationaler Normenkontrollrat vom 09.03.2022, S. 4.

Rechtsprechung

BGH, Urteil vom 09.09.2021 – I ZR 113/20

BGH, Urteil vom 27.11.2019 – VIII ZR 285/18

4 Banking & Finance

Prof. Dr. Andreas Walter/Simon Waldbröl

Welche drei Faktoren prägen den heutigen Arbeitsalltag im Bereich Banking & Finance maßgeblich?

Soft Skills und das richtige Mindset

Das Verhältnis zwischen Rechtsanwalt und Mandant hat sich im Laufe der Zeit erheblich gewandelt. Während das Anwaltsdasein *in der alten Welt* von einer fast demütigen Distanz der Mandanten zu ihren Rechtsberatern geprägt war, sind beide Rollen *in der neuen Welt* deutlich näher zusammengerückt. Mandanten erwarten von ihren Anwälten nicht nur eine erstklassige Rechtsberatung im engeren Sinne, sondern auch eine **aufgeschlossene Grundhaltung** gegenüber Geschäftsmodellen und wirtschaftlichen Zusammenhängen.

Dieser Wandel ist vor allem dadurch angestoßen, dass Anwälte bei der Strukturierung von Geschäftsmodellen viel näher am eigentlichen Produkt arbeiten und die **User Experience** unmittelbar mitgestalten. Bei der vertraglichen Strukturierung eines Produkts nehmen Anwälte den Blickwinkel der Kunden des Mandanten ein. Die Gestaltung der User-Experience-Strecke ihrer Kunden ist den Auftragnehmern besonders wichtig.

Dieser Perspektivwechsel setzt eine **iterative Herangehensweise** an die Mandatsbearbeitung voraus. Früher war es eher üblich, die Aufgabenstellung gemeinsam mit dem Mandanten zu definieren, sich dann zur Bearbeitung zurückzuziehen, um mit einem fertigen Arbeitsergebnis aufzuwarten. Diese Herangehensweise ist heute häufig weder mit den Erwartungen der Mandanten noch mit deren Produkten vereinbar.

Der starke Fokus auf die *User Experience* führt dazu, dass Anwälte oftmals kein fertiges (rechtliches) Produkt mehr liefern können, ohne sich kontinuierlich mit dem Mandanten auszutauschen und das Produkt gemeinsam zu gestalten. Auf einige der Weichenstellungen wird der Mandant erst im Rahmen der rechtlichen Gestaltung seines Produkts gestoßen.

Anders als bei der klassischen Methode kann die iterative Herangehensweise dazu führen, dass vorläufige Arbeitsergebnisse und Zwischenschritte geteilt werden, die noch nicht gänzlich ausgereift sind. Entwürfe werden in einem frühen Stadium geteilt, um dem zu starken Auseinanderdriften von Erwartung und rechtlicher Umsetzung vorzubeugen. Nicht zuletzt machen digitale Möglichkeiten (Confluence, Jira u. a.) anwaltliche Arbeit transparenter, planbarer und letztlich teamfähiger.

Die Begriffe der **Disruption** und **Pseudo-Disruption** werden von den Marktteilnehmern unterschiedlich verstanden. Einerseits wird Disruption mit einem *Abreißen und Neubauen* gleichgesetzt. Andererseits wird verlangt, sich auf das Nichtfunktionierende zu konzentrieren und das Funktionierende zunächst unberührt zu lassen – getreu dem Motto: *Never change a winning team*. Die Wahrheit liegt im Zweifel in der Mitte. Das möglicherweise entstandene undurchdringliche Dickicht kann nur durch ein von Mandanten und Anwälten gemeinsam geschaffenes kreatives Umfeld vermieden werden.

Starke aufsichtsrechtliche Prägung

Der Präsident der Bundesanstalt für Finanzdienstleistungsaufsicht (BaFin), Mark Branson, betont, dass seine Behörde den Mut haben müsse, auch bei nicht eindeutiger gesetzlicher Regelung zügig tätig zu werden – und nicht erst dann, wenn die jeweilige Entscheidung juristisch wasserdicht sei (Kröner/Maisch/Osman, 2021). Hierzu müsse die BaFin den Mut haben, zu entscheiden, obwohl nicht alle Informationen verfügbar seien (Bafin, 2021).

Dieser Ansatz ist im (finanz-)aufsichtsrechtlichen Umfeld neu, greift aber die tatsächlichen Gegebenheiten auf: Spätestens seit Fällen wie *Wirecard*, *Maple Bank*, *Greensill* und anderen ist das aufsichtsrechtliche Umfeld durch Versagen und Fehler in der Vergangenheit geprägt. Das Finanzaufsichtsrecht soll Präventivcharakter haben, leitet aber die für die Zukunft geltenden Verwaltungspraktiken aus der Vergangenheit ab. Dies führt zu einer Ver(aufsichts)rechtlichung.

An die Aufsichtsbehörden wird der Anspruch gestellt, die Zukunft *im Griff* zu haben. Dass dies *nicht der Fall ist,* wird in der Rückschau auf vergangene Missstandsfälle – wie beispielsweise auch die zuvor Genannten – deutlich. Ob sich dies im Hinblick auf die aktuellen Herausforderungen (Lieferketten- und Finanzstromverschiebung, Zinswende usw.) ändern wird, ist zumindest fraglich. Dass das aber auch gar nicht *der Fall sein muss*, scheint der neue BaFin-Präsident verstanden zu haben.

Do what you love and love what you do

Ein maßgeblicher unseren Arbeitsalltag prägender Faktor ist Freude an dem, was wir tun. Diese Maxime bleibt bei aller Professionalität oft auf der Strecke. Uns ist es daher besonders wichtig, diesen Aspekt ganz ausdrücklich zu betonen. Ohne eine gewisse Begeisterung für die Materie wird es sehr schwierig, wenn nicht gar unmöglich, erfolgreich und mit dem richtigen *Mindset* (siehe oben) zu beraten.

Wo liegen die drei zentralen Herausforderungen für eine erfolgreiche Beratung?

Geschäftsmodelle verinnerlichen

Wie oben schon angesprochen, genügt die juristische Expertise allein nicht (mehr), um den Anforderungen der Mandanten gerecht zu werden. Das Erfordernis sogenannter *Soft Skills* geht so weit, dass Anwälte die Geschäftsmodelle ihrer Mandanten so weit durchdrungen haben müssen, dass sie selbst eine wirtschaftliche Perspektive einnehmen.

In einigen juristischen Fachrichtungen, vor allem aber in der (rechtlichen) Strukturierung von Geschäftsmodellen, sind wirtschaftliche Aspekte zwingend mit der juristischen Gestaltung zu verknüpfen. Fehlt ein durchdringendes Verständnis des Geschäftsmodells, ist eine den wirtschaftlichen Interessen der Mandanten gerecht werdende Beratungsleistung ausgeschlossen oder zumindest nicht von vornherein gewährleistet.

Kampf um Talente

Schon vor Jahrzehnten haben Unternehmen erkannt, dass der Mensch häufig die wichtigste, jedenfalls aber eine wichtige Ressource in jedem Betrieb ist. Diese Erkenntnis spiegelt sich nicht zuletzt im Begriff *Human Resources* wider. Auch der sogenannte *War for talents* ist kein neues Phänomen.

Dieser Kampf hat in der anwaltlichen Beratungspraxis eine neue Form angenommen. Im Zeitalter der aufkommenden großen Wirtschaftskanzleien war ein Kampf um die Absolventen ausgebrochen, die die höchste Punktzahl in den Staatsexamina erzielten – und damit als die größten Talente angesehen wurden. Im Gegenzug wurden sehr üppige Gehälter und ein gutes Renommée geboten.

Im Wandel der Zeit scheint es, als hätte der anwaltliche Beruf an Prestige eingebüßt. Die Frage nach dem Sinn (*Purpose*) der eigenen Tätigkeit ist wenigstens neben die Frage nach dem Kanzleischild oder dem (Einstiegs-)Gehalt getreten. Talente erwarten, für ihr Tun Wertschätzung zu erfahren, und haben den Anspruch, sich mit dem jeweiligen Job persönlich zu identifizieren, aber auch Freiräume für anderweitige Interessen zu haben und zu pflegen.

Der Kampf um Talente ist also eigentlich ein Kampf um die *richtigen* Talente. Diese zu finden, ist eine enorme Herausforderung für Kanzleien. Die zur Verfügung stehenden Papierkriterien scheinen hierfür hinreichend zu sein: Punktzahlen in den Staatsexamen, akademische Abschlüsse, Auslandsaufenthalte, Praktika, Veröffentlichungen – keines dieser Kriterien beantwortet die Frage, ob jemand das Mindset der jeweiligen Einheit teilt, fühlt und lebt. Hierbei ist der Begriff *Einheit* nicht als *Gleichheit* oder *Stromlinienförmigkeit* zu verstehen. Die Standardkriterien müssen daher um wesentliche Faktoren aus dem Bereich der Soft Skills erweitert werden.

Durch den Einzug von *Legal-Tech-* und *Artificial-Intelligence*-Lösungen (AI oder auf Deutsch: KI) wird sich der Kampf um Talente weiter verstärken. Es sind gerade die Talente, die neben neuen technischen Lösungen unersetzbar sind und es auf Dauer auch bleiben werden.

Rechtliche Pendelbewegungen

Nicht nur die Anwaltschaft, sondern auch die Finanzindustrie hat ein anderes *Standing* als früher. Mitarbeiter in Banken, in Versicherungen oder anderen Unternehmen der Finanzbranche genossen bisweilen eine gewisse Unantastbarkeit. Mit Anwälten hatten sie lange Zeit oft gemeinsam, dass sie einen (vermeintlichen) Wissensvorsprung vor der restlichen Gesellschaft hatten. Letztere hinterfragt diesen Wissensvorsprung aber immer kritischer.

Die Finanzindustrie ist spürbar bemüht, zu beweisen, dass sie den an sie gestellten Anforderungen gerecht wird und die Gesellschaft ihr zu Recht vertraut. Bei diesem Bemühen hilft die starke aufsichtsrechtliche Prägung der Finanzindustrie nicht zwingend weiter. Die hierdurch entstehende hohe Komplexität macht es den Marktteilnehmern schwer, einen Überblick über das Regelungsregime zu behalten.

Welche Weichen sind für die eigene Marktpräsenz in zehn Jahren zu stellen?

Die wichtigste Weiche für den Weg in die Zukunft scheint diejenige zu sein, die richtige Antworten und Lösungen auf die oben beschriebenen Herausforderungen liefert.

Hierfür ist es nicht nur erforderlich, sich mit Themen zu beschäftigen, die Mandanten heute umtreiben, sondern schon eine Ebene früher gesellschaftliche, technologische und rechtliche Treiber zu identifizieren und sich mit ihnen auseinanderzusetzen, bevor Mandanten diese Themen überhaupt als relevant einstufen könnten. Hierzu gehört der Mut, Zeit aufzuwenden für Themen, die möglicherweise doch nicht relevant sind, deswegen nicht weiter verfolgt werden müssen und daher fallen gelassen werden können.

Wenn der Bereich der Rechtsberatung im Bereich Banking & Finance einen Wunsch an den Gesetzgeber frei hätte: Welcher wäre das?

Ein zentraler Wunsch ist, dass der Gesetzgeber Abstand von seiner – zumindest stillschweigend gegebenen – Garantie an die Bürger nimmt, sie vor allen Risiken beschützen zu wollen. Jedem dürfte klar sein, dass der Staat ein Versprechen absoluten Schutzes nicht einzulösen vermag. Der Gesetzgeber sollte seine Bürger mehr als aufgeklärte, erwachsene und selbstbestimmte Teilnehmende am wirtschaftlichen Leben verstehen, die Verträge bewusst schließen oder dies unterlassen.

Gibt der Staat seinen Bürgern immer weiter das Gefühl, letztlich alles ungelesen abschließen und vereinbaren zu können, und zwingt er Unternehmen zu umfassender Informationsvermittlung vor, während und nach einem Vertragsschluss, werden Bürger (a) immer weniger Interesse daran haben, überhaupt zu verstehen, welche Erklärungen sie selbst abgeben, und (b) immer weniger in der Lage sein, die umfassenden – teils unverständlichen – Pflichtinformationen einordnen zu können.

Immer stärkere Verrechtlichung mag viele *Billable Hours* – abrechenbare Stunden – auf Anwaltsseite produzieren. Sie schafft aber nicht mehr Rechtssicherheit, weniger gerichtliche Auseinandersetzungen oder wirtschaftlich sinnvolle Ergebnisse. Sie macht es vor allem komplizierter und damit langsamer.

Der BaFin-Präsident hat es zumindest für die Behördenseite zutreffend erkannt, wenn er sagt, Bürger sollten in die Lage versetzt werden, sich selbst zu schützen und sich selbst zu helfen (BaFin, 2021). Das ist nur möglich, wenn auch der Gesetzgeber erkennt, dass Bürger zu mehr Eigenverantwortung gebracht werden sollten und müssen.

Literatur

BaFin (2021): Modernisierung muss zu einem Teil unserer DNA werden. Fachartikel vom 15.11.2021. https://www.bafin.de/SharedDocs/Veroeffentlichungen/DE/Fachartikel/2021/fa_bj_2111_mittelfristziele_interview_p.html (Abrufdatum: 14.03.2023).

Kröner, Andreas/Maisch, Michael/Osman, Yasmin (2021): Neuer Bafin-Chef: »Das größte ökonomische Risiko ist das Zinsumfeld«. Interview mit Mark Branson. Handelsblatt vom 08.10.2021. https://www.handelsblatt.com/finanzen/banken-versicherungen/banken/mark-branson-im-interview-neuer-bafin-chef-das-groesste-oekonomische-risiko-ist-das-zinsumfeld/27685212.html (Abrufdatum: 03.03.2023)

5 Compliance

Felix Rettenmaier/Dr. Tony Rostalski

Welche drei Faktoren prägen den heutigen Arbeitsalltag im Bereich Compliance maßgeblich?

Die Compliance in Unternehmen ist mittlerweile fester Bestandteil des dortigen Arbeitsalltags. Sie stellt eine wesentliche Pflicht der Geschäftsführung dar und ist zugleich ein rechtliches Steuerungselement der Unternehmensführung. Alle Maßnahmen der Compliance müssen daher am Wohl des Unternehmens ausgerichtet sein und im allseitigen Interesse an einem rechtmäßigen Geschäftsbetrieb erfolgen. Dieser Rahmen prägt die Anforderungen an die Arbeit des anwaltlichen Beraters im Bereich Compliance grundsätzlich. Es sind nämlich die gesetzlichen Pflichten des Geschäftsleiters, an deren Umsetzung der Compliance-Berater mitwirkt.

Aufgrund der sich stetig ändernden tatsächlichen und rechtlichen Rahmenbedingungen, innerhalb derer sich ein Unternehmen »compliant«, d.h. rechtstreu verhalten soll, ist an *erster Stelle* die erforderliche Flexibilität von Unternehmen und deren Beratern zu nennen. Sie müssen sich an ständig veränderte Gegebenheiten anpassen und durch eine geeignete Compliance-Organisation bzw. durch geeignete Compliance-Maßnahmen hierauf angemessen reagieren. Ausschlaggebend dafür können Veränderungen im Geschäftsablauf eines Unternehmens sein – beispielsweise im Einkauf und im Vertrieb. In Betracht kommen aber auch sich kurzfristig ändernde rechtliche Rahmenbedingungen wie Embargos und Sanktionslisten. Dies hat in aller Regel zur Folge, dass eine wirksame Compliance nicht als »Produkt von der Stange« funktioniert.

Genauso wenig lässt sich Compliance von außen in eine Organisation »hineintragen«. Die Compliance-Beratung ist insoweit vielmehr Prozessbegleitung als Verkauf und Übertragung eines fertigen (Compliance-)Produkts auf ein hierfür in aller Regel nicht vorbereitetes Unternehmen. Dies setzt zwangsläufig voraus, dass der jeweilige Compliance-Berater das Unternehmen in Gänze, d.h. von der Gesellschafterstruktur bis zum Produkt oder der angebotenen Dienstleistung und dem individuellen Marktumfeld, versteht. Gegebenenfalls muss das auch länderübergreifend der Fall sein. Dieses der eigentlichen Compliance-Beratung vorgelagerte Verständnis ist Grundlage einer jeden (rechtsberatenden) Unterstützung von Unternehmen beim Aufbau ihrer Compliance-Strukturen.

Im Hinblick auf die eigentliche Beratungsleistung ist der Bereich der Compliance naturgemäß durch seine Interdisziplinarität geprägt. Dieser *zweite maßgebliche Faktor* ist der Kern jeder Compliance-Beratung. Je größer das Unternehmen, je diversifizierter seine Produkte und Dienstleistungen, desto höher sind die Anforderungen an ein interdisziplinäres Arbeiten zur

Bewältigung von Compliance-Risiken. Hierbei gilt in aller Regel, dass ein Compliance-Management-System bestenfalls alle wesentlichen Risiken adressiert, die sich für (auch nicht strafbares) Fehlverhalten aus der Organisation heraus ergeben.

Die sogenannte *Criminal Compliance* ist hier nur ein Teilbereich, der in besonderer Weise auf die strafbewehrten Gesetzesverstöße abstellt. Allerdings können sich auch aus nicht strafbaren Verhaltensweisen erhebliche Reputations- und Haftungsrisiken ergeben. Eine erfolgreiche Compliance ist demnach davon bestimmt, Compliance-Risiken nachvollziehbar zu bestimmen und diese interdisziplinär durch eine geeignete Organisation einzudämmen. Dies geschieht häufig unter Einbindung von Expertinnen und Experten.

Gerade bei größeren Organisationen kann dies *ein* Berater selten allein leisten. Dies führt zum *dritten* prägenden Element der Compliance-Beratung: dem arbeitsteiligen Zusammenwirken mehrerer Fachleute. Ob diese Experten aus dem Unternehmen selbst stammen oder anderweitig hinzugezogen werden müssen, ist insoweit nicht von Belang. Maßgebend ist vielmehr, dass sich die betroffenen Bereiche in ihrer Zusammenarbeit inhaltlich ergänzen. So müssen bei der Erstellung einer Antikorruptionsrichtlinie beispielsweise stets auch steuerliche Aspekte berücksichtigt werden. Erfolgt eine Zusammenarbeit mit der öffentlichen Hand, erfordert dies in aller Regel die Berücksichtigung verwaltungsrechtlicher Vorgaben, die von (Bundes-)Land zu (Bundes-)Land abweichen können.

Bereits hieran wird deutlich, dass eine wirkungsvolle Compliance-Beratung häufig komplexer ist, als vom Adressaten erwartet wird. Was für die Erarbeitung eines Compliance-Konzepts und von dessen Beratung gilt, setzt sich im Unternehmen bei dessen konkreter Implementierung fort. Die Umsetzung der Compliance-Maßnahmen erfordert naturgemäß die Beteiligung unterschiedlicher Hierarchieebenen. Sowohl die Erarbeitung als auch die Umsetzung einer Compliance-Strategie sind daher regelmäßig Teamarbeit.

Wo liegen die drei maßgeblichen Herausforderungen für eine erfolgreiche Compliance-Beratung?

Die Compliance-Beratung hat in den vergangenen Jahren einen enormen Bedeutungszuwachs erfahren. Dies gilt sowohl für die Rechtswissenschaft als auch für die Praxis. Ein besonders eindrückliches Zeichen hierfür enthielt der Entwurf des Verbandssanktionengesetzes (VerSanG). Er sah in Fällen eine Strafschärfung für betroffene Unternehmen vor, in denen diese ihren Compliance-Pflichten »nicht angemessen« nachgekommen waren (Grunert, 2020, S. 71). Auch wenn der Entwurf des Verbandssanktionengesetzes nunmehr der parlamentarischen Diskontinuität zum Opfer gefallen ist, bleibt die Grundaussage richtig: Mit einer effektiven Compliance lassen sich Risiken für das Unternehmen begrenzen.

Der Bedeutungszuwachs von Compliance wird aber auch durch den deutlichen Anstieg an neuen Compliance-Verpflichtungen dokumentiert. Beispielhaft sind das Hinweisgeberschutzgesetz von 2023 und das auch in mehreren anderen Beiträgen angesprochene Lieferkettensorgfaltsgesetz zu nennen. Beide Gesetze schaffen für größere Unternehmen neue Handlungspflichten. Aber auch klassische Compliance-Themen wie die Korruptions- und Geldwäsche-Prävention erleben aufgrund des Krieges in der Ukraine eine Renaissance. Hinzu kommt, dass der Staat es sich zum Ziel gesetzt hat, Vollzugsdefizite durch die Schaffung neuer Ermittlungsstrukturen abzubauen. Dazu sagte Bundesfinanzminister Christian Lindner: »Deutschland darf nicht länger den Ruf eines Geldwäsche-Paradieses haben. Wir haben den Mut zum großen Wurf: Mit leistungsfähigen und wirksamen Strukturen werden wir dafür sorgen, dass die ehrlichen Kaufleute vor denen geschützt werden, die sich nicht an Regeln halten« (Lindner, 2022). Dies alles rückt insbesondere die Criminal Compliance in den Fokus unternehmerischer Betätigungen. Für die Berater schafft die zuvor dargestellte Gemengelage besondere Herausforderungen:

- Sie sehen sich *erstens* mit einer zunehmend dynamischen Rechtsentwicklung und einer nicht selten kurzatmigen rechtspraktischen Umsetzung neuer Regeln konfrontiert. Schon zur Haftungsvermeidung setzt die Beratung insofern zuallererst den Aufbau und das Aufrechterhalten von Kenntnissen und Know-how in der Beratung voraus.
- *Zweitens* sind Berater zur seriösen Umsetzung des Mandats auf die Schaffung realistischer Budgets auf Unternehmensseite angewiesen: Eine effektive Geldwäsche-Compliance oder die Umsetzung der Bemühenspflicht aus dem Lieferkettensorgfaltsgesetz lassen sich nicht durch die Anpassung eines Dokuments aus einem »Formularhandbuch« bewerkstelligen. Gerade in einem wirtschaftlich angespannten Marktumfeld können der Schaffung geeigneter Compliance-Strukturen daher ökonomische Grenzen gesetzt sein, auf die jedoch weder der Gesetzgeber noch die Justiz im Fall der »Non-Compliance« Rücksicht nehmen.
- Eine *dritte* bedeutende Herausforderung sind die Anforderungen an das Projektmanagement. Compliance-Beratung ist – wie bereits erwähnt – eine Teamleistung. Rechtliche Berater sehen sich deshalb gerade in der Compliance-Beratung mit ganz eigenen Projektsteuerungsaufgaben konfrontiert. Dies gilt insbesondere dann, wenn sie für das Unternehmen die Koordinierung verschiedener Spezialisten übernehmen.

Zusammenfassend ergeben sich bei der Compliance-Beratung sowohl besondere Herausforderungen auf Berater- als auch auf Unternehmensseite: Der Rechtsberater ist fachlich und sozial in gesteigertem Maße gefordert. Auf Unternehmensseite kommt es demgegenüber regelmäßig vor allem darauf an, Handlungsbedarfe im Tagesgeschäft zu erkennen und angemessen zu priorisieren.

Welche Weichen sind für eine Marktpräsenz im Bereich Compliance in zehn Jahren jetzt zu stellen?

Die richtige Weichenstellung für eine gefestigte Marktpräsenz im Bereich Compliance lässt sich insbesondere aus der rasanten Entwicklung dieses Beratungsfelds in der Vergangenheit ableiten. Zum einen wird eine zentrale Aufgabe der hier tätigen Berater darin bestehen, kurzfristig und gemeinsam mit ihren jeweiligen Mandanten auf wechselnde Rahmenbedingungen zu reagieren. Aufgrund der stetig wachsenden Komplexität einiger Bereiche wie etwa dem Datenschutzrecht oder dem Lieferkettensorgfaltsgesetz wird dies nur durch ein erhöhtes Maß an Spezialisierung möglich sein. Zum anderen wird eine umfassende Beratung im Bereich der Compliance nur funktionieren, wenn hier mit interdisziplinären Teams gearbeitet wird. Sowohl der Aufbau einer entsprechenden Spezialisierung als auch der interdisziplinärer Teams stellt einen erheblichen Aufwand dar.

Darüber hinaus ist zu berücksichtigen, dass eine Beratung im Bereich der Criminal Compliance einen teils erheblichen Erfahrungsschatz im Umgang mit Behörden und Gerichten voraussetzt. Denn nur so können Verfahrensrisiken möglichst rechtssicher und verlässlich prognostiziert werden. Die Compliance-Beratung ohne eine entsprechende forensische Erfahrung wird daher zwangsläufig mit Nachteilen verbunden sein. Können einzelne Beraterinnen und Berater diese Beratungsleistungen entweder mangels praktischer Erfahrung oder inhaltlicher Expertise nicht abbilden, sind diese auf Netzwerke angewiesen. Gerade wer grenzüberschreitend beraten will, muss auf kompetente Partner zurückgreifen können.

Im Rahmen der Compliance-Kommunikation – zum Beispiel bei Compliance-Schulungen – ist und bleibt eine bereits heute selbstverständliche *Kultursensibilität* ebenso wichtig wie eine *Offenheit für neue Technologien und Medien*. Die in der Wirtschaft zunehmend raumgreifenden Konzepte von dezentraler Arbeit/New Work setzen neue Strategien und Konzepte der effektiven Mitarbeiteransprache voraus.

Abgerundet wird das Leitbild des Compliance-Beraters aus unserer Sicht durch den Aufbau eines Vertrauensverhältnisses zwischen Berater und Mandant, im Rahmen dessen kurzfristig auf die zuvor beschriebenen neuen Herausforderungen reagiert werden kann.

Wenn der Bereich Compliance einen Wunsch an den Gesetzgeber frei hätte: Welcher wäre das?

Aus Beratersicht wäre es begrüßenswert, wenn der Gesetzgeber im Bereich der Compliance die Durchführbarkeit von Compliance-Maßnahmen stärker in den Blick nehmen würde. Bislang werden die Unternehmen und ihre Berater regelmäßig mit Anforderungen des Gesetzgebers konfrontiert, die wegen der Struktur der Unternehmen kaum umsetzbar sind. Die Durchführung einer praxisnahen Folgenabschätzung – auch in administrativer Hinsicht – wäre daher geeignet, absehbare Vollzugsdefizite zu minimieren. Damit wäre sowohl dem gesetzgeberischen Interesse als auch den betroffenen Unternehmen Genüge getan. Dies gilt unabhängig davon, dass so ein erhöhtes Maß an Rechtssicherheit erzielt würde. Kurzum: Für Berater in Fragen der Compliance, insbesondere der Criminal Compliance, ist eine praxisnahe Gesetzgebung aufgrund der mit Compliance-Verstößen verbundenen erheblichen Folgen besonders wünschenswert.

Literatur

Grundert, Eike (2020): Verbandssanktionengesetz und Compliance-Risikoanalyse. CCZ 2020, S. 71 ff.

Lindner, Christian (2022): Voller Einsatz gegen Finanzkriminalität. Onlinebeitrag vom 25.08.2022. www.bundesfinanzministerium.de/content/DE/Standardartikel/Themen/Schlaglichter/Geldwaesche-bekaempfen/voller-Einsatz-gegen-Finanzkriminalitaet.html (Abrufdatum: 05.05.2023)

6 Corporate/M&A

Bernhard Maluch

Welche drei Faktoren prägen den heutigen Arbeitsalltag im Bereich Corporate/M&A maßgeblich?

Die gegenwärtige Marktlage im Bereich Corporate/M&A ist stark durch die gesamtwirtschaftliche Situation geprägt. Während Transaktionszahlen und -volumina in Jahren 2020 und 2021 deutlich angestiegen sind, hat sich die Lage im Laufe des Jahres 2022 verändert: Die Aktivität hat sich wieder deutlich in Richtung des Vorpandemie-Niveaus bewegt. Ein zentraler Faktor waren dabei die angestiegenen Zinsen. Das süße Gift des billigen Geldes stand nicht mehr im gleichen Maße zur Verfügung wie zuvor, und Finanzierungen waren deutlich verteuert.

Aber auch eine Reihe von wirtschaftlichen und politischen Unsicherheitsfaktoren hat den Markt beeinflusst. Hier sind der Ukrainekrieg mit seinen starken Auswirkungen auf Energie- und Rohstoffpreise und die Rückkehr der Inflation sowie Ängste vor einer Rezession zu nennen. Die großen Wirtschaftsräume wurden protektionistischer, Lieferketten sind vielfach umgebaut worden – Stichworte: Near-/Friendshoring. All das hat dazu geführt, dass Transaktionen heute schwerer zu finanzieren sind. Auch die Herausforderungen hinsichtlich von Prognosen und Bewertungen sind gewachsen.

Insgesamt ist eine gewisse Zurückhaltung zu verzeichnen, und entsprechend hat die Aktivität am Transaktionsmarkt abgenommen. Dabei waren nicht alle Segmente gleichermaßen betroffen. Großvolumige Transaktionen sind zum Beispiel stärker zurückgegangen als andere. Auch Venture-Capital-Beteiligungen fanden in geringerem Umfang statt. Lediglich die Insolvenzwelle, die schon seit längerer Zeit befürchtet wird, ist bislang so noch nicht eingetreten. Ursächlich dafür waren wohl auch staatliche Hilfen und die gelockerten Regelungen zur Insolvenzantragspflicht.

Betrachtet man die angesprochenen Faktoren, so hat sich auf die Transaktionsgeschäfte vor allem das gewachsene Misstrauen der großen Wirtschaftsblöcke untereinander ausgewirkt. Daraus folgte eine außenpolitische Abschottung. Die Investitionskontrolle war lange Jahre kein Faktor von besonders großer Relevanz. Hingegen gehört heute ein Verständnis der Regeln, durch die Staaten sich die Überprüfung des Anteilserwerbs durch ausländische Investoren vorbehalten, zum notwendigen Handwerkszeug. Die Zahl der Wirtschaftsbereiche, in denen eine Investitionskontrolle stattfindet, wurde deutlich ausgeweitet. Die maßgeblichen Schwellenwerte wurden abgesenkt.

Schon immer haben fusionskontrollrechtliche Regelungen den zeitlichen Ablauf von Transaktionen beeinflusst. Hinzugekommen sind aber über die letzten Jahre verstärkt investitionskontrollrechtliche Vorschriften, die sich für Deutschland in der Außenwirtschaftsverordnung finden. Hinzu kommt seit Ende letzten Jahres auch die Subventionskontrolle auf Basis der Verordnung (EU) 2022/2560 über den Binnenmarkt verzerrende drittstaatliche Subventionen (DSVO). Für alle drei Bereiche besteht jeweils ein Vollzugsverbot: Eine Transaktion darf nicht vollzogen werden, bevor die jeweils notwendige Erlaubnis erteilt worden ist.

Aber nicht nur inländische Vorschriften beeinflussen den Transaktionsablauf. Vertritt man zum Beispiel einen chinesischen Käufer, der an einem deutschen Target interessiert ist, so ist Teil der Transaktionsplanung meist das Vorliegen eines sogenannten Overseas Direct Investment (ODI) Permit. Dieses benötigt das chinesische Unternehmen, um den Kaufpreis aus China heraus überweisen zu können. Insgesamt hat damit der staatlich gesetzte Rahmen gegenüber den eigentlichen Transaktionsthemen an Bedeutung gewonnen.

In aller gebotenen Kürze sei hier auch der Bereich ESG (Environmental, Social and Governance) angesprochen, der in immer mehr Transaktionen erhebliche Relevanz gewonnen hat. Das gilt für die Einschätzung von Reputationsgewinnen oder -risiken, für veränderte Reporting-Anforderungen und im Zusammenhang mit einer Finanzierung gleichermaßen.

Neben diesen inhaltlichen Faktoren spielen die digitale Transformation und der Faktor Legal Tech eine wichtige Rolle. War die Digitalisierung schon zuvor einer der prägenden Trends, so hat sie durch die Covid-Pandemie noch einmal einen spürbaren Schub bekommen. Für die gesellschaftsrechtliche Beratung am greifbarsten waren dabei wohl die Regelungen zur virtuellen Hauptversammlung und Gesellschafterversammlung. Zudem sind Anfänge im Bereich der Beurkundung durch das Gesetz zur Umsetzung der Digitalisierungsrichtlinie (DiRUG) getan. Dadurch wurden erste Möglichkeiten der Online-Gründung bei Gesellschaften mit beschränkter Haftung (GmbH) eingeführt worden.

Im Transaktionsbereich verdienen Legal-Tech-Tools besondere Aufmerksamkeit. Dabei spielt die Dokumentenautomation eine Rolle, beispielsweise hinsichtlich der Erstellung von Vertragsentwürfen und anderen Transaktionsdokumenten. Deutlich beeindruckender sind die Einsatzmöglichkeiten im Bereich der Datenanalyse bei Due-Diligence-Prüfungen. Ein Programm wie zum Beispiel Luminance verschafft in kurzer Zeit auch mithilfe sehr plastischer grafischer Darstellungen und zudem sehr zuverlässig einen Überblick über einen Datenraum. Früher hätte man für diesen Vorgang mehrere Personen über mehrere Tage beschäftigen müssen.

Heute kann das Programm zum Beispiel ermitteln, in wie vielen der untersuchten Vertragsdokumente Change-Of-Control-Klauseln, Preisanpassungsklauseln oder Wettbewerbsverbote enthalten sind und ob diese untereinander gleich sind oder es verschiedene Varianten gibt. Ein Paradebeispiel für den Einsatz eines solchen Programms sind große Immobilientransaktionen, bei denen eine Vielzahl strukturell gleicher Dokumente wie Grundbuchauszüge oder Mietverträge zu untersuchen sein können. Legal-Tech-Tools können hier sehr viel Zeit sparen und sind dabei deutlich weniger fehleranfällig als von Menschen durchgeführte Vorgänge.

In beiden Bereichen, also der Dokumentenerstellung und der Dokumentenanalyse, dürfte die Entwicklung rasch fortschreiten. Die voranschreitende Technisierung stellt Werkzeuge bereit, die die Genauigkeit erhöhen. Das hilft, sehr viel Zeit und dadurch auch Kosten zu sparen.

Wo liegen die drei maßgeblichen Herausforderungen für eine erfolgreiche Corporate-/M&A-rechtliche Beratung?

Ein entscheidender Faktor bei der erfolgreichen rechtlichen Beratung einer M&A-Transaktion ist der Umgang mit der Komplexität des zu begleitenden Vorgangs. Insbesondere bei der Beratung des Käufers gilt es, sich innerhalb kurzer Zeit gründliche Kenntnis vom Zielunternehmen, seinen Strukturen und seinen rechtlichen Rahmenbedingungen zu verschaffen und diese zu analysieren. Sowohl die Fakten als auch die Ergebnisse der Analyse werden dann dem Mandanten präsentiert und mit diesem sowie mit den anderen an der Transaktion beteiligten Beratern diskutiert.

Dieser Prozess gelingt nur auf der Basis eines gründlichen Verständnisses der wesentlichen finanziellen und wirtschaftlichen Aspekte. Das gilt für die beteiligten Unternehmen und die Branche ebenso wie für die konkreten Zielsetzungen der Mandanten. Hierzu sind die gefundenen Ergebnisse in Beziehung setzen. Die vorgefundenen Fakten sind zu analysieren und mit dem Mandanten zu diskutieren. Die dabei gewonnenen Erkenntnisse sind sodann in eine möglichst vorteilhafte Transaktionsstruktur zu überführen. Die Ergebnisse sind angemessen in den Transaktionsdokumenten zu reflektieren.

Auch die Zeitplanung für die Transaktion ist vor dem Hintergrund der gefundenen Informationen zu überprüfen. So beeinflusst es den Zeitplan, wenn im Hinblick auf Fusionskontrolle, Investitionskontrolle oder Subventionskontrolle komplexe Fragestellungen zu erwarten sind. Das Gleiche gilt, wenn die Transaktionsstruktur Umwandlungsmaßnahmen vorsieht oder wenn – wie gerade in den regulierten Industrien – Verwaltungsverfahren einzuhalten sind.

Dementsprechend erfordert ein gelungener M&A-Prozess sehr viel Kooperation – im eigenen Team, mit der Mandantin, mit deren weiteren Beratern und auch mit der Gegenseite. Dabei ist die richtige Balance zu finden zwischen der Wahrung der Mandanteninteressen in den Transaktionsdokumenten einerseits und der Sicherstellung eines kooperativen Verhältnisses mit der Gegenseite andererseits. Auch hieran hat der Mandant meist ein erhebliches Interesse. Es soll ein möglichst reibungsloser Prozess erreicht werden. Insofern bergen Transaktionen auch kommunikative Herausforderungen. Letztere werden noch größer, wenn sprachliche oder kulturelle Barrieren hinzutreten, insbesondere wenn es sich um grenzüberschreitende Transaktionen handelt.

Ein Übriges tut die Eilbedürftigkeit: Kaum je eine M&A-Transaktion findet ohne erheblichen Zeitdruck statt. Die Berater müssen in der Lage sein, schnell zu handeln, effektiv zu kommunizieren und auch auf unerwartete Entwicklungen zu reagieren, ohne dass die Qualität ihrer Arbeit darunter leidet.

Welche Weichen sind für eine Corporate-/M&A-rechtliche Marktpräsenz in zehn Jahren jetzt zu stellen?

Eine sehr spannende Frage ist, wie künstliche Intelligenz die Rechtsberatung künftig beeinflussen wird. Im Extremfall könnte sie die Beratung durch Rechtsanwälte überflüssig machen. Jüngstes Beispiel ist das von dem Silicon-Valley-Unternehmen Open AI entwickelte Programm ChatGPT. Seine Möglichkeiten sind einerseits verblüffend und faszinierend, andererseits dann aber auch immer wieder ernüchternd. ChatGPT ist eine Abkürzung für »Chat Generative Pretrained Transformer«. Das System wurde auf der Grundlage von Deep-Learning-Algorithmen trainiert, um menschenähnliche Konversationen zu führen und auf Fragen zu antworten.

Zur Frage: »Wird ChatGPT die Rechtsberatung durch Anwälte ersetzen«, formuliert das Programm selbst:

> »Nein, ChatGPT wird die Rechtsberatung durch Anwälte nicht vollständig ersetzen. Obwohl ChatGPT in der Lage ist, auf eine Vielzahl von Fragen und Themen zu antworten, hat es seine Grenzen, insbesondere wenn es um spezifische und komplexe rechtliche Angelegenheiten geht.
> Ein guter Anwalt hat nicht nur ein tiefes Verständnis für das Gesetz, sondern auch die Fähigkeit, Fakten zu analysieren, um den Fall des Klienten angemessen zu vertreten. Anwälte können auch spezielle Verfahrenskenntnisse, Verhandlungsfähigkeiten und praktische Erfahrung in der Anwendung des Rechts auf bestimmte Situationen haben. ChatGPT kann jedoch als nützliches Instrument für allgemeine Informationen und als erster Anlaufpunkt für einfache Fragen dienen. Es kann dazu beitragen, die Lücke zwischen Menschen, die rechtliche Informationen benötigen, und den Anwälten zu schließen, die oft teuer und schwer zugänglich sind. In vielen Fällen kann ChatGPT die Suche nach einem Anwalt unterstützen und eine erste Orientierungshilfe bieten.«

Was sich in diese Hinsicht noch tut, wird sich zeigen. Bislang herrscht die Einschätzung vor, dass solche Programme die Rechtsberatung durch Rechtsanwältinnen und Rechtsanwälte durchaus ganz erheblich beeinflussen werden. Ein Ende der Anwaltschaft steht aber doch noch nicht unmittelbar bevor.

Für den Fall, dass die Anwaltschaft in zehn Jahren noch nicht durch künstliche Intelligenz ersetzt wurde, dürfte ein Faktor für die künftige Marktpräsenz von besonderer Bedeutung sein: die Nachwuchsgewinnung. Schon allein die kleiner werdenden Absolventenjahrgänge haben zu einem ganz erheblichen Wettbewerb der Kanzleien um junge Anwältinnen und Anwälte geführt, die eine Karriere in der wirtschaftsberatenden Anwaltschaft anstreben. Die Kanzleien reagieren nicht nur mit einer erheblichen Steigerung der Einstiegsgehälter. Sie ändern auch weichere Faktoren wie Home-Office-Regeln und Arbeitszeitmodelle. Wem es gelingt, hier die Besten für sich zu gewinnen und ihnen ein attraktives Umfeld zu bieten, der legt hierdurch die Basis für den weiteren Erfolg.

Wenn der Bereich Corporate/M&A einen Wunsch an den Gesetzgeber frei hätte: Welcher wäre das?

Es gibt durchaus einige Projekte, durch deren Umsetzung sich der Gesetzgeber um den Wirtschaftsstandort Deutschland verdient machen und dadurch auch die M&A-Landschaft nachhaltig positiv beeinflussen kann. Ganz oben steht hier eine grundlegende Vereinfachung des Steuerrechts. Es sieht im Moment aber nicht danach aus, als sei ein solches Projekt auch nur von ferne zu erkennen.

Realistischer mutet die Förderung der Start-up-Kultur und der Venture-Capital-Landschaft in Deutschland und Europa an. Hier könnte das Gemeinwohl erheblich dadurch gefördert werden, dass die steuerlichen Regelungen überdacht werden: Zu prüfen ist, wie Deutschland hier im Vergleich zu konkurrierenden Standorten aufgestellt ist. Das gilt besonders auch hinsichtlich der steuerlichen Behandlung der Beteiligungen am Unternehmenswert. Diese werden Mitarbeitern junger Unternehmen häufig eingeräumt, weil die Ertragskraft des Unternehmens in einer frühen Phase die Zahlung hoher Gehälter noch nicht erlaubt. Für solche Beteiligungen gelten gerade in angelsächsischen Ländern oft günstige Sonderregeln. Wenn Deutschland hier wettbewerbsfähig wäre, könnte der Gewinn für das Gemeinwesen erheblich sein.

7 Datenschutz- und IT-Recht

Mark Oliver Kühn

Welche drei Faktoren prägen den heutigen Arbeitsalltag im Bereich IT- und Datenschutzrecht maßgeblich?

Durch Technologisierung, Informatisierung, Digitalisierung und Automatisierung nimmt die Komplexität auf allen Ebenen immer mehr zu: Die Lebenswirklichkeit wird komplexer, das Recht wird komplexer, die Rechtsanwendung selbst wird komplexer und schließlich werden es auch die Werkzeuge, Hilfsmittel und Lösungen des Rechtsanwenders (Prömse, 2017, S. 170).

Diese schon aus dem Jahr 2017 stammende Einschätzung vom Prömse beantwortet die eingangs gestellte Frage geradezu mustergültig: Die zentralen Punkte sind (1) der technologische Fortschritt, (2) die zunehmende Komplexität der zu bewertenden Informationen und Fallgestaltungen sowie (3) eine damit einhergehende komplexere Rechtsmaterie. Damit wird eine Entwicklung beschrieben, die schon damals in vollem Gange war und heute mehr denn je den anwaltlichen Arbeitsalltag im Bereich IT- und Datenschutzrecht prägt: Technologischer Fortschritt und damit einhergehende Digitalisierung führen dazu, dass alltägliche Handlungsabläufe zunehmend automatisiert und miteinander verknüpft werden.

Sowohl die Unternehmen als auch die Menschen, die dort tätig sind, sind umfangreicher und vielschichtiger miteinander vernetzt denn je. Kommunikation und Austausch untereinander sind schon lange nicht mehr auf Standorte begrenzt, sondern sind ebenso wie Produktionsprozesse und die auch in mehreren anderen Beiträgen angesprochenen dahinterliegenden Lieferketten zunehmend global ausgerichtet. »Just in time« prägt das Leben in vielen Bereichen.

In der Praxis von Mandanten, in der Kommunikation und Zusammenarbeit mit diesen, aber auch in den sich notwendigerweise annähernden kanzleiinternen Prozessen entstehen im Rahmen der weiter fortschreitenden Umstellung von analogem auf digitalen Austausch immer größere Mengen zu verarbeitender Daten. Konferenzen finden – nicht zuletzt durch Notwendigkeiten während der Covid-19-Pandemie katalysiert – zu großen Teilen nicht mehr in Präsenz statt, sondern in virtuellen Räumen. Verträge und sonstige Dokumente existieren während ihres Lebenszyklus häufig zu keinem Zeitpunkt mehr in Papierform. Briefe dürften zwischenzeitlich im normalen Arbeitsablauf weitestgehend durch E-Mails und andere Formen digitaler Kommunikation ersetzt sein.

Vor diesem Hintergrund erweist sich die Digitalisierung nicht unmaßgeblich als Datafizierung. Eine wachsende Datenmenge errichtet zunehmend eine neue Infrastruktur unseres Zusammenlebens. Das gilt für das Filtern relevanter Informationen im Internet ebenso wie bei der

Gestaltung der Energie- und Verkehrswende oder in der medizinischen Versorgung und Forschung. Die insoweit grundlegend maßgebliche Verordnung (EU) 2016/679 des Europäischen Parlaments und des Rates vom 27. April 2016 zum Schutz natürlicher Personen bei der Verarbeitung personenbezogener Daten, zum freien Datenverkehr und zur Aufhebung der Richtlinie 95/46/EG (Datenschutz-Grundverordnung, »DSGVO«) regelt – ergänzt durch nationale und internationale Spezialregelungen – die Erstellung und Verwendung dieser Daten. Das macht sie zu einer europäischen Antwort auf die Frage danach, wie die Digitalisierung im Bereich personenbezogener Daten gestaltet werden soll (Bergemann/Römer, 2018).

Um die entstehenden Datenmengen zu bewältigen und Anforderungen zunehmender Vernetzung Rechnung zu tragen, greifen Unternehmen immer mehr auf hochspezialisierte Dritte zurück. Diese unterstützen sie bei Auswahl und Umsetzung der neuen Technologien. Diese Entwicklung spiegelt sich auch in dem Wachstum von globalen Playern der Entwicklung moderner Informationstechnologie wider: Während Apple im Jahre 2001 noch einen Umsatz von 5,36 Milliarden Euro erwirtschaftete und dabei einen Verlust von etwa 37 Millionen Euro auswies, lag der Umsatz im Jahre 2021 bei etwa 365 Milliarden Euro, der Gewinn bei etwa 95 Milliarden Euro. Microsoft konnte seinen Nettogewinn aus dem Jahr 2002 von 5,36 Milliarden Euro auf 72,74 Milliarden Euro im abgelaufenen Geschäftsjahr steigern. Im Jahr 2021 konnte Alphabet, der Mutterkonzern von Google, seinen Gewinn sogar fast verdoppeln (siehe dazu Internetlinks Apple, Microsoft, Google in der Linkliste).

Gerade Cloud-Dienstleister erleben in diesem Zusammenhang seit Jahren den bereits vor langer Zeit prognostizierten Zulauf (bestätigend Völker/Schnatz/Breyer, 2022). Ein Ende dieses Trends ist nicht in Sicht, da eine Vielzahl von Unternehmen zumindest (noch) nicht vollständig auf Cloud-Produkte umgestiegen sind. Und das aus guten Gründen: Neben den Kosten, die mit einer Umstellung verbunden sind (und die stets gegen den Mehrwert an Funktionalität und Effizienz abzuwägen sind), spielen häufig die Kompatibilität mit Bestandssystemen und die Notwendigkeit der Veränderung interner Prozesse eine wesentliche Rolle. Teilweise vereitelt dieser Umstand den Wunsch nach einer schnellen Umstellung. So schön Systeme auf dem Reißbrett immer wirken, so bunt und einfach sie vertrieblich angepriesen werden – die tatsächlichen Herausforderungen stecken erfahrungsgemäß im Detail der Umsetzung.

Schon auf dieser eher alltäglichen Ebene verändern sich damit auch für die im IT- und Datenschutzrecht Beratenden ständig Blickwinkel und Tätigkeitsbereich: Die immer weiter ausdifferenzierten Vernetzungsstrukturen bringen mit neuen Anwendungsszenarien auch eine Fülle immer neuer bzw. neu zu beleuchtender Fragestellungen mit sich. Exemplarisch seien Fragen zu geänderten Lizenz- und Nutzungsmodellen im Bereich Software genannt. Sie ergeben sich unter anderem daraus, dass Produkte nicht mehr vor Ort »on Premise«, sondern in der Cloud bereitgestellt werden.

In der Praxis florieren ferner Geschäftsmodelle, in welchen Verbrauchern vermeintlich kostenlose Dienste angeboten werden – sei es von Suchmaschinen, sozialen Netzwerken, Videoportalen oder Kommunikationsdiensten aller Art. Tatsächlich zahlt der Verbraucher dafür kein monetäres Entgelt. Allerdings gibt er im Rahmen der Dienstnutzung regelmäßig personenbezogene Daten preis. Mit deren Hilfe wiederum ermöglichen die Anbieter Drittunternehmen personalisierte Werbung. Auch zu anderen Zwecken werden Daten an Drittunternehmen weitergegeben. Schließlich verbessern Anbieter auf ihrer Grundlage die eigenen Produkte und Unternehmensstrategien bzw. entwickeln neue Produkte. Insofern haben Daten durchaus einen erheblichen wirtschaftlichen Wert im Sinne einer Gegenleistung (Mischau, 2020).

Gleichzeitig wirft die Tatsache, dass Daten an teils kaum mehr nachvollziehbaren »Orten« verarbeitet werden, datenschutzrechtliche Fragen auf. Unternehmen erkennen zunehmend den Wert von Informationen jeglicher Art und stellen in einer Art »Goldgräberstimmung« konsequenter die Frage, wem welche Daten gehören. Das gilt insbesondere auf der Metaebene, sobald durch Verarbeitungen neue Daten erzeugt worden sind. Wie können diese Daten nutzbar gemacht werden? Wer ist zur Verwendung berechtigt?

Und schließlich entstehen Fragestellungen und Herausforderungen rund um die Daten- und Infrastruktursicherheit: Wie lassen sich angesichts der zunehmenden Öffnung ehedem weitestgehend geschlossener Systeme Angriffe verhindern? Das Potenzial für Datendiebstahl, Spionage und Cyberangriffe ist größer denn je.

Mit der gefühlt überproportional steigenden tatsächlichen Komplexität steigt zwangsläufig die Komplexität der dahinterstehenden rechtlichen Materie. Den oben angerissenen Themen und einer Fülle anderer Entwicklungen versuchen – was zum dritten wesentlichen Faktor der täglichen Praxis führt – Gesetz- und Regelungsgeber Rechnung zu tragen. Das gilt national wie international (vgl. zum Datenschutz in der EU https://www.consilium.europa.eu/de/policies/data-protection). Eines der prominentesten Beispiele des letzten Jahrzehnts ist dabei die schon oben erwähnte Datenschutz-Grundverordnung. Mit ihrem über die Grenzen der Europäischen Union hinauswirkenden Einfluss hat sie global neue Standards gesetzt und andere Gesetzgeber inspiriert.

Und während selbst fünf Jahre nach deren Wirksamwerden eine Vielzahl von Unternehmen und Einrichtungen der öffentlichen Hand noch mit der initialen Umsetzung dieses datenschutzrechtlichen Fundamentalwerks beschäftigt sind, ringt der Europäische Gesetzgeber um weitere Rahmenbedingungen im Bereich der Digitalisierung (siehe in den Internetlinks die Übersicht Daten und Digital bei DIHK). Sie betreffen den Bereich der künstlichen Intelligenz ebenso wie Eckpunkte für mehr Cybersicherheit, Regeln rund um die Bekämpfung illegaler Inhalte auf Online-Plattformen und Pflichten für sogenannte Gatekeeper sowie Vorgaben zur Nutzbarmachung von Daten.

Wo liegen die drei maßgeblichen Herausforderungen für eine erfolgreiche IT- und datenschutzrechtliche Beratung?

Angesichts der Notwendigkeit einer (1) Bewältigung zunehmend komplexer Sachverhalte und (2) des Umgangs mit zunehmend komplexen Rechtsentwicklungen, gilt es in der IT- und Datenschutzrechtsberatung (3) über bestehende rechtliche Schemata hinauszudenken.

Insoweit sind die Umstände, welche die Tätigkeit im Bereich des IT- und Datenschutzrechts so spannend machen, gleichzeitig die herausforderndsten: Ein solides technologisches Verständnis sich permanent verändernder Infrastruktur ist die Grundlage für rechtssichere und innovative Beratung. Aus anwaltlicher Sicht ist – neben eigenem Interesse und eigener Fortbildung – außerdem die Kommunikation mit jedem einzelnen Mandanten ein wesentlicher Faktor für eine erfolgreiche Beratung. Ein gemeinsames, mit dem Mandanten herauszuarbeitendes Verständnis der für die korrekte rechtliche Einordnung maßgeblichen technischen Elemente rund um Soft- und Hardware ist dazu von zentraler Bedeutung.

Aber auch und insbesondere die Kenntnis der relevanten Prozesse ist unerlässlich. Welchen Zwecken sollen Software, Hardware und Datenverarbeitung dienen? Wie soll die Einbettung vonstattengehen? Gute juristische Beratung funktioniert nur auf Grundlage eines zutreffend und hinreichend detailliert ermittelten Sachverhalts. Das gilt im IT- und Datenschutzbereich in besonderem Maße.

Die – mehr oder weniger komplexen – Sachverhalte gilt es parallel zur Ermittlung mit dem Mandanten juristisch zu verarbeiten. Sie sind nicht nur in den aktuellen Rechtsrahmen einzupassen bzw. daran zu messen, sondern bestmöglich auch mit Blick auf in der Entwicklung befindliche Normen zu subsummieren. Die rechtliche Subsumtion sich technisch dynamisch verändernder Sachverhalte unter primär statische Normen ist dabei eine der zentralen Herausforderungen. In vielen Fällen bieten die typischerweise abstrakten generellen gesetzgeberischen Regelungen Spielraum für Interpretation und Auslegung. Dies wiederum ist Fluch und Segen zugleich, weil ohne zugehörige ober- und höchstrichterliche Rechtsprechung häufig Unsicherheiten verbleiben. In anderen Fällen, in denen der Gesetzgeber bestimmte Szenarien vor Augen hatte, als er – vermeintlich abstrakte generelle – Regelungen schuf, passen selbige nicht. Häufig hatte man eben doch nur spezielle technische Konzepte oder Risikosituationen vor Augen. Eine Anwendung auf ähnliche Sachverhalte verbietet sich dann entweder oder führt gleichermaßen zu Unwägbarkeiten.

Diese Feststellung muss – weil jedenfalls in Vertragsverhandlungen typischerweise beide Parteien betreffend – nicht notwendigerweise nachteilig sein. Vielmehr ist Ziel einer erfolgreichen rechtlichen Beratung gerade, die im konkreten Einzelfall bestehenden Lücken und Unklarheiten zu identifizieren. Diese sind dann im Mandat zu bewerten und bei Bedarf durch kreative und transparente Regelungen und entsprechende Verhandlungsgestaltung zu schließen. Selbiges geht aber eben nur auf Basis eines soliden gemeinsamen Verständnisses. Dieses Verständnis wiederum muss gleichermaßen technischer Natur auf anwaltlicher Seite und rechtlicher Natur auf Mandantenseite sein. Hierzu gilt es, den typischerweise in seiner eigenen Fachwelt arrivierten Mandanten abzuholen. Seine Anwältin oder sein Anwalt müssen ihn auf der Reise der rechtlichen Bewertung durch fachlich-technisches Verständnis, richtige Wortwahl und nachvollziehbare Analysen mitnehmen.

Während diese Herangehensweise vom Grundsatz her auch in anderen Rechtsbereichen gilt, wird sie im Bereich des IT- und Datenschutzrechts häufig als herausfordernder wahrgenommen. Grund dafür ist, dass sich aufgrund von Technologieveränderungen Sachverhalte zuweilen rein faktisch nur schwer greifen lassen. Nicht selten führt dann gerade das gelungene Zusammenspiel zwischen technischem und juristischem Spezialisten zu Lösungsansätzen, die ohne dieses notwendige, schon fast symbiotische Zusammentun allein nicht zu erreichen wären.

Neben den dynamischen Entwicklungen auf der faktisch-technischen Seite ist in den Bewertungsprozess die gerade im Bereich des IT- und Daten(schutz)rechts vergleichsweise komplexe Weiterentwicklung des Rechts zu berücksichtigen. Das ist im Rahmen von Vertragsverhandlungen ebenso der Fall wie in gerichtlichen Auseinandersetzungen. Wie bereits beschrieben, führen fortlaufend neue technische Lösungen häufig zu erhöhter gesetzgeberischer Dynamik. Dass solche Gesetzgebungsprozesse lange Zeit in Anspruch nehmen können, zeigt just die schon mehrfach erwähnte DSGVO: Einen ersten Entwurf auf europäischer Ebene gab es schon sechs Jahre vor dem Inkrafttreten 2012. Der Entwicklungs- und Verhandlungsprozess erstreckte sich dann über etwa vier Jahre, bevor die zweijährige Übergangsfrist 2016 einsetzte.

Maßgeblich für die Verzögerung waren unter anderem Verhandlungen, in denen versucht wurde, eine allzu hemmende Regulierung des Umgangs mit Daten zu verhindern, ohne gleichzeitig den beabsichtigten Schutz des Betroffenen zu sehr aufzuweichen. Dazu wurde konstatiert, dass »der Widerstreit zwischen Datenmarkt und Datenschutz als Grundrecht in der DNA des europäischen Datenschutzes (steckt)« (Bergmann/Römer, 2018, S. 28). Traditionell hat dieser den Anspruch, Datenverarbeitung sowohl zu ermöglichen als auch – wo nötig – zu begrenzen. So will Datenschutz Datenmärkte schaffen und zugleich Grundrechte schützen.

Gerade im Bereich der rechtlichen Beratung und Begleitung von Produktentwicklungen im IT- und Datenschutzrecht stellen solch langwierige Prozesse Hersteller vor enorme Herausforderungen. Sind sie dann in Kraft getreten, stellen sie Rechtsanwender – nicht zuletzt in ihren Auswirkungen auf die übrige Rechtsordnung – vor entsprechende Herausforderungen. Die DSGVO beispielsweise führte allein in Deutschland zu konkreten Änderungen von Vorschriften in 150 Fachgesetzen (Wolff/Brink, 2022).

Mit der allgemeinen Problematik dynamischer, unmittelbarer Wechselwirkungen zwischen Technik einerseits und IT- bzw. Datenschutzrecht andererseits hat es freilich nicht sein Bewenden. Darüber hinaus sind die hierdurch mittelbar angestoßenen Entwicklungen und Veränderungsbedarfe in anderen Rechtsbereichen zu beachten. Einleitend waren bereits Beispiele aus steuerlicher und versicherungsrechtlicher Sicht genannt. Auch hier spielen die zugrunde liegenden bzw. neu zu etablierenden Prozesse eine wesentliche Rolle. Beispielsweise sollte ein Unternehmen nicht nur potenzielle Pflichten zur Information Betroffener im Falle einer Verletzung des Schutzes personenbezogener Daten berücksichtigen.

Deren Abbildung in Vereinbarungen mit Vertragspartnern sollte darüber hinaus auch die Frage einer Absicherung der mit der Analyse des Vorfalls verbundenen Kosten enthalten. Auch die potenziellen Schäden durch Ansprüche Betroffener sind zu berücksichtigen. Versicherungsangebote sind einzuholen und zu bewerten. Weitere zu beherzigende Schritte bestehen in der Schaffung eines für diesen Fall geeigneten Experten-Netzwerks für die Bereiche Technik/Forensik, Recht und Finanzen/Versicherungen.

Zentrale Herausforderung im Bereich des IT- und Datenschutzrechts ist es mithin, Mandanten im Rahmen des Möglichen und Gewünschten bei der Schaffung einer Art 360-Grad-Sicht zu unterstützen. Diese Perspektive ermöglicht es ihm, durch Hinzuziehen weiterer Experten seine eigenen Bedürfnisse und (technische) Entwicklung vorausschauend zu bewerten und entsprechend angemessene Vorsorge zu treffen. Wo es gerade im Mittelstand schon in der Vergangenheit durchaus üblich war, als Berater eine mit besonderem Vertrauen verbundene Beraterfunktion einzunehmen, gilt dies in Bereich des IT- und Datenschutzrechts über die Lösung reiner Rechtsfragen hinaus hinsichtlich der praktisch erforderlichen Prozesse umso mehr.

Welche Weichen sind für eine IT- und datenschutzrechtliche Marktpräsenz in zehn Jahren jetzt zu stellen?

Entscheidend ist es vor dem Hintergrund des gerade Erörterten, (1) die Digitalisierung tatsächlich und bestmöglich zu nutzen, (2) Partnernetzwerke – auch professionsübergreifend – aufzubauen, und (3) für eine praxisgerechte Ausbildung zu sorgen.

Prömse regt zur Konfrontation mit Komplexität mit der These zum Nachdenken an, »dass die zunehmende Komplexität des Rechts und der praktischen Rechtsanwendung kein vorübergehender Trend ist. Insbesondere wird man dieser Entwicklung nicht mit einem Mehr an technischen Hilfsmitteln oder einem unreflektierten Spezialisierungsdrang Herr werden können. Technische Neuerungen und Konzentration auf bestimmte Fachbereiche können uns dabei helfen, mit der Zukunft besser zurechtzukommen« (Prömse, 2017, S. 169 f.).

Ein zentraler Digitalisierungstreiber war bekanntlich die Covid-19-Pandemie: Durch sie hat die Digitalisierung sowohl in der Gesellschaft im Allgemeinen als auch im Rechtsbereich einen massiven Schub erfahren (Gola/Klug, 2021). Menschen waren durch die Kontaktbeschränkungen gezwungen, neue Technologien insbesondere für Kommunikation einzusetzen. So mussten auch gegenüber diesen Technologien ursprünglich skeptische Menschen – häufig zwangsläufig – deren Vorteile erfahren. Videokonferenzen und mobiles Arbeiten haben im Berufsalltag einen festen Platz gefunden und sind kaum mehr wegzudenken. Entsprechend werden Mandanten auch zukünftig den Anspruch haben, dass Kanzleien in dieser Hinsicht gut aufgestellt sind. Die Möglichkeit der Kommunikation über Videokonferenztools dürfte bereits jetzt zum Standardrepertoire einer Kanzlei gehören.

Aber auch in anderen Bereichen anwaltlicher Beratung unterstützen zunehmend digitale Technologien interne und externe Arbeitsabläufe. Unter dem Stichwort »Legal Tech« wird seit geraumer Zeit die schleichende Vollautomatisierung der Rechtsberatung heraufbeschworen, die den Menschen als Rechtsberater über kurz oder lang ersetzen werde. Dabei handelt es sich allerdings – nach hiesiger These auch auf die kommenden zehn Jahre – bei einem zweiten Blick um wenig mehr als die Implementierung vereinfachter, automatisierter Abläufe als Teil des digitalen Fortschritts und Umgangs mit den größeren Datenmengen. Die anwaltliche Arbeit soll und wird hierdurch nicht verdrängt, sondern lediglich unterstützt werden.

Weitere Digitalisierungsschritte sind die logische und in vielen Bereichen auch notwendige Konsequenz als Reaktion auf Komplexität. So wie der erste Schritt von der Printausgabe eines Kommentars oder Handbuchs hin zur digitalen und durchsuchbaren Leseversion zu seiner Zeit als revolutionär wahrgenommen wurde, sind weiterwachsende Datenbanken und verbesserte Funktionalitäten der Recherchetools Basis vieler aktueller Entwicklungen. In den kommenden Jahren werden vor allem Tools zur Analyse und einfacheren Verwaltung von Dokumenten-Generatoren für Klauseln und Verträge sowie ein breites Instrumentarium zur Kanzleiorganisation zu erwarten sein. Dies geht einher – so zumindest die Hoffnung – mit einer Aufholjagd im Bereich der Digitalisierung der öffentlichen Hand, um beispielsweise lange Bearbeitungszeiten gerade im Bereich von Genehmigungsverfahren durch zunehmend interaktive Prozesse zu reduzieren.

Neue Technologien werden dabei helfen, die schiere Masse an Informationen im Griff zu behalten. Die rechtliche Materie wird wie beschrieben komplexer, die Bedeutung von Dokumentation wird es gleichermaßen. Exemplarisch sei auch hier wieder das Datenschutz- und Datensicherheitsrecht, aber auch das Thema Geldwäsche erwähnt. Anwaltlich Beratende werden vor diesem Hintergrund – eine gewisse technische Affinität vorausgesetzt – ihre täglichen Abläufe daher weiter digitalisieren, um sich effizienter auf die rechtliche Einordnung und Bewertung der Sachverhalte konzentrieren zu können: Juristinnen und Juristen sortieren und filtern im Optimalfall nach eigenen Wünschen Sachverhaltsinformationen und verwalten diese zunehmend nahtlos zwischen unterschiedlichen Systemen. Dies wiederum schafft mehr Zeit für die anwaltliche Kerntätigkeit rechtlicher Analyse. Eine solche Verlagerung ist auch notwendig, um dem Anspruch einer effizienten Rechtsberatung nachhaltig gerecht zu werden.

Auch im Verhältnis zur Mandantschaft wird ein weiterer wesentlicher Baustein effizienter rechtlicher Beratung die weitere Integration der hierfür genutzten technischen Mittel sein. Unter dem Stichwort »Collaboration« finden Unternehmen und Rechtsberatende auch in der digitalen

Welt zunehmend gemeinsame Plattformen, arbeiten am selben digitalen Werkstück und tauschen über digitale Whiteboards Zusatzinformationen aus. Unterstützt durch die entsprechenden Kommunikationsmittel schafft das auch über große Distanzen hinweg bei entsprechender digitaler Präsenz nicht zuletzt faktisch neue Märkte, die ohne diese Digitalisierungsschritte für Kanzleien nur schwierig oder mit erheblich höherem Aufwand zu erschließen gewesen wären.

Umgekehrt erhöht sich auch für Rechtssuchende das Angebot. Für Berater sollte dies Grund genug sein, sich mit solchen Systemen vertraut machen, eigene, häufig eingefahrene Prozesse zu hinterfragen und perspektivisch zumindest ein Grundverständnis dafür zu entwickeln, welche Anforderung die zunehmend digitalisierte Zusammenarbeit mit dem Mandanten mit sich bringt.

Die sich aus der Digitalisierung ergebenden Schnittstellen werden es gerade im IT- und Datenschutzrecht notwendig, zumindest aber ratsam erscheinen lassen, dass Kanzleien ihre Bemühungen auch um Partnernetzwerke intensivieren. Dazu gehört naturgemäß die – auch in anderen Rechtsbereichen – zunehmend wichtige Pflege von Verbindungen zu verlässlichen Anwaltskolleginnen und -kollegen gleicher und anderer Fachrichtungen im In- und Ausland. Aber auch eine intensivere Vernetzung mit Dienstleistern und Know-how-Trägern anderer Bereiche wird erforderlich sein, um schnell und effizient auf sich verändernde Rahmenbedingungen reagieren zu können. Exemplarisch sei hier noch einmal auf die mit der zunehmenden Digitalisierung einhergehenden Cyberthemen verwiesen: Bereits bei der Planung neuer digitaler Infrastruktur sollten eine angemessene Absicherung gegen Cyberrisiken und die potenziellen Folgen eines Angriffs bedacht werden.

Das gilt für relevante technische Eckpunkte, die nicht zuletzt typischerweise wiederum Schnittmengen zum Datenschutzrecht aufweisen. Gleichermaßen aber auch für die Umsetzung neuer rechtlicher Anforderungen des Datensicherheitsrechts, beispielsweise im Bereich kritischer Infrastruktur. Zwischen 2018 und 2021 hat sich die Anzahl der erfassten Straftaten im Bereich Cyberkriminalität nahezu verdoppelt (Heise, 2022). Immer wichtiger werden vor diesem Hintergrund für Unternehmen angemessene Versicherungen und – für den Fall der Fälle – Strukturen und Prozesse, die es ermöglichen, die Folgen einer Cyberattacke bestmöglich zu kontrollieren: Hierzu ist die enge und verlässliche Abstimmung der anwaltlichen Beratung mit Fachleuten im Cyberumfeld von essenzieller Bedeutung, beispielsweise mit Forensikern und anderen Dienstleistern hinsichtlich Untersuchung der Vorfälle, der Überwachung des Internets und des Darknets sowie der strukturierten Unterrichtung Betroffener bei einem Datenschutzvorfall.

Die Zunahme der Komplexität der Materie setzt perspektivisch auch einen höheren Spezialisierungsgrad bei anwaltlich Beratenden voraus. Nicht wenige Unternehmen schaffen Spezialisierungen in ihren Rechtsabteilungen auch und gerade im Bereich des IT- und Datenschutzrechts, oder verfügen bereits über solche Einheiten. Dort, wo anwaltliche Spezialisierung oder interne Kapazitäten aber dann doch an ihre Grenzen kommen, greift die Vernetzung mit Spezialisten aus anderen Bereichen und externen Beratern und Beraterinnen – wohl denjenigen, die sich mit weiteren Partnern frühzeitig entsprechend positioniert haben.

Man wird weiterhin gespannt sein dürfen, ob – und wenn ja, welche – Perspektiven durch den Gesetzgeber für mögliche noch stärker integrierte und spezialisierte Beratungen durch noch einmal reformierte Berufsausübungsgesellschaften eröffnet werden. Es ist klar zu konstatieren, dass »(d)as klassische Bild des freien Berufs (...) sich gewandelt (hat). Die Berufsträger werden als Dienstleister wahrgenommen oder verstehen sich selbst als solche.« (Bürger, 2019, S. 1407). Gleichwohl ist an einem simplen Beispiel abzulesen, dass (noch) nicht jeder Grad an Integration möglich oder sinnvoll ist oder dass Handlungsbedarf bzw. Kreativität gefragt sind: Selbstständige anwaltlich im IT- und Datenschutzrecht Beratende können sich nach aktueller Sachlage nicht ohne Weiteres gleichzeitig als Datenschutzbeauftragte betätigen, ohne Gefahr zu laufen, sich gewerbesteuerlich zu infizieren (BFH, 2020). Aus den gleichen Gründen ist auch eine gemeinsame Berufsausübung nicht sinnvoll.

Zu guter Letzt haben sich über die letzten Jahrzehnte die zunehmende Komplexität und die Spezialisierungen auch in den Anforderungen im Umgang mit technischen Hilfsmitteln im Bereich der Ausbildung der zukünftigen Anwältinnen und Anwälte niedergeschlagen. Dieser Trend wird sich intensivieren. So wie sich in der Vergangenheit Word und Excel gegenüber der Schreibmaschine durchgesetzt haben, wird es neue Technologien geben, welche die Tätigkeit als Anwältin und Anwalt erleichtern und einzelne Abläufe automatisieren werden. Wie heute bei jeder jungen Kollegin und jedem jungen Kollegen Basiskenntnisse im EDV-Bereich vorausgesetzt werden, wird sich diese Anforderung auf technische Neuerungen ausdehnen, die schrittweise auch in die Ausbildung Einzug halten müssen.

Insbesondere die Ausbildung in der Kanzlei während der Zeit des Referendariats wird sich mithin perspektivisch nicht nur auf das Rechtliche beschränken, sondern auch technische Abläufe in den Blick nehmen, die zunehmend untrennbarer Bestandteil der juristischen Tätigkeit werden. Denn die angestrebte Effizienz durch Automatisierung kann nur dann umgesetzt werden, wenn die Fähigkeit zur Koordination und Überprüfung dieser Prozesse vorhanden ist und in einem frühen Stadium der Ausbildung bestmöglich unterstützt wird. Diejenigen Kanzleien, die das auch insoweit spannendste Paket für interessierte junge Kolleginnen und Kollegen schnüren, werden in dem perspektivisch angespannteren Talentmarkt reüssieren.

Wünschenswert wäre es natürlich auch, dass die Universitäten ihre Ausbildungsangebote an den Fortschritt anpassen und den Umgang mit neuen Techniken mit aufnehmen. Durchaus vorstellbar erscheint es, mit der zunehmenden Bedeutung des IT- und Datenschutzrechtes dieses intensiver in einem der Schwerpunktbereiche zu verankern und anzubieten. Ähnlich wie bei der Entwicklung im Bereich des internationalen Rechts richten zwischenzeitlich in Deutschland immer mehr Universitäten einen Fokus auf das IT- und Datenschutzrecht.

Wenn der Bereich IT- und Datenschutzrecht einen Wunsch an den Gesetzgeber frei hätte: Welcher wäre das?

Die Vergangenheit hat gezeigt, dass nationale und europäische Gesetzgeber nicht immer überzeugende Antworten auf neue technologische Entwicklungen finden.

Die Erstellung durchdachter und praktikabler Rechtsvorschriften hat dabei nicht nur für den Anwalt als unmittelbaren Anwender des Rechts Bedeutung. Überwiegender Adressat der Vorschriften ist schließlich stets (auch) der juristische Laie. Rechtlich Beratende als unabhängige Organe der Rechtspflege trifft dabei nicht nur die Aufgabe, die Vorschriften mit dem ihnen vorliegenden Sachverhalt zu verknüpfen, sondern auch der Mandantschaft den Inhalt der Rechtsvorschriften in verständlicher Weise zu vermitteln – quasi als Schnittstelle zwischen dem Recht und seinen Adressaten.

Auch wenn der Wunsch wie die Quadratur des Kreises klingt: Die sprichwörtliche eierlegende Wollmilchsau wären auf klaren und durchdachten Konzepten beruhende Gesetze, die helfen, auch geopolitisch einen attraktiven und verlässlichen Rechtsrahmen für Individuen und Unternehmen zu setzen. Die Datenschutz-Grundverordnung hat hier in der Europäischen Union sicherlich noch Luft nach oben gelassen. Gleichzeitig ist es aber gelungen, Anforderungen zu definieren, die in vielen Ländern der Welt als neuer Standard zu Rate gezogen werden, wenn es um den Datenschutz geht. Nun in diesem Rahmen auch noch die datenökonomischen Gesichtspunkte angemessen zu berücksichtigen und mit den Rechten und Freiheiten Betroffener in Ausgleich zu bringen, wird eine der kommenden Herausforderungen sein.

Wenn das gelingt, sind die Tore hin zu einer langfristig auch in Europa wirtschaftlich interessanten Perspektive für große, datenorientierte Tech-Unternehmen zumindest insofern weit aufgestoßen und ebnen so auch den Weg für nachhaltige, hochwertige rechtliche Beratung im IT- und Datenschutzbereich in Europa.

Literatur

Bergemann, Benjamin/Römer, Magnus (2018): Europas neue Datenpolitik – Mit der EU-Datenschutzgrundverordnung beginnt der Konflikt um den Datenschutz erst. WZB Mitteilungen, Heft 160, Juni 2018, S. 27–29.

Bürger, Sebastian (2019): Gewerbesteuerpflicht und Freiberuflichkeit. NJW. Jg. 2019, S. 1407 ff.

Gola, Peter/Klug, Christoph (2021): Die Entwicklung des Datenschutzrechts. NJW, Jg. 2021, S. 680.

Heise (2022): Cyber-Angriffe auf deutsche Unternehmen: Die Statistik der Woche. https://www.heise.de/hintergrund/Cyber-Angriffe-auf-deutsche-Unternehmen-Die-Statistik-der-Woche-7161998.html (Abrufdatum: 09.01.2023).

Hertz, Rafel/Gruske, Nils (2017): Im Blickpunkt: Die Datenschutz-Grundverordnung und das neue Bundesdatenschutzgesetz. Deutscher Anwaltsspiegel, 2017, 24, S. 3.

Mischau, Lena (2020): Daten als »Gegenleistung« im neuen Verbrauchervertragsrecht. ZEuP, 28(2), S. 335–365.

Prömse, Jens (2017): Eine reflexive Praxis für Juristen – Anstoß zur Reflexion über die praktische Rechtsanwendung. Dissertation Universität Köln.

Thüsing, Gregor (2021): Beschäftigtendatenschutz und Compliance. 3. Auf., München.

Towfi, Emanuel Vahid (2008): Komplexität und Normenklarheit – oder: Gesetze sind für Juristen gemacht. Bonn, S. 42.

Völker, Christoph/Schnatz, Andreas/Breyer, Jonas (2022): Chancen und Risiken von Cloud-Produkten im Unternehmen. MMR, 2022, S. 427.

Wolff, Amadeus (Hrsg.)/Brink, Stefan (Hrsg.): BeckOK DatenschutzR. 41. Ed., Stand 01.08.2022. München.

Rechtsprechung

EuGH, Urteil vom 28.03.1985 – C-272/83

BFH, Urteil vom 14.1.2020 – VIII R 27/17, zitiert BFH (2020)

Vorschlag der Europäischen Union für einen Beschluss über das Politikprogramm für 2030 »Weg in die digitale Dekade« (2021). https://eur-lex.europa.eu/legal-content/DE/TXT/HTML/?uri=CELEX:52 021PC0574&from=DE (Abrufdatum: 14.03.2023)

Internetlinks

Apple: https://traderfox.de/aktien/40678-apple-inc/fundamental

DIHK: https://www.dihk.de/de/themen-und-positionen/europaeische-wirtschaftspolitik/digitalisierung-in-der-europaeischen-union

Google: https://de.statista.com/statistik/daten/studie/165338/umfrage/gewinn-von-google-seit-2013/

Microsoft: https://de.statista.com/statistik/daten/studie/155721/umfrage/entwicklung-des-nettogewinns-der-microsoft-corporation-seit-dem-geschaeftsjahr-2002/

https://www.consilium.europa.eu/de/policies/data-protection/

https://www.deutscheranwaltspiegel.de/anwaltspiegel/archiv/ein-komplexes-zusammenspiel/

https://www.bvdnet.de/wp-content/uploads/2018/04/BvD-Berufsbild_Auflage-4_dt_en.pdf

https://midrange.de/mehr-angriffsflaechen-und-hoehere-komplexitaet/

https://traderfox.de/aktien/40678-apple-inc/fundamental

https://www.spiegel.de/wirtschaft/unternehmen/alphabet-google-muttergesellschaft-verdoppelt-2021-gewinn-auf-76-milliarden-dollar-a-0479d95e-ef44-4bab-95f1-4aab7eab10d5

https://de.statista.com/statistik/daten/studie/155721/umfrage/entwicklung-des-nettogewinns-der-microsoft-corporation-seit-dem-geschaeftsjahr-2002/

https://www.handelsblatt.com/finanzen/anlagestrategie/trends/berkshire-hathaway-warren-buffett-erwirbt-einen-anteil-von-4-2-milliarden-dollar-an-hp/28235364.html

https://www.jura.uni-hannover.de/de/sp7

https://www.uni-saarland.de/lehrstuhl/borges/spb-9-it-recht-und-rechtsinformatik.html

https://www.consilium.europa.eu/de/press/press-releases/2022/07/14/policy-programme-path-to-the-digital-decade-the-council-and-the-european-parliament-reach-a-provisional-agreement/

https://germany.representation.ec.europa.eu/news/digitalisierung-europas-bis-2030-gesetzgeber-einigen-sich-auf-politisches-programm-fur-die-digitale-2022-07-14_de

8 Energierecht

Martin Brück von Oertzen

Welche drei Faktoren prägen den heutigen Arbeitsalltag im Bereich Energierecht maßgeblich?

Das Energierecht vollzieht seit einer guten Dekade eine extrem dynamische Entwicklung. Dieser Effekt wird anhalten, davon zeugen alle aktuellen Rahmenbedingungen (Energie- und Klimakrise) sowie die bereits vorhandenen gesetzlichen Leitlinien (Klimaschutzgesetz, Bundesverfassungsgerichtsentscheidung zu Art. 20a GG) und Ziele. Mit der Liberalisierung des Energiemarktes Ende der 1990er Jahre, der Entflechtung der Energiewirtschaft und dem in diesem Zuge eingeführten Regime der Anreizregulierung für Strom- und Gasnetze durch die Bundesnetzagentur Anfang der 2000er Jahre wurden Themenfelder eröffnet, die die rechtliche Beratung bis heute maßgeblich prägen. Ergänzt wird diese Matrix seit dem Stromeinspeisegesetz aus dem Jahre 1990, der Urmutter des Erneuerbare-Energien-Gesetzes (ab 2000), durch das Themenfeld der erneuerbaren Energien. Gemeint ist die Energieerzeugung aus Sonne, Wind und Biomasse.

Alle drei Themenfelder haben sich seit ihrer Entstehung dynamisch entwickelt. Sie sind stark geprägt von politischen Einflüssen, maßgeblichen gesellschaftlichen Grundentscheidungen und systembedingten Fehlentwicklungen neuer Märkte – einschließlich deren Korrekturen durch den Gesetzgeber und die Gerichte. Die Komplexität des binnen dreier Jahrzehnte geschaffenen Regelungsgerüstes dokumentiert die wachsende Zahl von Gesetzen und Verordnungen. Von noch einem Gesetz (EnWG) Ende der 1980er Jahre ausgehend, ist deren Zahl auf 27 und die der flankierenden Verordnungen auf 34 angestiegen (Stand 2021). Allein im Jahr 2022 hat das Bundeskabinett weitere 22 Gesetze und 19 Verordnungen im Energiebereich verabschiedet.

Nun ist schon die Neuorganisation eines ganzen Wirtschaftszweiges für sich genommen eine anspruchsvolle rechtliche Aufgabe. Ungeachtet dessen wirkt der seit dem Beginn der 1990er Jahre sich vollziehende Umbau der Energieerzeugung als weiterer Treiber. Aktuell prägt die Beratung im Bereich des Energierechts neben den tagesaktuellen Fragen der Energiekrise vor allem die Umsetzung der drei politisch adressierten Wenden Energiewende, Wärmewende und Mobilitätswende. Als maßgebliche Beiträge zum Gelingen der Klimawende generieren sie eine Vielzahl projektbezogener Fragestellungen. Schon jetzt zeigt sich, dass sich keine der Problemstellungen auf das Energierecht beschränkt, sondern durchgehend auch andere Rechtsgebiete tangiert werden. Sie wirken ihrerseits auf die energierechtlichen Gestaltungsoptionen (Bauplanungsrecht, Straßenverkehrsrecht, Steuerrecht, Beihilferecht u. a.) zurück.

Weitgehend noch ohne Beachtung der Öffentlichkeit beginnt eine vierte »stille« Wende, die Infrastrukturwende. Die Wenden im Bereich der Energieerzeugung, der Wärmeproduktion und des Umstiegs auf nicht fossile Mobilität werden nur dann gelingen, wenn die hierfür erforderlichen infrastrukturellen Voraussetzungen binnen kürzester Frist geschaffen werden. Die Umgestaltung eines ursprünglich als zentrales Energieversorgungssystem geplanten und errichteten Versorgungssystems auf die Anforderungen dezentraler Energieversorgung ist nicht weniger herausfordernd als der Umbau dieses Systems, um die notwendigen Kapazitäten für eine tendenzielle »all electric«-Versorgungsstrategie zu schaffen. Die Komplikationen im Bereich des Ausbaus der Übertragungsnetze (131.300 km) lassen die Herausforderungen im Bereich der Verteilnetze (Niederspannung/Mittelspannung 1.666.700 km, Stand 2014) erahnen.

Wo liegen die drei maßgeblichen Herausforderungen für eine erfolgreiche energierechtliche Beratung?

Die Herausforderungen einer erfolgreichen energierechtlichen Beratung liegen aktuell auf folgenden Feldern.

1. Dynamik und Komplexität des nationalen Regelungsregimes der Energiewirtschaft werden durch die nicht weniger dynamischen Aktivitäten im Bereich der EU zusätzlich getrieben. Im Bereich der Projektberatung gilt es daher, durch ein lückenloses Monitoring der Vorschriften und gesetzgeberischen Aktivitäten die Qualität der Beratung abzusichern. Die Dynamik im Bereich der Rechtsetzung führt zudem dazu, dass es zu aktuellen Fragestellungen fast nie Judikatur gibt; die Rechtsprechung hinkt der Entwicklung schon systembedingt meist zwei bis drei Jahre hinterher.

    Hier gilt es, durch die Antizipation von Rechtsentwicklungen in Branchen mit rechtssystematisch ähnlichen Fragestellungen Anhaltspunkte für die zukünftige Entwicklung zu gewinnen, um eine adäquate Risikoeinschätzung treffen zu können. Da eine Vielzahl von Projekten sich zudem im Bereich öffentlicher Förderkulissen bewegt, gilt es auch, alle Rahmenbedingungen wie Vergaberecht, Beihilferecht etc. von Beginn an in die juristische Beratung mit einzubeziehen.

    Die maßgebliche Herausforderung in der energierechtlichen Beratung liegt aktuell darin, dass in diesem Rechtsgebiet unterschiedliche Regelungs- bzw. Ordnungsregime staatlicher Rechtssetzung aufeinandertreffen. Schon in der Zwecksetzung des Energiewirtschaftsgesetzes (EnWG, § 1) – der möglichst sicheren, preisgünstigen, verbraucherfreundlichen, effizienten, umweltverträglichen und treibhausgasneutralen leitungsgebundenen Versorgung der Allgemeinheit mit Elektrizität, Gas und Wasserstoff, die zunehmend auf erneuerbaren Energien beruht – sind gegenläufige Aspekte angelegt. Sie verlangen nach einem steten Ausgleich. »Sicher« ist eben nicht »preisgünstig«, und »effizient« bedeutet erkennbar nicht immer »verbraucherfreundlich«.

    Mit der Entflechtung (Unbundling) der Energiewirtschaft in den Bereichen Netze, Vertrieb und Erzeugung verfolgt der Gesetzgeber zudem unterschiedliche Ordnungsmodelle. Der Bereich der Netze unterliegt mit dem Regime der Anreizregulierung der staatlichen Regulierung durch die Bundesnetzagentur und die Landesregulierungsbehörden – ein wissenschaftsbasiertes System, das zumindest bislang auf Kostendämpfung ausgerichtet ist. Für den Bereich des Handels/Vertriebs gelten indes uneingeschränkt die Regeln des Wettbewerbs und der Liberalisierung. Während der Bereich der Erzeugung zwar grundsätzlich wettbewerblich organisiert ist, ist für den Bereich der Erneuerbaren mit dem gesetzlichen Einspeisevorrang im System des freien Wettbewerbs ein Bruch auszumachen.

Diese Spannungsfelder gilt es bei der Beratung zur Entwicklung praxistauglicher Lösungen zum Ausgleich zu bringen. Dies gelingt zwar meist, aber bei Weitem nicht immer. So stehen die netzbezogenen, auf Solidarisierung der Kosten ausgelegten Regeln ansonsten wirtschaftlich vorteilhaften, umweltverträglichen, treibhausgasausstoßreduzierenden Lösungen von Fall zu Fall im Weg. Hier kreative, rechtssichere und den Mandanteninteressen gerecht werdende Lösungen zu finden, ist eine der maßgeblichen Herausforderungen.

2. Energierechtliche Mandate im Allgemeinen und Projektberatung in diesem Bereich im Speziellen weisen stets hohe technische Anforderungen auf. Maßgeblich für den Beratungserfolg ist daher neben aller juristischer Expertise ein vertieftes Verständnis der technischen Zusammenhänge und ihrer konkreten Wirkungen im und Auswirkungen auf das Projekt. Diese fachliche Expertise gilt es mit einzubeziehen und für die juristischen Lösungen nutzbar zu machen. Vielfach sind es Physik und Technik, die die juristischen Gestaltungsmöglichkeiten dominieren. Die Herausforderung in der Praxis besteht hier vor allem darin, die Kommunikation und den Austausch zwischen den unterschiedlichen Professionen zu ermöglichen und zu fördern, um gemeinsame technische und rechtlich umsetzbare Lösungsräume zu identifizieren. Im entsprechenden Spektrum kann das Projekt dann sicher entwickelt werden.

    Hürden bestehen hierbei nicht allein in der jeweils verwendeten Fachterminologie, sondern auch in teils grundsätzlich unterschiedlichen Problemlösungsstrategien. Während bei Ersterer das beiderseitige Bemühen um Verständigung viele Stolpersteine beseitigt, sind Denkmuster weit schwerer auszugleichen. Für Techniker gelten die Grenzen der Physik als Lösungsraum. Im Zuge dessen werden Juristen häufig schon deshalb als Störenfriede und Lösungsverhinderer wahrgenommen, weil Gesetze und Verordnungen engere Grenzen ziehen. Diese Grenzen zu erläutern und zu begründen und damit Akzeptanz zu schaffen und gleichzeitig kreative Gestaltungen lösungsorientiert zu begleiten, ist Anspruch und Aufgabe erfolgreicher Beratung.

3. Akzeptanzmanagement ist eine weitere Herausforderung in der energierechtlichen Beratung. Energie-, Wärme- und Mobilitätswende sind zwar bundespolitisch getrieben, finden aber letztlich vor Ort statt. Entsprechend wichtig ist das Geschehen auf der kommunalen Ebene. Eine Vielzahl energiewirtschaftlicher Projekte haben konkrete Auswirkungen auf die Lebensverhältnisse von Bürgerinnen und Bürgern und eine entsprechende politische und gesellschaftliche Dimension. Dieser Bezug wird in der Praxis oft unterschätzt und bereitet bei der erfolgreichen Projektgestaltung und -umsetzung Probleme. Denn Volkes Wille ist ambivalent. Zwar sind Strom und Wärme maßgebliche Grundbedürfnisse und gelten nicht ohne Grund als Teil der Daseinsvorsorge. Jedoch stoßen Projekte, die der technischen Sicherstellung der Bedürfnisbefriedigung dienen, nicht selten auf Widerstände, wenn sie

den konkreten Lebensbereich des Einzelnen berühren und nach seiner Wahrnehmung einschränken.

Teil einer erfolgreichen Projektberatung, deren Erfolg sich letztlich an der Realisierung des Projektes misst, ist daher immer auch das juristische Akzeptanzmanagement. Es gleicht bereits im Vorfeld absehbare Konflikte aus bzw. entwickelt Handlungsalternativen. Mag dies im Einzelfall auch zeitraubend und lästig erscheinen – der Zeitverlust und die Unsicherheiten einer gerichtlichen Auseinandersetzung wiegen weit schwerer.

Potenzielle Widerstände im Rahmen der Beratung mitzudenken und juristische Konstruktionen auch hinsichtlich ihrer erwartbaren Reaktionen und Folgen abzuschätzen, ist die Grundlage tragfähiger Projekte.

Hierbei gilt es sich stets vor Augen zu halten, dass selbst technisch brillante und juristisch exzellente Lösungen nur dann Bestand haben und umgesetzt werden, wenn sie von den politischen Entscheidungsträgern vor Ort akzeptiert und angenommen werden. Die Bandbreite dieses Akzeptanzmanagements ist groß. Sie reicht von aktiver Information im Vorfeld über klassische Bürgerbeteiligung bis hin zur Ermöglichung von ökonomischer Beteiligung. Dies hat inzwischen, wie zum Beispiel die Regelung des § 6 EEG 2023 beweist, sogar der Gesetzgeber antizipiert.

Welche Weichen sind für eine energierechtliche Marktpräsenz in zehn Jahren jetzt zu stellen?

Ausgehend von der bisherigen Entwicklung des Energierechts wird seine weitere Entwicklung dynamisch bleiben. Die Fristen für den Umbau des Energiesystems weg von fossilen Energieträgern und hin zu Erneuerbaren sind mit dem Kohleausstieg bis 2038 und den Vorgaben des Klimaschutzgesetzes (Treibhausgasreduktion um 65 % [gegenüber 1990] bis 2030 und Klimaneutralität bis 2045) gesetzt. Die aktuellen Krisen (Gasmangellage, Strompreisexplosion) werden aller Voraussicht nach auf die weitere Entwicklung wie ein Booster wirken. Schon jetzt etabliert sich neben dem Energierecht – oder vielleicht als Teil davon – mit dem Klimaschutzrecht ein neues Rechtsgebiet.

Ganz unabhängig davon wird der Klimaschutz schon nach den Feststellungen des Bundesverfassungsgerichts mit jedem weiteren Jahr in Richtung 2045 an Bedeutung zunehmen (BVerfG – 1 BvR 2656/18 – 24.03.2021, Leitsatz 2a). Auf der Beraterseite sind daher beide Rechtsgebiete gemeinsam zu denken und als integrales Beratungsangebot abzubilden. Dies ist jedoch nur dann möglich, wenn alle relevanten Rechtsbereiche auf der Angebotsseite organisch zusammengefasst werden. Interdisziplinäre Teams sind daher ein notwendiger, sich weiter verstärkender Trend.

Eine Entwicklung der vergangenen Dekade war die zunehmende Branchenorientierung der Rechtsberatung. Das Energierecht bzw. die energierechtliche Marktpräsenz werden sich an dieser Stelle weiterentwickeln. Das Klimaschutzgesetz (Bund) adressiert hinsichtlich seiner

CO_2-Reduktionsziele unterschiedliche Sektoren (Industrie, Verkehr, Gebäude, Landwirtschaft, Abfallwirtschaft), von denen nur einer die Energiewirtschaft ist. Jeder einzelne dieser Sektoren unterliegt zwar separaten Zielen, die aber ohne Interaktion mit anderen Sektoren nicht zu erreichen sind. Das Schlüsselwort der weiteren Entwicklung der kommenden Dekade ist daher Sektorkoppelung. Das meint die bestmögliche energetische Verbindung unterschiedlicher Wirtschaftszweige zu Zwecken der Energieerzeugungs- und -verbrauchsoptimierung, (Ab-) Wärmenutzung und die Nutzung volatiler Lasten und Speicherkapazitäten, um die gesetzlich normierten Treibhausgasreduktionsziele zu erreichen.

Eine erfolgreiche energierechtliche Beratung wird sich daher zukünftig nicht allein auf die Energiebranche beschränken können, sondern muss auch in der Lage sein, branchenübergreifende Angebote zu präsentieren. Dies erfordert neben interdisziplinärem Arbeiten auch die Verbündelung von Branchen-Know-how in oder mit einem Team. Im besten Fall bedeutet das auch die Ergänzung durch technische Expertise in Form von Kooperationen mit komplementären Professionen (Ingenieuren, Unternehmensberatern etc.).

Diese ganzheitlichen Beratungsansätze werden verstärkt vom Markt nachgefragt – und das nicht ohne Grund. Je früher sich in einem Projekt alle maßgeblichen Akteure in einem Austausch befinden und miteinander kooperieren, umso kürzer werden Entwicklungszeiträume, weil Zeitraumredundanzen und Fehlentwicklungen vermieden werden. Für die energierechtliche Beratung ist dies eine große Chance, da sie in diesem Kontext gestaltend wirken kann.

Wenn der Bereich Energierecht einen Wunsch an den Gesetzgeber frei hätte: Welcher wäre das?

Die Gesetzgebung der letzten Jahre ist stark geprägt von Fragen der Umsetzung der klimapolitischen Zielsetzungen. Der Klimaschutz überlagerte dabei teilweise das hergebrachte energiepolitische Zieldreieck bestehend aus Versorgungssicherheit, Wirtschaftlichkeit und

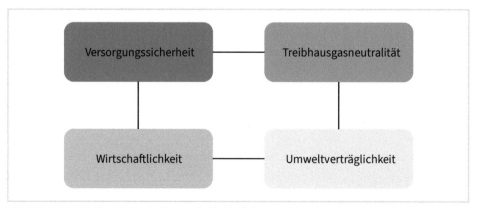

Abb. 2: Energiepolitisches Zielquadrat (eigene Darstellung)

Umweltverträglichkeit. Die aktuelle Krisensituation zeigt indes, dass die politischen Leitlinien der Vergangenheit durchaus ihre Berechtigung hatten und auch weiterhin haben werden. Mein Wunsch an den Gesetzgeber wäre es daher, den Klimaschutz in die Energiepolitik zu integrieren. Auf diese Weise entsteht aus dem Dreieck ein Viereck, das zukünftig dafür Sorge trägt, im Rahmen der Gesetzgebung allen Aspekten der Energieversorgung ausreichende Beachtung zu schenken.

Rechtsprechung
BVerfG – 1 BvR 2656/18 – 24.03.2021, Leitsatz 2a

9 Freizeit und Tourismus

Prof. Dr. Hans-Josef Vogel

Welche drei Faktoren prägen den heutigen Arbeitsalltag im Bereich Freizeit und Tourismus maßgeblich?

Die Älteren werden sich noch an Zeiten erinnern, in denen Hotels, Fluggesellschaften und Reiseveranstalter ihre Verträge mündlich anlässlich der ITB in Berlin und bei anderen Reisemessen oder Besuchen abschlossen. Die erste technische Neuerung war dann das Faxgerät, dessen Nutzung dazu führte, dass Verträge aus unterschiedlichen gefaxten Dokumenten bestanden. Die Vertragsinhalte mussten zusammengesucht werden. Die Zeiten haben sich weitgehend geändert.

Querschnittsmaterie

Der Bereich Freizeit und Tourismus ist einer der großen Wirtschaftsfaktoren. Dabei hat sich die Art, in der Kunden Freizeitaktivitäten und Reisen buchen, in den letzten Jahrzehnten durch den technischen Fortschritt vollständig verändert.

Wesentliche Teile des Buchungsaufkommens werden inzwischen nicht mehr in stationären Reisebüros gebucht, sondern online und auf anderen Vertriebswegen. Diese starke Technisierung des Umfelds hat dazu geführt, dass ohne Kenntnis der vielfältigen rechtlichen Rahmenbedingungen des elektronischen Geschäftsverkehrs, des Datenschutzes, des Internets und vieler angrenzender Gebiete eine sinnvolle Beratung im Bereich Freizeit und Reise kaum noch möglich ist. Ohne Kenntnisse darüber, wie eine Internetseite aufgebaut ist, welche Informationen dem Endkunden zur Verfügung stehen müssen und wie es tatsächlich zum Vertragsschluss kommt, kann eine Beratung nicht zielgerichtet erfolgen.

Tourismus ist ein datengetriebenes Geschäft. Bei jeder Buchung werden große Datensätze vom Kunden über den Reisevermittler bis zum Reiseveranstalter und dem Leistungsträger hin und her bewegt. Der Datenschutz spielt hierbei eine wesentliche Rolle. Streitpunkte in der Branche, etwa, wer auf bestimmte Daten zu welchem Zweck Zugriff hat, beherrschen immer noch den Diskurs. Diese Diskussion zeugt davon, dass vielerorts kein Verständnis für die tatsächlichen datenschutzrechtlichen Gegebenheiten besteht. Die grenzüberschreitenden Datenströme vergrößern die Komplexität weiter. Hinzu kommt, dass man bei besonders sensiblen persönlichen Daten zwar nicht immer an Tourismus denkt. Was aber ist ein Hinweis auf eine Allergie wegen der Verpflegung an Bord oder der Zimmerausstattung anderes als ein medizinisches Datum? Das Gleiche gilt für den Wunsch nach koscherer oder Halal-Verpflegung im religiösen Bereich.

Ohne Kenntnis der finanzaufsichtsrechtlichen Bedingungen für Zahlungsströme ist eine Beratung ebenfalls nicht möglich: Bedarf es einer aufsichtsbehördlichen Genehmigung? Welche Informationen sind weiterzureichen, und unter welchen Bedingungen kann die Zahlung durch den Kunden vereinnahmt werden? Schließlich sind auch immer die an Komplexität kaum zu überbietenden steuerlichen Themen zu nennen. Das Umsatzsteuerrecht im internationalen Bereich, die Margensteuer und die Einbettung lokaler Steuern erfordern ein branchenspezifisches steuerliches Wissen.

Es sind solcherlei Themen, die im Rahmen der Beratung von Unternehmen der Freizeit und Reisebranche vordringlich sind. Entsprechende Fragen sind vor dem Hintergrund der konkreten reiserechtlichen Regelungen zu klären. Das gilt insbesondere im Hinblick auf die Pauschalreise, die verbundene Reiseleistung und die Reisevermittlung. Die entsprechenden Regelungen wiederum betreffen zwar letztlich vor allem das Verhältnis zwischen Endkunden und Anbietern. Sie haben aber mittelbare Auswirkungen auf die Vertragsgestaltung gegenüber Leistungserbringern und anderen Unternehmen, die in die Leistungskette eingebunden sind.

Weitreichende Haftung

Ein Mitbedenken der Haftung des Reiseanbieters gegenüber dem Endkunden ist unerlässlich. Nur so kann das erhebliche Haftungsrisiko des Reiseveranstalters dort verortet werden, wo tatsächlich die Ursache für die Haftung gesetzt wird. Die Haftung des Reiseveranstalters etwa für Einrichtungen des Hotels oder für Störungen aus dem Umfeld des Hotels machen es notwendig, dass der Reiseveranstalter mit seinem Hotel nicht nur Rückgriffsoptionen vereinbart. Es sind auch Systeme zu installieren, dank derer er Informationen aus dem Zielgebiet erhalten und diese gegenüber seinem Kunden umsetzen kann.

Teilweise hat diese weitreichende Haftung neue Geschäftsmodelle entstehen lassen. Seit der Umsetzung der Pauschalreiserichtlinie in deutsches Recht am 21.07.2027 besteht etwa eine gemeinschaftliche Verantwortung des Reiseveranstalters und des Reisevermittlers, dem Endkunden alle Informationen über Pass-, VISA- und Gesundheitsvorschriften zukommen zu lassen. Diese Verpflichtung endet nicht mit der Buchung, sondern geht darüber hinaus. Sie ist auch nicht beschränkbar, etwa auf ein einzelnes Herkunftsland. Die umfangreiche Information, die ständig aktualisiert werden muss, wird inzwischen durch Drittunternehmen angeboten, die sich auf eine solche Information spezialisiert haben. Gerade die Covid-19-Krise mit ihren ständig wechselnden Reisevorschriften hat gezeigt, in welch erheblichem Umfang hier tagesaktuelle Informationen notwendig sind, will der Anbieter der Reise nicht in eine Haftungsfalle laufen.

Die weitreichende Haftung gebietet es, bei allen Gestaltungen immer wieder das Maß des Machbaren abzuwägen. Das starre System, das hierdurch etabliert wurde, führt allerdings auch dazu, dass vielerlei innovative Geschäftsmodelle von Anbietern rechtlich nicht oder kaum umsetzbar sind. Die Rolle des Reiseveranstalters, die der EU-Pauschalreiserichtlinie der deutschen Umsetzung zugrunde liegt, erweist sich vor diesem Hintergrund als Hemmschuh: Sie führt gerade bei jungen Unternehmen zu berechtigten Sorgen und Ängsten wegen der erheblichen Veranstalterhaftung.

Internationalität

Entsprechend den Reiseaktivitäten ist auch das einschlägige Beratungsumfeld international geprägt. Dabei bedeutet Internationalität nicht nur, dass die Arbeitssprache typischerweise Englisch ist. Die Anwältin oder der Anwalt müssen daneben in erheblichem Maße kulturelle Übersetzungsarbeit leisten. Selbst innerhalb der Europäischen Union ist immer wieder festzustellen, wie stark der Verhandlungsstil variiert. Aber auch die Schreibstile und überhaupt die Vorstellungen über das, was ein hinreichender Vertrag bieten muss, driften auseinander. Werden Leistungserbringer aus weiter entfernten Ländern hinzugenommen, zeigen sich noch deutlichere allgemein- und rechtskulturelle Unterschiede.

Für die anwaltliche Betreuung bedeutet dies, dass bei allen kautelarjuristischen Tätigkeiten immer auch die Frage der Durchsetzbarkeit, der möglichen Prozessrisiken und der Dauer eines etwaigen Verfahrens zu berücksichtigen ist. Ebenso ist bei all diesen Themen die Gefahr mitzubedenken, dass durch eine möglicherweise dem Vertragspartner fremde Art der Verhandlungsführung oder Gestaltung eines Vertrags Geschäftschancen vermindert werden. Auch droht hier mit Blick auf die Mandantschaft ein Heraufbeschwören von Problemen, die es zu vermeiden gilt.

Wo liegen die drei maßgeblichen Herausforderungen für eine erfolgreiche rechtliche Beratung im Reise- und Freizeitbereich?

Typischerweise entscheidet sich der anwaltliche Berater, ob er auf Verbraucher oder auf Anbieterseite tätig ist. Diese Situation ähnelt der im Arbeitsrecht: Auch dort tun sich Anwältinnen und Anwälte schwer damit, die Argumente, die sie gestern im Rahmen einer Klageabweisung verwendet haben, heute bei der Klage für den Arbeitnehmer als falsch zu bezeichnen. Wer als Anwalt den gleichen Sachverhalt einmal als unerhebliche Unannehmlichkeit bezeichnet, weil er veranstalterseitig tätig ist, um am nächsten Tag seitens des Verbrauchers eine erhebliche Reisepreisminderung zu fordern, macht nicht nur sich selbst unglaubwürdig. Er untergräbt auch die Glaubwürdigkeit des Mandanten. Gleichwohl muss wegen der umfassenden Haftung der Haftungskomplex gegenüber dem Endverbraucher mitgedacht werden. Diese Verantwortlichkeit bestimmt in erheblichem Umfang den Inhalt von vertraglichen Vereinbarungen zwischen den Unternehmen der Freizeit- und Reiseindustrie und definiert letztlich das Risiko, das jeder der Beteiligten zu tragen hat.

Technik

Ohne ein weitgehendes Verständnis für technische Zusammenhänge, die im Zuge der Reise- und Freizeitindustrie maßgeblich sind, lässt sich kaum erfolgreich beraten. Wer den »Maschinenraum der Touristik« nicht sowohl inhaltlich als auch in seinen rechtlichen Grundzügen versteht, kann kaum nachvollziehen, welche Herausforderungen tatsächlich bestehen und wie diese durch eine vorsorgende Rechtsberatung eingehegt werden können. Hilfreich ist nicht nur ein Verständnis dafür, welche Kosten zum Beispiel online generierte Buchungsanfragen auslösen. Man sollte auch wissen, wie lange es dauert, bis Preise, die im Rahmen einer solchen Buchungsabfrage genannt werden, wieder aktualisiert werden. Schnittstellenkompetenz ist anzuraten, sei es mit Blick auf einen Unternehmenskauf oder bei einer wettbewerbsrechtlichen Auseinandersetzung. Die zugehörigen technischen Fragestellungen bleiben im Übrigen nicht konstant, sondern sie entwickeln sich ständig weiter.

Ein wesentlicher Zukunftsaspekt ist die Anwendung von KI-Programmen. So lassen sich über die Open-Source-Anwendung ChatGPT inzwischen komplexe Reiseplanungen ausarbeiten. Dabei können Hotelbeschreibungen aus öffentlich verfügbaren Quellen neu zusammengestellt werden, und über bildgenerierende KI-Instanzen können idealisierte Bilder von Destinationen oder Hotels geschaffen werden. Hier wird ein erhebliches Maß an aktuellem Wissen auch durch den Berater erforderlich sein, der in der Lage sein muss, die so generierten Ergebnisse prüfen zu können.

Verständnis der Zusammenhänge

Die Beratung der Reise- und Freizeitindustrie ist ein Querschnittsbereich, auf den zahlreiche Rechtsgebiete Einfluss haben. Gleichzeitig ist ein Verständnis nicht nur für die technischen, sondern auch für die wirtschaftlichen Zusammenhänge erforderlich. Nur in der Gesamtschau lassen sich richtige Antworten für rechtliche Fragestellungen entwickeln. Die große Anzahl der an einer einfachen Buchung beteiligten Unternehmen wird manchen Verbraucher, aber auch Anwalt überraschen. Hotelzimmer werden eben nicht nur beim Hotelier gebucht, sondern nicht selten über zahlreiche Zwischenschritte. Der Hotelier kann mit einem Vermarkter Verträge schließen, der sich seinerseits einer Datenbank bedient, um Zimmer im eigenen Namen an weitere Zwischenvermarkter zu geben, bevor diese dann endlich beim Veranstalter zu einem Paket gebündelt werden. Zwar sieht der Kunde am Ende nur ein Prospekt oder eine Website. Aber all diese Unternehmen sind vertraglich miteinander verbunden.

Welche Weichen sind für eine freizeit- bzw. reiserechtliche Marktpräsenz in zehn Jahren jetzt zu stellen?

ESG et al.

Bislang ist »Nachhaltiger Tourismus« vor allem eines: ein Feigenblatt. Allerdings findet das Lieferkettensorgfaltspflichtengesetz auch für Dienstleister Anwendung. Zudem wird dem gesamtem ESG-Bereich eine deutlich wachsende Bedeutung zukommen. Diese Umstände werden dazu führen, dass einer der größten CO_2-Emittenten – nämlich die Reise- und Freizeitindustrie – nicht nur verstärkt in das Blickfeld des Umweltschutzrechts geraten wird. Insbesondere auch Fragen der sozialen Teilhabe werden herausragende Bedeutung erlangen. Den Mitarbeiter in einer Textilfabrik stellt man sich zwar beim Gedanken an eine Lieferkette als Ersten vor. Derjenige, der im Rahmen eines Freizeitangebots den Zimmerservice macht, der Hausmeister vor Ort, der Gärtner, der Hilfskoch oder der Fremdenführer: Auch all diese Personen sind vom Thema Lieferkettenschutz betroffen. In ihrer rechtlichen Schutzbedürftigkeit stehen sie dem Fabrikarbeiter nicht nach.

Entsprechend ist der Blick auf die Lieferkette in Dienstverträgen nicht so abwegig, wie er auf den ersten Blick erscheint. Reiseveranstalter haben bislang die Frage der sozialen Verantwortung für die Arbeitsbedingungen und die Entlohnung des Personals in den von ihnen zu Pauschalreisen genutzten Hotels nicht wirklich im Blick gehabt. Das Schicksal des Fernbusfahrers hat nicht ganz so viel Aufmerksamkeit erregt wie das Los einer Näherin in Bangladesch. Ein fundamentaler Unterschied besteht indes nicht.

All diese Themen werden in den nächsten zehn Jahren deutlich virulenter werden. Die Reiseveranstalter werden, ob aus eigenem Antrieb oder gezwungen durch deutsche und europäische rechtliche Vorgaben, den ESG-Aspekt beim Einkauf ihrer Leistungen mitdenken müssen. Entsprechend müssen Veränderungen, aber auch Kontrollen angestoßen werden. Letztlich wird dieser Bereich damit ebenso relevant werden, wie dies vor einigen Jahren der Datenschutz- oder das IT-Recht war. Die Beratung der Reise- und Freizeitindustrie wird kaum mehr möglich sein, ohne dass man das im Hinterkopf hat.

Marktveränderungen

Der Blick auf das Neue im Markt ist unabdingbar. So, wie die großen Internetreiseanbieter Ende des letzten Jahrtausends als Start-ups neue Geschäftsmodelle entwickelt haben und wie sie innovativ vorgegangen sind, geht es weiter. In Deutschland, Europa und weltweit finden sich immer wieder neue Ideen und Start-ups, die auf dem Bisherigen aufsetzen. Sei es, dass hier Daten intelligenter genutzt werden oder der Ansatzpunkt für den Kunden, eine Reise zu kaufen, verändert wird; sei es, dass der soziale Impact von Reisen anders gewichtet wird: All das sind

Trends, die sich verfestigen werden. In zehn Jahren werden sie nicht mehr nur Randerscheinungen sein, sondern das Arbeitsumfeld bestimmen.

Das Recht läuft hier tatsächlich der technischen Entwicklung hinterher – und nicht nur das: Es bleibt auch hinter den Ideen junger, innovativer Gründer zurück. Diese zu kennen, zu verstehen und sie dann rechtlich einordnen zu können, wird jedoch unvermindert wichtig bleiben.

Wenn der Bereich Reise- und Freizeitindustrie einen Wunsch an den Gesetzgeber frei hätte: Welcher wäre das?

Die Gesetzgebung hat eine allumfassende Haftung des Reiseveranstalters nicht nur etabliert, sondern beständig ausgebaut. Dieser Umstand verschafft dem Reisenden eine »Vollkasko«-Sicherheit, die innovative Geschäftsmodelle lähmt. Andererseits können Reisende selbst dann, wenn sie es möchten, auf diesen Schutz nicht vertraglich verzichten. Die Haftung anders zu gestalten, die Haftungsrisiken gleichmäßig entsprechend der wirtschaftlichen Bedeutung im Markt zu verteilen, wäre sinnvoll. Derzeit können beispielsweise auch Fluggesellschaften Haftungsrisiken auf Reiseveranstalter abwälzen. Gerade mit Blick auf kleinere oder mittelgroße Reiseveranstalter ist das angesichts der Disparität der wirtschaftlichen Leistungsverhältnisse kaum noch nachvollziehbar.

Vor diesem Hintergrund ist zu wünschen, dass einerseits alle an der Leistung beteiligten Personen mit der Haftung gleichmäßig belastet werden und eine Konzentration beim Reiseveranstalter verhindert wird. Andererseits sollte eine solche Haftung nicht immer und überall vorgesehen werden. Für Kunden sollten entsprechende Auswahlmöglichkeiten geschaffen werden, um weiter innovative Geschäftsmodelle zu ermöglichen.

EU-Richtlinien und -Rechtsakten
Richtlinie (EU) 2015/2302 vom 25.11.2015, ABl. EU L 326/1
Drittes Gesetz zur Änderung reiserechtlicher Vorschriften, BGBl. I, 2017, 2394.

10 Immobilien- und Baurecht

Dr. Detlef Koch

Die anwaltliche Bearbeitung immobilienrechtlicher Themen war in den vergangenen rund zwei Jahrzehnten bereits erheblichen Disruptionen unterzogen. Neben politischen (Stichwort: 9/11) und wirtschaftlichen Gründen (Stichworte: Lehman, Finanzkrise) zeichnen dafür im Wesentlichen zwei Entwicklungsstränge verantwortlich:

Zum einen hat die Öffnung des deutschen Immobilienmarktes zu Beginn des Jahrtausends zu einer Internationalisierung geführt, die insbesondere die Transaktionsberatung maßgeblich geprägt hat. Während in der Zeit davor Immobilientransaktionen im Grundsatz durch spezialisierte Notariate vorbereitet und abgewickelt wurden, hat sich durch internationale Investoren hier ein Beratungsmarkt für Kanzleien entwickelt, der mit dem der klassischen M&A-Anwälte vergleichbar ist (siehe hierzu auch Advant Beiten, o.J.). Zum anderen hat die Digitalisierung der Immobilienwirtschaft erheblichen Einfluss auf die immobilienrechtliche Beratung, sei es mit Blick auf baurechtliche Fragestellungen und Projektentwicklungen oder im mietrechtlichen Bereich (Asset Management).

Diese drei wesentlichen Bereiche der immobilienrechtlichen Beratung – Transaktionen, Baurecht und Asset Management – gilt es unter verschiedenen Blickwinkeln näher zu beleuchten.

Dabei sind den Megatrends Globalisierung, Urbanisierung, Demografie, Nachhaltigkeit (ESG), E-Mobility und Digitalisierung jüngst weitere Faktoren an die Seite getreten. Dabei handelt es sich um Energiepreiskrise, Inflation und Zinssprünge sowie nicht zuletzt die seit Corona-Ausbruch bestehenden Lieferkettenstörungen.

Entsprechend sind einst vorherrschende Themen wie (Über-)Regulierung etwas in den Hintergrund gerückt, sollen aber hier gleichwohl angesprochen werden. Ebenso ist auf Nachpandemie-Aspekte wie Resilienz, Agilität, New Work/New Normal einzugehen. Zudem streifen wir Themen wie Smart Cities/Smart Homes, KI, Augmented/Virtual Reality, Building Information Modeling und schließlich das Internet of Things oder IoT.

Welche drei Faktoren prägen den heutigen Arbeitsalltag im Bereich des Bau- und Immobilienrechts?

Eine naheliegende, aber beileibe die nicht die einzige Antwort lautet: Die prägenden Faktoren sind (mangelnde) Digitalisierung, Inflation und Zinswende sowie Fachkräftemangel.

Doch der Alltag hält weitere Herausforderungen bereit. Das Immobilienrecht wird zum einen von Transaktionen geprägt. Die häufigsten Arten von Transaktionen sind dabei Ankauf und Verkauf von Immobilien. Beteiligt sind in der Regel Rechtsanwälte, Steuerberater, Immobilienmakler und Notare. Angesichts der internationalen Investoren besteht ein Beratungsmarkt für Kanzleien, der durchaus mit dem eines M&A-Anwalts zu vergleichen ist. Das Beratungsfeld ist sehr weit. Es umfasst mittlerweile:

- eine Due Diligence,
- die Definition und Auswahl einer geeigneten Transaktionsstrategie,
- die Darstellung und Strukturierung eines ergebnisorientierten Transaktionsprozesses,
- die Durchführung eines Bieter- und Verkaufsverfahrens,
- die Analyse aller Informationen, die objektrelevant oder gesellschaftsrelevant sind, sowie
- die Ansprache potenzieller Interessenten über nationale oder internationale Netzwerke.

Eine Due Diligence, also die sorgfältige Prüfung beim Kauf von Immobilien oder Unternehmensbeteiligungen, bringt Stärken und Schwächen sowie die entsprechenden Risiken eines Objekts zu Tage – aus finanziellen, technischen und insbesondere rechtlichen sowie steuerrechtlichen Aspekten.

Asset Management

Ein weiterer prägender Faktor der Immobilienwirtschaft ist das Asset Management. Im Bereich der Immobilie liegt der Fokus auf gezielten Maßnahmen zur Wertsteigerung der Immobilie oder eines ganzen Immobilienportfolios. Darunter sind die aktive Planung, Steuerung, Umsetzung und Kontrolle einer Immobilie zu verstehen. Ziel ist es regelmäßig, durch die laufende Bewirtschaftung eine Steigerung des Werts der Immobile zu erzielen und das Optimum des eingesetzten Kapitals zu erlangen. Dazu zählen:

- die stetige Anpassung und laufende Umsetzung der Objektstrategie,
- die Vertretung der Eigentümerinteressen und die Übernahme der Aufgaben,
- die Optimierung und Reduzierung laufender Kosten und
- die Steuerung des Property und Facility Managements.

Der Asset Manager ist regelmäßig während der gesamten Wertschöpfungsphase einer Immobilie aktiv und sichert demnach einen Prozess, welcher am Ende als Ergebnis die Wertsteigerung der Immobilie bringen soll. Des Weiteren betreut der Asset Manager die Immobilieninvestitionen vieler verschiedener Investoren, wodurch er zu deren erstem Ansprechpartner wird.

Der Schwerpunkt der immobilienrechtlichen Beratung beim Asset Management liegt in der Erstellung und Bearbeitung von Mietverträgen. Das Hauptaugenmerk gilt dabei der Einhaltung der gesetzlichen Schriftform bei gewerblichen Mietverträgen. Gemäß §§ 550, 126 BGB müssen bei einem Mietvertrag mit einer Laufzeit von mehr als einem Jahr sämtliche vertragswesentliche Abreden schriftlich festgehalten werden. Aufgrund der Verweisung in § 578 BGB gilt das Schriftformerfordernis auch für gewerbliche Mietverhältnisse.

Eine Nichtbeachtung führt dazu, dass der Mietvertrag als für unbestimmte Zeit abgeschlossen gilt und das Mietverhältnis von beiden Vertragsparteien mit den gesetzlichen Fristen und damit regelmäßig mit einer deutlich kürzeren Frist gekündigt werden kann. Durch verkürzte Mietvertragslaufzeiten wiederum verringert sich der wirtschaftliche Wert einer Immobilie, weshalb die Wirksamkeit langfristig geschlossener Gewerbemietverträge schnell zum wichtigsten, rechtlichen Aspekt bei der ökonomischen Bewertung einer Immobilie wird.

Baurecht

Ein wesentlicher »Pain Point« der Branche aus rechtlichem Blickwinkel lässt sich im öffentlichen Recht finden, und zwar im Baurecht. Der Wert eines Grundstücks hängt primär von dessen Bebaubarkeit ab. Die Bebaubarkeit des Grundstücks wiederum ergibt sich vor allen Dingen aus den Vorgaben der Bauleitplanung und insbesondere aus den Bebauungsplänen. Liegt beispielsweise für ein Gebäude keine Baugenehmigung vor oder entspricht das Gebäude nicht den Vorgaben, ist der Erwerber rechtlichen Risiken ausgesetzt. Somit ist es Aufgabe der Immobilienrechtler, diese Risiken zu vermeiden und den Mandanten dahingehend aufzuklären. Bei Projektentwicklungen treten insbesondere Fragen des privaten Baurechts auf. Als Beispiele lassen sich hier das Bauträgerrecht und das Architektenrecht nennen.

Aufgrund der Überregulierung innerhalb des Baurechts dauern Projekte und Vorgänge häufig deutlich länger, als geplant. Die Rede ist von regelrechten »Papierschlachten«. Darunter hat nicht nur das Baurecht, sondern der gesamte Bereich der Projektentwicklung zu leiden. Die Überregulierung ist darauf zurückzuführen, dass das Bauordnungsrecht vor allen Dingen als Sicherheitsrecht angesehen wird. Es müssen deswegen primär gesunde Wohn- und Arbeitsverhältnisse hergestellt sowie sozial- und umweltpolitische Anforderungen erfüllt werden, um Leben und Gesundheit schützen zu können.

Ebenfalls verantwortlich für die Überregulierung ist das Baunebenrecht. Bis zur Erteilung der Bauerlaubnis müssen alle relevanten Genehmigungsverfahren und Zulassungsverfahren abgeschlossen sein. Das macht die Prüfung auf den folgenden Gebieten erforderlich:
* dem Naturschutzrecht,
* dem Wasserrecht,
* dem Immissionsschutzrecht,
* dem Straßenrecht,
* dem Denkmalschutzrecht (mit Erhaltungs- und Milieuschutz) sowie
* dem Arbeitsschutz.

Digitalisierung

In allen drei eingangs benannten Bereichen – Transaktion, Asset Management und Baurecht – stellt die Digitalisierung die größte Herausforderung dar. Wie auch in anderen Branchen lässt sich in der Immobilienwirtschaft ein signifikanter digitaler Strukturwandel feststellen. Die Digitalisierung verändert den immobilienrechtlichen wirtschaftlichen Alltag zunehmend wesentlich. Verglichen mit anderen Branchen, besteht innerhalb der Immobilienbranche und der Automatisierung der damit verbundenen Prozesse noch viel nicht ausgeschöpftes Potenzial. Dieses Potenzial der Digitalisierung in der Immobilienwirtschaft ist zwar längst erkannt, aber nur in wenigen Bereichen umgesetzt.

Die größte Herausforderung hierbei ist es, alteingeübte Prozesse zu beenden und durch neue Verfahren, welche die Digitalisierung mit sich bringt, zu ersetzen. Mittlerweile sind schon viele Bereiche der Immobilienbranche von der Digitalisierung betroffen, weshalb es diese Herausforderung früher oder später zwingend zu bewältigen gilt. Dies erfordert jedoch einen großen Zeitaufwand, der sich als Hemmschwelle erweist.

Bereits jetzt findet im Bereich des Asset Managements der Kontakt mit dem Kunden immer mehr in der virtuellen Welt statt. Dabei sollten Leistungen und Produkte nicht einfach neu verpackt werden. Sie sollten den Kunden auch einen Mehrwert bringen und stärker auf ihre Bedürfnisse eingehen. Dies erhöht die Kundenbindung, neue Wachstumsfelder erschließen sich und insbesondere die Kosten sinken.

So werden mittlerweile Neubauten und bestehende Objekte digital vermessen. Hierbei werden aufgenommene Fotos und Videos zu einem 3-D-Modell verarbeitet, welches eine 360-Grad-Perspektive möglich macht.

Dieser Umstand liefert insbesondere:
- eine höhere Übersichtlichkeit,
- ein verbessertes Mängelmanagement,
- eine Neustrukturierung der Immobilie.

Auch im Baurecht ist die Digitalisierung seit vielen Jahren bestimmender Gegenstand der Diskussion. Immer mehr Bundesländer wagen den Schritt in die digitale Welt. Als Beispiel lässt sich hierfür Bayern nennen. Seit dem Jahr 2023 werden hier alle Verwaltungsleistungen auch online angeboten. Das Ziel ist es, dadurch bürgerfreundlicher und unbürokratischer zu werden. Änderungen werden sein:
- Bauanträge nun digital stellen zu können, und zwar in Form eines Digitalen Bauantrags sowie
- Baugenehmigungen digital werden zu lassen.

Building Information Model (BIM)

Eine weitere Neuerung im Bereich des (privaten) Baurechts, welches die Digitalisierung mit sich gebracht hat, ist das sogenannte Building Information Model (BIM). Mithilfe dieser digitalen Methode können Gebäude geplant, ausgeführt und bewirtschaftet werden (vgl. Beuth, o. J.).

Alle am Bau Beteiligten nutzen in der Regel unterschiedliche Softwarelösungen. Die Schnittstelle ist das BIM, das den ständigen und unkomplizierten Austausch von Informationen sicherstellt. Ziel ist es, dadurch Qualitäts- und Kostenrisiken von der Planung bis hin zur Betriebs- und Instandhaltungsphase zu sichern. Dabei werden jegliche Daten von allen Beteiligten in der BIM-Software erfasst, kombiniert und modelliert. Das gilt von den Investoren über die Ingenieure und Architekten bis hin zu den späteren Property Managern.

Auch wenn viele BIM noch für eine Methode halten, um »nur« ein 3-D-Modell der Immobilie zu erstellen, kann die Software deutlich mehr: Sie kann die Zeitachse darstellen, die Kosten des Projekts widerspiegeln, auf Lebenszyklusaspekte eingehen und auch die Gebäudenutzung berücksichtigen. Damit ist diese Form des Modeling eine ideale Methode für den gesamten Immobilienzyklus. Fehler kann BIM zwar nicht verhindern, Probleme lassen sich mithilfe einer BIM-Software jedoch viel früher erkennen.

In jeder fünften Kanzlei fallen mehr als 200 neue Baurechtsakten pro Jahr an. Eine stärkere Digitalisierung kann zu einer effizienteren Bearbeitung dieser Mandate führen. Des Weiteren spricht für eine digitalisierte Zukunft, dass in drei von vier Fällen das Bearbeiten eines Baurechtsmandats mindestens ein Jahr dauert. Die Kommunikation mit dem Mandanten und der Schriftverkehr nehmen hierbei die meiste Zeit in Anspruch. Baurechtsmandate können laut Schätzungen von Softwareanwendern durch die geeignete Software in der Hälfte der Zeit digital erledigen – was einen deutlichen Wettbewerbsvorteil darstellt.

Mithilfe einer softwareunterstützten Aktenbearbeitung erhält man als Baurechtler außerdem Zugriff auf alle mit einem Projekt verbundenen Daten. Das Suchen von etwaigen benötigten Dokumenten ist dadurch nicht mehr notwendig.

Das BIM gilt als anspruchsvoll und ist zudem noch nicht überall etabliert, jedoch sprechen die Erfahrungen von Nutzern für sich:
- effizientere Abläufe,
- kürzere Planungszeiten und Bauzeiten,
- frühere Kooperation der Beteiligten,
- konkretere Anforderungen an die Dokumentation sowie
- einfachere Preiskalkulation.

Auch Big Data – große Datensammlungen – eröffnen im Bau- und Immobilienrecht zahlreiche Möglichkeiten. Big Data kann dabei z. B. helfen, die Instandhaltung zu optimieren, Investitionen besser einzuschätzen und auch die internen Analysen und Reportings zu verbessern.

Künstliche Intelligenz (KI) und Augmented Reality (AR)

Die Unterstützung durch Künstliche Intelligenz (KI) schließlich ist ein Trend, der momentan alle Branchen umtreibt. Vereinfacht gesagt ist KI eine Kombination aus zunehmend großen Datenbeständen (Stichwort: Big Data) und einem Algorithmus als Rechenregel zur Erstellung von Prognosen KI soll dem menschlichen Denken zunehmend ebenbürtig werden. In diesem Zusammenhang sollen Augmented Reality (AR) – die computergestützte Erweiterung der Realität in Bild, Ton und Raumwahrnehmung – sowie Virtual Reality (VR) – die Darstellung und Wahrnehmung der Wirklichkeit in einer computergenerierten, interaktiven virtuellen Umgebung – zumindest als Begriffe eingeführt werden. In der Immobilienwirtschaft kann AR und wird VR dazu dienen, geplante Projektentwicklungen zu veranschaulichen oder Gestaltungsvorschläge sowie geplante Dienstleistungsangeboten zu simulieren.

So können Kunden etwa auf einen Blick sehen, ob beispielsweise die geplanten neuen Räumlichkeiten wirklich den Bedürfnissen entsprechen. Nicht zu vergessen ist das Internet der Dinge (Internet of Things oder IoT). Dabei werden Gegenstände des Alltags oder der Industrie zu Smart Objects, die miteinander kommunizieren können. Möglich ist zudem eine Bedienung und Steuerung von einem beliebigen Ort aus. Die technische Grundlage für diese Vernetzung bildet eine Struktur, die dem Internet ähnelt. Das Beispiel, das am häufigsten verwendet wird, um IoT zu erklären, ist der entsprechend moderne Kühlschrank: Er informiert seinen Besitzer, sobald bestimmte Lebensmittel ablaufen oder eingekauft werden müssen.

In der Immobilienbranche kommt das IoT insbesondere in der Gebäudeautomation zum Tragen. Beispielsweise ermöglicht es die sogenannte Predictive Maintenance, die vorausschauende Instandhaltung von Rolltreppen, Aufzügen sowie Lüftungs- und Klimaanlagen. Und das sind noch nicht alle Trends, welche die Immobilienwirtschaft zu bieten hat. Wirft man einen Blick in die verschiedenen Asset-Klassen, werden viele weitere Themen sichtbar. Beispiele dafür sind Drohneneinsatz oder 3-D-Druck (siehe hierzu auch immobilienmanager, 2018; WoltersKluwer, 2021).

Wo liegen die drei maßgeblichen Herausforderungen für eine immobilienrechtliche Beratung?

Auf der sicheren Seite sind wir in puncto Herausforderungen mit den Schlagworten ESG (Environment, Social, Governance), geopolitische Entwicklung und gesamtwirtschaftliche Aussichten. Fachleute stellen sich erkennbar einig und deutlich hinter das von der Politik ausgerufene

Ziel, mit Regeln und Kennzahlen für einen nachhaltigen Umbau der Wirtschaft zu sorgen. Die klaren gesellschaftspolitischen Ziele dieser Zeit sind Umwelt- und Klimaschutz, gesellschaftliche Solidarität, eine Unternehmensführung ohne Korruption oder Betrug, eine wertschätzende Unternehmenskultur mit Diversität und Chancengerechtigkeit. In der Praxis geht es um die neuen und immer komplexeren Regeln für die Präsentation und Kontrolle nachhaltiger Geschäftsmodelle. Diese treiben nicht nur die Unternehmen um, sondern auch deren Berater und Wirtschaftsprüfer (vgl. pwc, o.J.).

Unternehmen sollen gemäß internationalen und europäischen Standards über die Umwelt- und Klimaverträglichkeit ihrer Aktivitäten und deren Auswirkungen auf die Menschenrechte berichten. Investoren sollen künftig ihr Geld nur noch in ESG-taugliche Unternehmen und Projekte stecken. Und sie wollen und müssen es auch: Kein Investor im Immobiliensektor will mit Stranded Assets, also Objekten ohne langfristiges Potenzial für Vermietung und Verkauf in Schieflage geraten.

Dabei gibt es noch viele ungeklärte Fragen mit Blick auf die Nachhaltigkeit und deren Bewertung bzw. Überwachung. Die EU verlangt von Unternehmen transparente Berichte über Umweltschutz, Soziales und Korruptionsprävention entlang der gesamten Wertschöpfungskette. Diese zunächst nur für große börsennotierte Unternehmen geltende Anforderung wurde auf den Mittelstand ausgedehnt, sodass insgesamt bereits eine fünfstellige Anzahl von Unternehmen betroffen ist. In ihrer Taxonomie-Verordnung verlangt die EU Rechenschaft über den Anteil nachhaltiger Geschäfte am Umsatz eines Unternehmens sowie an dessen Investitionen und Betriebsausgaben für Vermögenswerte und laufende Prozesse. Das kann in der Praxis dazu führen, dass große Unternehmen diese drei Kennzahlen für mehr als zwei Dutzend Geschäftsbereiche berechnen müssen.

Da die EU-Taxonomie verlangt, dass eine nachhaltige Geschäftsaktivität ein ESG-Ziel wie den Umweltschutz fördert, ohne ein anderes ESG-Ziel, etwa die Menschenrechte, zu beeinträchtigen, sind die Kennzahlen schwer zu beurteilen. So schützt, um ein plakatives Beispiel zu nennen, Wasserkraft einerseits das Klima, weil sie Strom erzeugt, ohne Kohlendioxid auszustoßen. Andererseits ist etwa für den Bau eines Staudamms ein starker Eingriff in die Natur nötig, was den Schutz der Umwelt beeinträchtigt.

Der Nachweis der Nachhaltigkeit ist mit hohem Aufwand verbunden und dürfte so wichtig werden wie die klassische Bilanzierung. Der Aufbau ökologisch und sozial nachhaltiger Unternehmen wird einer der wichtigsten Faktoren der nächsten Jahrzehnte für eine erfolgreiche Immobilienbranche sein. Nicht verschwiegen werden kann in diesem Zusammenhang, dass der Immobiliensektor in Deutschland zuletzt wiederholt die Klimaziele verfehlt hat, es also großen Nachholbedarf gibt. Das fördert u. a. den Beratungsbedarf beim Thema nachhaltiges Bauen im Bestand als Alternative zu Abriss und Neubau.

Aus immobilienrechtlicher Sicht sind hier weitere (öffentlich-rechtliche) Vorschriften zu erwarten, die den Trend der Immobilienwirtschaft hin zu einer immer weiter durchregulierten Branche verstärken werden. Die vorgenannten Beispiele zeigen, dass auch Vorschriften aus unterschiedlichen Blickrichtungen (etwa Energierecht oder Naturschutz) häufig kaum zu harmonisieren sind.

Die Rekordinflation (nicht nur) im Euroraum, die stark steigenden Energiekosten und die Leitzinserhöhungen der EZB haben die Aussichten für die europäische Wirtschaft und die Immobilienbranche verdüstert. In Deutschland fällt ins Auge, dass gerade der Wohnungsbau hinter den von der Bundesregierung ausgegebenen Zielen weit zurückbleibt, und das nicht erst seit Ausbruch des Krieges in der Ukraine.

In Befragungen erwarten derzeit mehr als zwei Drittel der Befragten, dass Europa alsbald in eine Rezession geraten wird. Das wiederum ist mit disruptiven Folgen für Transaktionen, Entwicklungen, Finanzierungen, Investitionen, Erträgen und Immobilienwerten verbunden. Aktuell beschäftigt die Branche vor allem die Sorge wegen steigender Baukosten, Material- und Personalverfügbarkeit. Die Entwicklungstätigkeit der Branche hat sich erkennbar verlangsamt und dürfte aus den genannten Gründen weiter zurückgehen. Projekte werden verschoben oder aufgegeben. Beim Blick auf die Immobilienwerte wird es noch wichtiger werden, zwischen erst- und zweitklassigen Objekten zu unterscheiden.

Welchen Weichen sind für eine immobilienrechtliche Marktpräsenz in zehn Jahren jetzt zu stellen?

Eine übergreifende Praxis insbesondere in Bezug auf ESG bzw. Nachhaltigkeit, KI und Digitalisierung sowie New Work ist gefordert. Das ist heute keine steile These mehr, sondern wird zunehmend zum Common Sense.

New Work ist dabei mehr als ein Schlagwort aus dem Immobilien-Jargon. Nach der Pandemie haben sich die Erwartungen und Ansprüche an Arbeiten – und damit oft verbunden: Wohnen – verändert. Dabei spielt die Flexibilität aller Beteiligten eine Rolle. Sie hat Auswirkungen auf den Büroimmobilienmarkt ebenso wie auf den Wohnungsmarkt. Stichworte dazu sind Homeoffice, Stadt- und Naturnähe, Mobilität und verlässliche digitale Verbindungen.

Insoweit müssen schon heute Weichen gestellt werden, um eine immobilienrechtliche Marktpräsenz in zehn Jahren zu sichern. Die Digitalisierung bringt nicht nur Verbesserungsmöglichkeiten mit sich, sondern birgt auch eine Bedrohung für Arbeitsplätze. Momentan kommt künstliche Intelligenz innerhalb von Transaktionen sehr selten zum Einsatz. Gründe sind die Sicherheit der Daten und noch häufige Fehleranfälligkeit. Künstliche Intelligenz wird momentan nur im Rahmen der schon angesprochenen Due-Diligence-Prüfungen verwendet, bietet aber Potenzial für die Zukunft.

Sicher ist gleichzeitig, dass künstliche Intelligenz weder jetzt noch in zehn Jahren Bewertungen vornehmen können wird. Deshalb können darauf aufbauend auch keine Entscheidungen getroffen werden. Entsprechend bietet es sich für Immobilienrechtlerinnen und -rechtler an, gerade hierauf besonderes Augenmerk zu legen.

Das Asset Management ist wie beschrieben einer der prägenden Faktoren des Immobilienwirtschaftsrechts. Eine Immobiliendatenbank wird sich deshalb längerfristig auszahlen. Perspektivisch wird der gesamte Lebenszyklus einer Immobilie vom Grundstückskauf über Baurechtsschaffung sowie Herstellung und Projektenwicklung bis zur langfristigen Nutzung digital erfasst werden. Das lässt ihn gleichzeitig zu Gedächtnis, Gebrauchsanleitung sowie Informationsspeicher und -geber werden. Diejenigen Anbieter, die mit historisch gewachsenen und sehr heterogenen IT-Infrastrukturen arbeiten, stellt das vor besonders große Herausforderungen (siehe hierzu DiConnex (o.J.).

Wenn der Bereich des Immobilienrechts einen Wunsch an den Gesetzgeber frei hätte: Welcher wäre das?

Wünschenswert sind weniger Schnellschüsse, weniger Regulierung und mehr (sichere) Digitalisierung. Beispiele wie der Digitalkurs Bayerns sollten Vorbildwirkung haben (vgl. Bayerisches Staatsministerium für Wohnen, Bau und Verkehr, 2021).

Das Immobilienrecht verlangt definitiv nach Deregulierung. Die unbestreitbare Überregulierung insbesondere im Baurecht führt an vielen Stellen zur Verlangsamung sowie Ineffizienz und betrifft alle Beteiligten. Das Immobilienrecht hat ebenfalls darunter zu leiden. Die Unübersichtlichkeit verlangt nach Reformen mit dem Ziel eines »Weniger ist mehr«.

Eine Beschleunigung der Bauplanungsverfahren und Genehmigungsverfahren wäre nicht nur sinnvoll; sie wäre vor allen Dingen notwendig. Sie ist insbesondere geeignet, die deutschen Regionen im Wettbewerb der europäischen Märkte attraktiver zu gestalten. Selbstverständlich stellt jedoch der hohe Sicherheitsstandard ebenfalls einen wichtigen Wettbewerbsfaktor dar.

Letztlich sind Effizienz und Sicherheit miteinander in Einklang zu bringen. Einen wichtigen Schritt in diese Richtung hat wie bereits oben erwähnt das Bundesland Bayern getan, indem es auf ein Angebot digitaler Verwaltungsleistungen setzt. Dadurch können landesweit Bauanträge und Baugenehmigungen digital gestellt werden, wodurch das Potenzial der Digitalisierung zur Beschleunigung und Vereinfachung effektiv genutzt wird. Insbesondere sorgt man durch diese Herangehensweise dafür, dass der Prozess insgesamt unbürokratischer wird. Zu guter Letzt kann man so auch den erwähnten Papierschlachten ein Ende setzen.

Wendet man den Blick nach vorne, ergibt sich folgendes Bild: Klimaschutz auf der einen Seite und Inflation durch erheblich gestiegene Energiekosten auf der anderen Seite sind die zwei großen Treiber für bereits in Kraft getretene und wahrscheinlich kommende Gesetzesänderungen in diesem Jahr, die die Immobilienbranche betreffen. Manches wirkt wie ein Schnellschuss – man denke hier auch an die erratischen Vorgaben für eine KfW-Förderung. Darauf reagiert der Markt irritiert.

So soll nach dem Willen des Gesetzgebers mit der Partizipation des Vermieters an den Kohlendioxidkosten für die Wärme- und Warmwasserversorgung ebenso eine Reduzierung von Treibhausgasen erreicht werden, wie das in Hinblick auf Neubauten für die Neuausrichtung der Bundesförderung für effiziente Gebäude gilt. Die erheblich gestiegenen Energiekosten von Verbrauchern und Unternehmern haben u. a. schon zur Einführung der Gas- und Strompreisbremse geführt und befördern nun eine Diskussion um eine etwaige Reform der Indexmiete im Wohnraummietrecht. Ob und welche Änderungen kommen, bleibt zu beobachten.

Literaturverzeichnis

Advant Beiten (o.J.). https://advant-beiten.com/de/kompetenzen/sektoren/real-estate (Abrufdatum: 18.02.2023)

Bayerisches Staatsministerium für Wohnen, Bau und Verkehr (2021): Bauanträge zukünftig auch digital. https://www.stmb.bayern.de/med/aktuell/archiv/2021/210207bauantragdigital/ (Abrufdatum: 18.02.2023).

Beuth (o.J.): Building Information Modeling (BIM). https://www.beuth.de/de/themenseiten/bim?etcc_med=SEA&etcc_par=Google&etcc_cmp=bauwesenbim&etcc_grp=126242962480&etcc_bky=bim%20bauen&etcc_mty=p&etcc_plc=&etcc_ctv=528565355903&etcc_bde=c&etcc_var=EAIaIQobChMIg- (Abrufdatum: 18.02.2023).

DiConneX (o.J.): Asset Management Immobilien. https://diconnex.com/wissenswertes/basics/asset-management-immobilien/ (Abrufdatum: 18.02.2023).

Immobilienmanager (2018): Künstliche Intelligenz und Immobilien: Der Geist ist aus der Flasche. https://www.immobilienmanager.de/kuenstliche-intelligenz-und-immobilien-der-geist-ist-aus-der-flasche-31012018 (Abrufdatum: 18.02.2023).

PwC (o.J.): Emerging Trends in Real Estate®: Europe 2023. www.pwc.com/gx/en/industries/financial-services/real-estate/emerging-trends-real-estate-europe-2023.html (Abrufdatum: 18.02.2023).

Schadenprisma (1997): Deregulierung im Baurecht. https://www.schadenprisma.de/wp-content/uploads/pdf/1997/sp_1997_1_2.pdf (Abrufdatum: 18.02.2023).

WoltersKluwer (2021): 6 Gründe für eine stärkere Digitalisierung im Baurecht. https://www.wolterskluwer.com/de-de/expert-insights/digitalisierung-baurecht-gruende (Abrufdatum: 18.02.2023).

11 Insolvenzrecht

Dr. Stephan Kolmann

Das Insolvenzrecht ist ebenso wie das an anderer Stelle behandelte Sanierungsrecht eine wirtschaftlich geprägte Sondermaterie. Aus der Sicht der Betroffenen im Anfechtungsprozess wird ein abgeschlossen erscheinender Sachverhalt aus der Perspektive des wirtschaftlichen Mangelfalls neu bewertet, wobei nachträglich übergeordnete Abwägungskriterien übergestülpt werden. Betroffene empfinden es häufig als unbillig, dass die Zahlung auf den berechtigten Kaufpreisanspruch, den der Gläubiger mit gerichtlicher Hilfe sowie mit Unterstützung des Gerichtsvollziehers, gegebenenfalls sogar nach weiterem Entgegenkommen durch Ratenzahlungsvereinbarung (endlich) durchgesetzt hat, an die Insolvenzmasse erstattet werden muss.

Solche aus dem Prinzip der Gläubigergleichbehandlung abgeleiteten Wertungen, teilweise in Verbindung mit den Bemühungen, einem insolventen Schuldner den Weg zu einem wirtschaftlichen Neustart offenzuhalten, sowie die sehr wirtschaftliche Betrachtungsweise erschweren vielen Marktteilnehmern den Zugang zu dieser Rechtsmaterie. Dies überrascht und erscheint angesichts ihrer Bedeutung für das Geschäftsleben nicht angemessen.

Anwaltliche Tätigkeit im Insolvenzrecht hat sehr unterschiedliche Facetten und bietet großes Differenzierungspotenzial: Die Anforderungen an eine Insolvenzverwalter-Tätigkeit sind beispielsweise andere als die Aufgaben für Berater bzw. »Nicht-Verwalter«. Die Übernahme sogenannter Eigenverwaltungsmandate, bei denen der Berater entweder als Organ der Geschäftsleitung oder als Generalbevollmächtigter die insolvenzrechtlichen Besonderheiten der gerichtlichen Sanierung verantwortet, bewegt sich zwischen den beiden Polen. Forensische und beratende – einschließlich vertragsgestaltender – Schwerpunkte verlangen jeweils ein eigenes Profil.

Die Tätigkeit für Schuldner bringt wiederum andere Herausforderungen mit sich als die Tätigkeit für sonstige Stakeholder (z. B. Finanzierer, Arbeitnehmer, Kunden, Lieferanten, Investoren). Und selbstverständlich ist es ein erheblicher Unterschied, ob der Schuldner bzw. Mandant ein Unternehmen einschließlich der Geschäftsleitungs- und Aufsichtsorgane ist oder eine Privatperson bzw. ein Verbraucher.

Eine Ausrichtung nach weiteren Kategorien, beispielsweise in Anknüpfung an Unternehmensgröße oder Internationalität, lässt sich bei der Positionierung der unterschiedlichen Marktteilnehmer beobachten. Die Auffächerung kann hier nur angedeutet werden. Doch es liegt auf der Hand, dass je nach Perspektive und Tätigkeitsfeld die Antworten auf die nachfolgenden Fragen im Detail unterschiedlich ausfallen. Nicht jeder Blickwinkel kann hier nachgespürt werden; Aspekte der Privatinsolvenz bleiben nachfolgend unberücksichtigt.

Welche drei Faktoren prägen den heutigen Arbeitsalltag im Bereich Insolvenzrecht maßgeblich?

Schnelligkeit

Es liegt in der Natur der Sache, dass insbesondere im nichtforensischen, beratenden Bereich Schnelllebigkeit herrscht. Sie prägt den anwaltlichen Alltag im Insolvenzrecht in besonderem Maße. Wenn die liquiden Mittel knapp zu werden drohen, müssen auf Schuldnerseite zeitnah und häufig sogar tagesaktuell – auf der Grundlage entsprechender Empfehlungen und Ratschläge des anwaltlichen Beraters – Entscheidungen getroffen und Verhandlungen vorbereitet sowie geführt werden. Dies gilt namentlich, wenn und solange die Chance besteht, eine etwaige materielle Insolvenz noch abzuwenden. Häufig vergleichen deshalb die Insolvenzrechtler ihre Tätigkeit mit derjenigen eines Notarztes.

Hohe Reaktionsgeschwindigkeit ist aber auch auf Gläubigerseite erforderlich, wenn der Gläubiger beispielsweise Gesprächs- und Verhandlungspartner ist, um den Schuldner bei seinen Sanierungsbemühungen zu unterstützen. Selbst derjenige, der lediglich eine offene Forderung hat, steht womöglich unter hohem Zeitdruck, um noch rechtzeitig vor Beginn der Anfechtungsfristen Sicherheit oder Befriedigung zu erlangen.

Informationserlangung und -verarbeitung

Der Umgang mit Informationen und Daten, einerseits auf der Beschaffungsseite, andererseits auf der Verwaltungs- und Bearbeitungsseite, prägt als zweiter wesentlicher Faktor den heutigen Arbeitsalltag. Verdeutlicht sei dies am Beispiel der Überschuldung im Sinne von § 19 InsO, die für die Geschäftsleitung eine straf- und haftungsbewehrte Insolvenzantragspflicht auslöst. Der Überschuldungsbegriff besteht zum einen aus einer reinen Vermögensbetrachtung zu besonderen Bewertungsregeln (Liquidationswerte). Zum anderen gibt es die sogenannte Fortbestehensprognose, die nach überwiegendem Verständnis eine Liquiditätsbetrachtung ist.

Eine positive Fortbestehensprognose setzt voraus, dass der Schuldner innerhalb des maßgeblichen Prognosezeitraums (aktuell: vier Monate) mit einer überwiegenden Wahrscheinlichkeit in der Lage sein wird, seine Verbindlichkeiten bei Fälligkeit zu erfüllen. Sie schließt die insolvenzrechtliche Überschuldung aus, selbst wenn das vorhandene Vermögen die bestehenden Verbindlichkeiten nicht deckt. In der maßgeblichen Ex-ante-Sicht ist deshalb für die Beurteilung der Fortbestehensprognose eine Planung erforderlich, in welcher fällig werdende Verbindlichkeiten und zu erwartende Zahlungseingänge sowie die jeweilige Auswirkung auf die vorhandene Liquidität zu prognostizieren und fortzuschreiben sind.

Natürlich gibt es in vielen Unternehmen und Betrieben eingeübte Prozesse, Informations-, Steuerungs- und Ablagesysteme sowie Erfahrungswerte, die mit einer hohen Treffsicherheit eine belastbare und zeitnahe Aussage für die Planung gestatten. Für eine gute Unternehmensführung erscheint dies auch unabdingbar, um negative Entwicklungen frühzeitig zu erkennen und gegensteuern zu können. Selbst bei einer guten Organisation bleibt die Summe der relevanten Einzelinformationen, beispielsweise aus den Abteilungen Vertrieb, Einkauf, Produktion, Qualität und Buchhaltung, hoch. Häufig ist es dann umso schwieriger, in kriselnden Unternehmen, die noch nicht oder nicht mehr über die entsprechenden Prozesse und Systeme verfügen, die erforderlichen Informationen überhaupt zu erhalten und dann auch noch in einer effizienten Art und Weise zu verarbeiten.

Gleichermaßen gibt es ein anderes Phänomen: die Informations- und Datenflut und die Notwendigkeit, aus einer Vielzahl von Präsentationen, Excel-Tabellen, Vertragswerken, Zusatzkorrespondenz verschiedener Ansprechpartner per E-Mail etc. den notwendigen Stand in der erforderlichen Geschwindigkeit herauszufiltern – oder diesen auch nur in (weiter-)verarbeitungsfähige Form zu bringen.

Interdisziplinäres Arbeiten

Dieser Umstand leitet über zu dem dritten prägenden Aspekt: dem des interdisziplinären Arbeitens. Ohne ein Verständnis für die betriebswirtschaftlichen Krisenursachen und ohne enge Abstimmung mit der kaufmännischen Leitung kann es beispielsweise kaum gelingen, auch die juristisch richtigen Werkzeuge zu identifizieren und anzuwenden, um die Krisenursache zu beseitigen. Dasselbe gilt für den oft noch gesunden Unternehmenskern, für den die erforderlichen Erhaltungsmaßnahmen in die Wege zu leiten sind.

Entsprechendes greift schließlich mit Blick auf eine Analyse des Geschäftsmodells, damit zusammenhängende Chancen und Risiken – beispielsweise mit Blick auf etwaige Personalmaßnahmen oder Investorenlösungen. Gerade bei Verhandlungen über Zukunftslösungen erweist es sich als hilfreich, wenn zwecks Kaufpreisoptimierung nicht nur gemäß dem Zahlenwerk oder Business Plan der Unternehmenswert, sondern auf der Grundlage eines technischen oder Markt-Verständnisses auch der potenzielle strategische Mehrwert des Unternehmens argumentiert werden kann. Eine rein isolierte Betrachtung insolvenzspezifischer Fragestellungen stößt insoweit schnell an ihre Grenzen.

Das Gleiche gilt für die fachübergreifende Tätigkeit: Häufig werden insbesondere im Steuerrecht sowie im Arbeitsrecht weitere Spezialisten hinzugezogen, weil die zu beachtenden Fallstricke und Rechtsrisiken kaum noch überschaubar sind. Wichtig ist und bleibt ein Judiz für die Schnittstellen.

Wo liegen die maßgeblichen Herausforderungen für eine erfolgreiche insolvenzrechtliche Beratung?

Vorbemerkung

Bei einem positiven Verständnis bietet das Insolvenzrecht aus Sicht des Schuldners den rechtlichen Rahmen, um vorbehaltlich der bestmöglichen Gläubigerbefriedigung eine wirtschaftlich besonders schwierige Phase hinter sich zu lassen und die Zukunft neu gestalten zu können. »Erfolg« bedeutet nach hier verstandener Lesart dann, dass es einem begleiteten Unternehmen gelingt, bestenfalls eine Insolvenz rechtzeitig abzuwenden. Zumindest gilt es, sie durchzustehen, um anschließend mit einem womöglich angepassten Geschäftsmodell und wieder nachhaltig wettbewerbsfähig am Markt tätig sein zu können.

Geringere Überlebenschance von Geschäftsmodellen

Angegriffene Geschäftsmodelle mit insolvenzrechtlichem Instrumentarium zu stabilisieren oder gar zu transformieren, wird in absehbarer Zukunft wohl deutlich schwieriger sein, als dies in den vergangenen Jahren und Jahrzehnten der Fall war. Im Regelfall war es die sogenannte übertragende Sanierung mittels eines *Asset Deals*, die in der Vergangenheit in vielen Fällen eine Fortführungslösung schaffte, häufig mit einem neuen Investor. Seltener konnte mittels einer Insolvenzplanlösung sogar der Rechtsträger erhalten werden. Die Gläubiger wurden aus dem Kaufpreis befriedigt, der – vereinfachend – höhere Befriedigungsaussichten versprach als die Summe der Zerschlagungswerte abzüglich sonstiger Abwicklungskosten.

Es steht jedoch zu befürchten, dass sich heutige Krisenursachen, wie beispielsweise hohe Energiekosten, die (teilweise) nicht an die Kunden weitergereicht werden können, höhere Zinsbelastungen sowie Engpässe im Personalbereich durch einen *Fresh Start* nicht beseitigen lassen. Das ist unabhängig davon der Fall, ob der Unternehmenserhalt im Wege einer übertragenden Sanierung oder durch eine sogenannte Insolvenzplanlösung erfolgt. Damit liegt es nahe, dass für die betroffenen Unternehmen die Einleitung eines Insolvenzverfahrens häufiger als früher die finale Abwicklung der Tätigkeit bedeuten kann.

Angesichts der veränderten Rahmenbedingungen sind bestimmte Geschäftsmodelle eben nicht mehr markt- und überlebensfähig. Marktvolatilität und Unsicherheit, zum Beispiel in der *Supply Chain*, scheinen auch bei gesunden Unternehmen manchen Finanzierer dahingehend zu beeinflussen, dass er Risikopositionen eher ab- als aufbaut. Eine grundsätzlich geringere Risikoaffinität der Finanzierer und Investoren kann sich bei einem Unternehmen, das sich ohnehin schon in einer wirtschaftlichen Schieflage befindet, noch stärker auswirken.

Zunehmende Komplexität in den Fällen

Auch bei prinzipiell überlebensfähigen Geschäftsmodellen und Unternehmen wird die Lösungsfindung voraussichtlich nicht einfacher. Wir beobachteten schon in den vergangenen Jahren eine zunehmende Komplexität der Sachverhalte und Fragestellungen. Natürlich gibt es insoweit einen gewissen Zusammenhang mit der Größe der Unternehmen. Allerdings ist dieser Konnex nicht zwingend. Auch in kleineren Fällen treffen wir Konstellationen mit einer Vielzahl von Beteiligten und unüberwindbar erscheinenden Interessenkonflikten an.

Spannend und besonders herausfordernd sind sicherlich die Fallgestaltungen, in denen kundenseitig eine hohe Abhängigkeit von den Produkten des Schuldners besteht – gegebenenfalls über eine mehrjährige Laufzeit. Gerade dann ist es nicht nur aufwändig und aufreibend, sondern auch notwendig, die Interessen auszuloten und maßgeschneiderte Lösungen zu finden. Dies erfordert regelmäßig eine intensive Befassung, Know-how, Erfahrung und freie Ressourcen.

Digitalisierung der Justiz

Weniger für die beratende Praxis als für die insolvenzverwaltende Tätigkeit spielt die Verknüpfung mit der Justiz eine zentrale Rolle. Soweit bekannt, verfügen bisher allenfalls ausgewählte Insolvenzgerichte über eine elektronische Aktenführung. Die Einreichung der Insolvenztabelle, sofern überhaupt in elektronischer Form möglich, erfordert eine besondere Bearbeitung der pdf-Dokumente. Sie müssen in einer bestimmten Art und Weise bezeichnet bzw. umbenannt werden. Für jede einzelne Forderungsanmeldung sind eigene Dokumente erforderlich. Elektronisch eingereichte Kontoauszüge werden von der Justiz ausgedruckt und per Post zurückgesandt. All das bindet Ressourcen, die an anderer Stelle dringender benötigt würden, und behindert das Bemühen um effiziente Verfahrensabwicklung.

Personal- und Ausbildungssituation

Das Insolvenzrecht spielt in der juristischen Ausbildungspraxis weiterhin allenfalls eine untergeordnete Rolle. Interesse für wirtschaftliche Zusammenhänge zu vermitteln, steht ebenfalls nicht im Vordergrund: »Judex non calculat«. Und natürlich ist die insolvenzrechtliche Betreuung eines Unternehmens nicht so sexy wie beispielsweise ein IPO oder eine Unternehmensfusion. Aber auch für die insolvenzrechtliche Tätigkeit werden in allen Bereichen gute und geeignete Teammitglieder benötigt. Sie müssen sich den zahlreichen Herausforderungen stellen wollen und teilweise auch unter hohem Stress den notwendigen Einsatz bringen. Häufig kommt es in bestimmten Verhandlungssituationen auf Seniorität und Erfahrung an, die sich nur über die Jahre ansammeln kann. Diese Teammitglieder zu gewinnen, weiterzubilden und im beschriebenen Sinne zu entwickeln, wird für erfolgreiche insolvenzrechtliche Tätigkeit elementar bleiben.

Welche Weichen sind für eine insolvenzrechtliche Marktpräsenz in zehn Jahren zu stellen?

Personal

Anknüpfend an die vorstehenden Ausführungen haben die kontinuierliche Aus- und Fortbildung im Personalbereich sowie die Stärkung des Teams sicherlich eine zentrale Bedeutung. Insoweit dürfte es um die Vermittlung einer gewissen Begeisterungsfähigkeit für die Tätigkeit, um eine Unterstützung im fachlichen Bereich sowie um ein individuelles Coaching gehen. Natürlich gilt es, eine Vielzahl von weiteren Faktoren zu beachten, die für die Leistungsbereitschaft, für die Zufriedenheit, für die Bindung an das Team sowie an das Unternehmen von Bedeutung sind. Ohne eine gewisse Flexibilität und Anpassungsfähigkeit, ein Offenbleiben für neue Entwicklungen, wird es nicht funktionieren.

Digitalisierung

Die Digitalisierung wird voranschreiten. Eine fortlaufende Investition in geeignete und erforderliche Technologie, ob Hard- oder Software, ist deshalb ebenso erforderlich wie die Überprüfung und die Anpassung von Prozessabläufen innerhalb der eigenen Kanzleiorganisation. Ziel sind effiziente, ressourcenschonende Arbeitsabläufe, die Zeit und Freiraum für die eigentliche Mandatsarbeit schaffen.

Eigenes Geschäftsmodell überwachen

Schließlich wird notwendig sein, laufend das eigene Geschäftsmodell zu überprüfen. Zehn Jahre sind ein sehr langer Zeitraum. Sollten beispielsweise die Anforderungen im Markt eine zunehmende Spezialisierung verlangen, etwa für bestimmte Branchen, sollte gut überlegt werden, welche Chancen und Risiken ein gegenläufiger, eher generalistischer Ansatz hat. In ähnlicher Weise kann sich die Frage stellen, ob die Größe der eigenen Einheit noch zu den Bedürfnissen des Marktes passt oder ob beispielsweise Zusammenschlüsse, Erweiterungen des Angebots, Anpassungen der regionalen Schwerpunkte etc. geboten erscheinen.

Wenn der Bereich Insolvenzrecht einen Wunsch an den Gesetzgeber frei hätte: Welcher wäre das?

Gerade in den vergangenen Jahren hat der Gesetzgeber in ganz erheblicher Weise insolvenzrechtlich relevante Regelungen verabschiedet. Auch versierte Kenner der Materie verloren beispielsweise schon einmal den Überblick, wann und für wen eine Insolvenzantragspflicht (vgl. § 15a InsO) wieder oder nicht mehr besteht. Daran ist grundsätzlich nachvollziehbar, dass besondere Zeiten manchmal auch besondere Reaktionen verlangen. Der Status quo bleibt zunächst erhalten – und die Notwendigkeit der Veränderung oder Anpassung wird aus übergeordneten Gründen, zum Beispiel zur Absicherung von Arbeitsplätzen, eingebremst. Dass diese Herangehensweise auf Dauer sinnvoll ist und vor allem das gewünschte Ziel erreichen kann, erscheint aber zweifelhaft.

Insoweit würde man sich insbesondere wünschen, dass die flankierend aufgesetzten Hilfs-, Unterstützungs- und Förderprogramme sinnvolle Neuausrichtungen unterstützen und nicht bestehende, teilweise überholte Strukturen schützen. Schlicht unverständlich ist dabei, dass der Staat, vor allem bei Ländern und Kommunen, nicht einen deutlich höheren Anteil der Ressourcen für eine Modernisierung und Digitalisierung der Bürokratie und Justiz verwendet.

12 Internationales Recht

Aziza Yakhloufi

Welche drei Faktoren prägen den heutigen Arbeitsalltag im Bereich Internationales Recht maßgeblich?

Internationales Recht setzt immer voraus, dass mehr als ein Staat und sein Rechtssystem an einer juristischen Herausforderung beteiligt sind. Während das Völkerrecht die Rechtsbeziehungen zweier oder mehrerer Staaten zueinander regelt, ist Gegenstand des internationalen Privatrechts die Frage, welches Recht auf einen grenzüberschreitenden zivilrechtlichen Sachverhalt anzuwenden ist. Das internationale Recht wird deswegen besonders stark von geografischen und politischen Geschehnissen geprägt. Sowohl die Covid-19-Pandemie und der Krieg am Rande Europas als auch die Ereignisse im Hinblick auf Umwelt und Energie prägen die aktuelle Beratung im Bereich des internationalen Rechts.

Die Auswirkungen der drei vorbenannten Ereignisse stehen in einem Wechselverhältnis zueinander.

So hat die Covid-19-Pandemie zum einen direkte Auswirkungen auf die Lieferketten der Unternehmen, die immer noch anhalten. Allen ist bewusst, dass seit der Pandemie viele Unternehmen ihre Beschäftigten aus dem Homeoffice arbeiten lassen. Doch Arbeiten aus dem Homeoffice bedeutet auch, dass physische Grenzen verschwinden. Denn bei einer Tätigkeit aus dem Netz ist es vollkommen gleich, ob die Beschäftigten eines Unternehmens nun in Deutschland ihre Tätigkeit ausüben, in einem anderen EU-Staat oder im Nicht-EU-Ausland. Das ist mit dem allseits bekannten Trend der Verlagerung von Tätigkeiten in Call-Center, die im Ausland sitzen, nicht zu vergleichen. Denn die Beschäftigten in Call-Centern sind üblicherweise in solchen ausländischen Unternehmen angestellt und tätig, die selbst einen Dienstleitungsvertrag mit einem deutschen Unternehmen haben.

Daher sind die Fragen des Arbeitsrechts, der steuerlichen Veranlagung und der Sozialversicherung recht einfach zu beantworten: Sie richten sich nach dem Recht des Landes, in dem das Unternehmen ansässig ist, für welches gearbeitet wird. Bei der grenzüberschreitenden Tätigkeit für ein Unternehmen aus dem Homeoffice stellen sich aber neue Fragen, die erst zu klären sind. Wegen des Fachkräftemangels in Deutschland gewinnt diese Frage zusätzliche Dynamik.

Unzuverlässigkeit der Lieferkette

Die Dauer der Pandemie und nun die kriegerischen Auseinandersetzungen in der Ukraine haben einen direkten Einfluss auf die Lieferketten deutscher Unternehmen. Oft werden Waren, wenn überhaupt, verspätet geliefert. Zudem steigen die Preise. Und hier beobachten wir, dass die Geduld der Unternehmen nach über zwei Jahren Verständnis wegen der überall gegebenen pandemischen Situation nachlässt. Seit geraumer Zeit werden Verhandlungen härter geführt, und es kommt vermehrt zu nationalen und internationalen Streitigkeiten, oft in Schiedsverfahren.

Angesichts der aktuellen Ereignisse hat die Internationale Handelskammer ihre neue »Force Majeure and Hardship Clauses« entwickelt, die gute Lösungsansätze für unverschuldete Probleme in der Lieferkette bieten. Nach der im März 2020 neu gefassten Force Majeure und Hardship Clause der internationalen Handelskammer (vgl. ICC, 2020, Ziffer 3 Buchstabe c) ist zwar eine Sanktion als Handelsbeschränkung regelmäßig ein Fall der Force Majeure. Es wird jedoch häufig übersehen, dass die ICC-Klausel nicht von selbst gilt, sondern nur dann, wenn sie vertraglich vereinbart ist.

Schließlich hat der Ukraine-Krieg die Abhängigkeit der deutschen Wirtschaft von ausländischer Energie demonstriert. Hierdurch ist ein Booster für den Wechsel hin zu erneuerbaren Energien gezündet worden. Immer mehr ausländische Unternehmen wollen einen Anteil an diesem neuen, wachsenden Markt der erneuerbaren Energien haben. Sie investieren daher direkt in Deutschland – sei es durch Eröffnung eigener neuer Einheiten, durch Erwerb von Anteilen bereits bestehender Unternehmen oder auch bloß durch Anbieten ihrer Leistungen. Das bedeutet, dass die sogenannte Inbound-Beratung erheblich zugenommen hat. Gleichzeitig haben die aktuellen politischen Entwicklungen dazu geführt, dass Fragen des internationalen Investitionsschutzes wieder zugenommen haben.

Wo liegen die drei maßgeblichen Herausforderungen für eine erfolgreiche Beratung im internationalen Recht?

Flexibilität

Eine erfolgreiche Beratung im internationalen Bereich ist komplexe interdisziplinäre Teamarbeit. Das fängt bei der rechtlichen Beratung an, erstreckt sich über die steuerrechtliche Betreuung und reicht bis hin zum von internationalen Investoren regelmäßig geforderten IFRS-Abschluss. Dabei steht IFRS für »International Financial Reporting Standards«. Diese Standards umfassen ein ganzes System von Regeln und Prinzipien zum Darstellen verschiedener Transaktionen und Positionen in Abschlüssen.

Bereits die Rechtsberatung ist fachübergreifend. Beispiele hierfür sind die Auslandsinvestitionen vieler deutscher Unternehmen. Oft sind hier vor der eigentlichen Investition zunächst Fragen des internationalen Investitionsschutzes zu prüfen. Erst wenn der rechtliche Rahmen des Investitionsschutzes an sich geklärt ist, kann eine seriöse Risikoeinschätzung dazu getroffen werden, ob man sich im betreffenden Land finanziell engagieren sollte. Falls das bejaht wird, greifen die täglichen Fragen des internationalen Rechts, die bereits oben angesprochen worden sind.

Die Herausforderung liegt vor diesem Hintergrund darin, Rechtberatung oder gar nur einzelne Aspekte nicht als alleinstehende Dienstleitung zu verstehen. Sie sind Teil eines komplexen Beratungsansatzes. Das bedeutet zum einen, dass es sehr wichtig ist, ein Verständnis für andere Lösungsansätze jenseits der rein deutsch-rechtlichen zu entwickeln. Denn im Grunde lassen sich viele abweichende Auffassungen anderer Rechtsordnungen verstehen, wenn man sich einmal mit der dahinter liegenden Logik befasst hat. Dieses offene Verständnis für andere Ansätze ist unabdingbar, wenn man international arbeiten möchte.

Und selbstverständlich gehört auch die Frage des Sprachverständnisses hierhin. Denn aus der Tatsache, dass andere Rechtsordnungen andere Rechtsinstitute haben, folgt, dass es hierfür auch andere Begrifflichkeiten gibt. Diese wiederum lassen sich nicht immer leicht, manchmal gar nicht übersetzen. Hier muss man flexibel und kreativ sein, wenn man vorausschauende Beratung und robuste Vertragsgestaltung anbieten will.

Den Anschluss bewahren

Bestehende Gesetze werden regelmäßig geändert, und neue Gesetze, die nicht immer und zwingend durch die EU getrieben werden, kommen hinzu. Das mag schon immer so gewesen sein, aber die Änderungsgeschwindigkeit mit Blick auf rechtliche Vorschriften und Rahmenbedingungen nimmt zu. Das ist auch kein vorübergehendes Phänomen. Es handelt sich um einen bleibenden Prozess, der sich vielleicht sogar weiter beschleunigen wird. Die Gründe hierfür sind vielschichtig, sei es die Entwicklung neuer Technologien und Geschäftsideen wie auf dem Feld der erneuerbaren Energien, sei es ein Entlastungspaket aufgrund von Krisen.

Im internationalen Bereich potenziert sich diese Entwicklung, denn beschleunigte Gesetzgebung ist in anderen Jurisdiktionen in gleicher Weise zu beobachten: Die Gründe, die zur eben angesprochenen Entwicklung führen, sind allenthalben dieselben. Das führt zum Trend der Vertiefung im Spezialgebiet, also zur immer weiteren Spezialisierung. Immer auf dem aktuellen Stand der Rechtslage zu sein, ist im internationalen Umfeld eine noch anspruchsvollere Herausforderung als in der rein nationalen Beratung.

Ein gutes Wissensmanagement aufzubauen und zu unterhalten, ist im Umgang mit dem internationalen Recht tägliche Herausforderung. Beispiel hierfür ist die aktuelle französische

Gesetzgebung zur Minderung der Folgen eines strukturellen Ungleichgewichts bei Vertragsverhandlungen. Stark verkürzt und abstrahiert müssen einige Rahmenlieferverträge, die von Konzernen abgeschlossen werden, Klauseln zur Preisanpassung beinhalten. Der Nichtabschluss entsprechender Verträge, also auch die Nichtanpassung bestehender Verträge bis zum jährlichen Stichtag, kann zur Festsetzung von Geldbußen führen. Nur durch einen soliden Wissenstransfer lassen sich hier Beratungsfehler vermeiden.

Gutes Team

Idealerweise sollte man sich, wenn man nicht bereits multidisziplinär und international aufgestellt ist, schnell ein Netzwerk von Partnern aufbauen, mit denen man regelmäßig zusammenarbeitet. Doch das Netzwerk allein ist nicht Ziel der Tätigkeit, es ist lediglich deren Grundvoraussetzung. Und das oben angesprochene Wissensmanagement ist Teil dieser Teamaufgabe. Denn je internationaler die Beratung aufgestellt ist, desto größer ist zum einen die Anzahl der Besonderheiten. Andererseits steigt aber auch die Anzahl der systematischen Gemeinsamkeiten. Hier sind viele Synergieeffekte zu heben, wenn der allseitige Wissenstransfer professionell betrieben wird. Aber auch wegen des sich stark wandelnden Arbeitsmarkts ist gutes Wissensmanagement essenziell. Nur Teamplayer vermeiden es, eigene abgeschottete Wissensburgen aufzubauen.

Solche Cluster gehen bei einem Personalwechsel schnell verloren. Je größer ein Team ist, desto größer ist hier die Herausforderung. Aufgrund der Komplexität des Bereichs ist es zudem immer schwerer, Nachwuchs zu finden: Das internationale Recht ist inhaltlich attraktiv, gleichwohl muss man sich dieser Herausforderung stellen.

Welche Weichen sind für eine Marktpräsenz im Bereich Internationales Recht in zehn Jahren jetzt zu stellen?

Compliance

Compliance-Beratung, wie Sie aus einem anderen Blickwinkel heraus auch das Autorenteam Rettenmaier/Rostalski (siehe Kap. 5) beschreibt, wird einen immer stärkeren Teil der Beratung ausmachen. Sanktionen, die bereits mehrfach angesprochene Lieferkettensorgfalt und Umweltfragen liefern hier die Stichworte.

Die deutsche Wirtschaft ist nach wie vor stark exportgetrieben. Das wird sich auch in Zukunft nicht ändern. Es ist aber mit weiteren internationalen Komplikationen zu rechnen. Im Oktober 2022 hat die EU im Zusammenhang mit dem Ukraine-Krieg innerhalb weniger Monate das achte Sanktionspaket beschlossen. Durch die Sanktionen werden auch viele deutsche Unternehmen betroffen. Die Erfüllung ihrer vertraglichen Verpflichtungen wird untersagt.

Sanktions-Compliance ist derzeit ein großes und im Alltagsgeschäft täglich wahrnehmbares Thema. Es ist davon auszugehen, dass sich das zumindest mittelfristig nicht ändern wird. Das bedeutet, dass die Beratung im Bereich der Sanktions-Compliance auch in Zukunft einen wichtigen Teil der Beratung im internationalen Bereich darstellen wird. Für Kanzleien, die im internationalen Bereich beraten wollen, ist und bleibt dieser Bereich unabdingbare Voraussetzung einer erfolgreichen Tätigkeit.

Corporate Social Responsibility oder CSR wurde oft als Wunschdenken der kommenden Generationen belächelt. Der Beratung in diesem Bereich wird aber insbesondere im internationalen Bereich erhebliche Bedeutung zukommen. Waren es zunächst überwiegend Gründe der Rationalisierung, die zur Verlagerung von Einkauf und Produktion geführt haben, wird in Zukunft viel stärker das Gesamtbild einer Investition beleuchtet werden. Das gilt sowohl mit Blick auf eine ausländische Produktionsstätte als auch für den Einkauf. Beispiel hierfür ist einmal mehr das Lieferkettensorgfaltspflichtengesetz (LkSG). Es ist davon auszugehen, dass es nur einen ersten Schritt in Richtung einer noch strengeren Gesetzgebung im Falle der Verletzung der europäischen Grundrechte darstellen wird.

Genauso wird es sich bei der Umwelt-Compliance verhalten. Beratungseinheiten werden bei der Umsetzung handhabbarer rechtlicher Vertragsgestaltungen ebenso tätig werden wie bei der Geltendmachung und bei der Abwehr von Ansprüchen, die auf eine Nichteinhaltung der anwendbaren Rechtsvorschriften abstellen. Dementsprechend müssen bei einem umfassenden Beratungsansatz auch beide Teile der Beratung – also die Vertragsgestaltung und die Rechtsdurchsetzung – abgebildet werden. Die Führung von Prozessen im internationalen Bereich ist regelmäßig erfolgreicher, wenn die Mitglieder des Teams aus verschiedenen Jurisdiktionen stammen, und hier schließt sich der Kreis zu den obigen Ausführungen zur Teamarbeit.

An die neue Arbeitswelt angepasste Aufstellung der Fachreferate

Der Fachkräftemangel wird in den kommenden Jahren nicht abklingen. Im Gegenteil ist damit zu rechnen, dass er sich weiter verstärken wird. Das gilt für Deutschland, aber auch für andere Mitgliedstaaten der EU. Die universitäre Ausbildung hat das bereits seit mehreren Jahren erkannt und bietet juristische Studiengänge außerhalb der klassischen juristischen Ausbildung mit ihren zwei Staatsexamina an. Die neuen Studiengänge sind spezialisierter als die klassische juristische Ausbildung, und genau hier liegen die Chancen für divers aufgestellte Beratungseinheiten.

Wie oben ausgeführt, sind Teamarbeit und intelligentes Wissensmanagement zentrale Voraussetzungen für eine erfolgreiche Beratung im internationalen Bereich. Das bedeutet zugleich, dass bei strukturierter Beratung nicht alle Teammitglieder die zur Ausführung sämtlicher Tätigkeit erforderlichen Sach- und Fachkenntnisse benötigen. Ausschlaggebend sind Spezialkenntnisse. Die Herausforderung ist es dann, entsprechendes Wissen effektiv zusammenzustellen.

Multinationalität vorantreiben

Die EU und insbesondere Deutschland sind Einwanderungsregionen geworden, wie wir das seit Jahren von den USA kennen. Das bedeutet, dass Fragen des Einwanderungsrechts – und zwar mit dem Schwerpunkt auf der Gewinnung qualifizierten Personals – erheblich an Gewicht gewinnen werden. Dieser Bereich der juristischen Tätigkeit eignet sich in besonderem Maße für eine Teamaufstellung, die strukturell an die neuen Erfordernisse des Arbeitsalltags angepasst ist. Im Zusammenhang mit der eben beleuchteten Frage der fachlichen und internationalen Aufstellung von Teams liegt es auf der Hand, dass es für Beratungseinheiten einen positiven Effekt hat, wenn nicht alle Teammitglieder einen identischen Ausbildungshintergrund haben. Internationalität ist bereits bei der Teamaufstellung zu berücksichtigen.

Wenn der Bereich Internationales Recht einen Wunsch an den Gesetzgeber frei hätte: Welcher wäre das?

Eine Harmonisierung der Rechtsvorschriften ist für eine global agierende Weltwirtschaft unabdingbar. Wie man am Beispiel des UN-Kaufrechts sieht, ist sie auch möglich.

Literatur

ICC (2020): ICC-Klausel über höhere Gewalt. www.iccgermany.de/wp-content/uploads/2020/09/ICC_ForceMajeure_Hardship_Clauses_March2020_GER.pdf (Abrufdatum: 05.01.2023)

13 Kartellrecht

Dr. Sebastian Jungermann

Welche drei Faktoren prägen den heutigen Arbeitsalltag im Bereich Kartellrecht maßgeblich?

In der kartellrechtlichen Beratungspraxis geht es im Wesentlichen um die folgenden Themenbereiche:

* die Verteidigung von Unternehmen oder natürlichen Personen nach Kartellverstößen in Bußgeldverfahren des Bundeskartellamts, der Europäischen Kommission oder weltweit (USA, UK etc.);
* die laufende Beratung in der Kartellrechts-Compliance, etwa bei der Implementierung eines Compliance-Management-Systems, im Vertrieb bzw. bei der Beratung von horizontalen und vertikalen Vereinbarungen (Vertriebskartellrecht). Eingeschlossen sind die Betreuung von Kooperationen und bei der Erstellung einer sogenannten Selbstveranlagung;
* die Vertretung von Unternehmen in kartellrechtlichen Schadensersatzverfahren sowie den Follow-on-Klagen im Anschluss an Bußgeldentscheidungen und
* die Fusionskontrolle.

Die vorgenannten Themen markieren das Kartellrecht im engeren Sinne. Zum weiteren Spektrum gehören weitere Komplexe wie das Vergaberecht und das Beihilferecht.

Einzelne Beraterinnen und Berater, Unternehmensanwälte, externe Anwälte oder auch große Teams in Kanzleien decken teilweise alle wettbewerbsrechtlichen Themen ab. Andere sind auf einzelne Themen spezialisiert und arbeiten ausschließlich in ihrer engen wettbewerbsrechtlichen Nische. Wieder andere Experten beraten als Generalisten, sind dann aber eher selten an den wichtigen und großen Fällen beteiligt.

Die drei wichtigsten Faktoren, die den heutigen Arbeitsalltag im Kartellrecht maßgeblich prägen, sind

* zum einen der Zugang zu und die Bindung von gutem Personal,
* eine auf die Bedürfnisse der externen oder internen Mandanten ausgerichtete Spezialisierung und Kenntnis ihrer Themen und Kultur, verbunden mit einem effektiven Marketing und Vertrieb und
* der Zugang zu aktuellen und relevanten Informationen sowie die dauerhafte Fortbildung in diesen Spezialbereichen.

Wo liegen die drei maßgeblichen Herausforderungen für eine erfolgreiche kartellrechtliche Beratung?

Die drei maßgeblichen Herausforderungen für eine erfolgreiche kartellrechtliche Beratung liegen zunächst in der Gewinnung, dann aber auch in der fortwährenden Einbindung guter und passender Kolleginnen und Kollegen, die ihre Aufgaben im entsprechenden Umfeld erfolgreich und dauerhaft umsetzen können. Zweitens ist eine gute Vermarktung der eigenen Fähigkeiten und Erfolge bzw. der Qualifikation der Kanzlei oder Rechtsabteilung bei Inhouse-Teams dringend erforderlich. Drittens bedarf es einer Spezialisierung auf die Branchen und Felder der externen oder internen Mandanten.

Nur mit entsprechender Sachkunde kann der Kartellrechtsspezialist sachgerecht und konstruktiv beraten. Ansonsten laufen er oder sie Gefahr, entweder die eigentlichen sachlichen Herausforderungen zu verfehlen. Oder sie machen – ebenso misslich – das Problem größer und komplexer, als es tatsächlich ist.

Welche Weichen sind für eine kartellrechtliche Marktpräsenz in zehn Jahren jetzt zu stellen?

Aus den oben genannten Punkten und Herausforderungen folgt, dass nur die gute Umsetzung dieser Ziele und Herausforderungen für eine erfolgreiche Marktpräsenz in der Zukunft sorgen wird. Entweder ist und bleibt man ein Einzelkämpfer, dessen Expertise, Know-how und – dem folgend – Mandantenstamm mit der Person des bekannten Beraters allein verbunden ist und bleibt. Dann stehen und fallen Erfolg und Misserfolg allein mit der persönlichen Beratung durch diese Beraterpersönlichkeit. Oder es gelingt dem Spezialisten, seine Expertise und den Mandantenstamm auf mehrere Schultern zu verteilen, um damit für eine Institutionalisierung seiner Beratung und des Erfolgs Sorge zu tragen. Erst dadurch wird auch der Erfolg in zehn oder mehr Jahren gesichert.

Einzelpersonen haben immer einen zeitlich begrenzten Beratungshorizont. Gut ausgesuchte, ausgebildete und erfolgreiche Kolleginnen und Kollegen müssen Sorge dafür tragen, dass sich die Mandanten bei einer qualitativ hochwertigen Institution auch mit mehreren Beraterpersönlichkeiten auf Dauer gut aufgehoben fühlen. Erst das über lange Zeit aufgebaute Renommee kann auf Dauer für eine stabile und gute Mandantenbindung sorgen. Einzelkämpfer, denen eine solche Eingliederung von guten Kollegen in die eigene Beratungspraxis und die gleitende Übergabe der Mandate nicht gelingt, können mit ihrem Rücktritt oder Ruhestand einen solchen Mandantenstamm meist nicht kurzfristig übertragen. Eine gute Nachfolgeplanung sollte man über viele Jahre aktiv und vertrauensvoll angehen. In größeren Teams ist diese Aufgabe von dauerhafter Natur.

Wenn der Bereich Kartellrecht einen Wunsch an den Gesetzgeber frei hätte: Welcher wäre das?

Bedauerlich ist, dass der Gesetzgeber oft zu lange Reaktionszeiten an den Tag legt. Im Zuge dessen werden Gesetze nicht rasch genug an die Praxis anpasst. Ein augenfälliges Beispiel dafür ist der Cum-Ex-Skandal: Diese für den Fiskus sehr teure und schädliche Praxis hätte die Legislative viel früher aufgreifen und adressieren müssen. Im Kartellrecht entsteht hingegen der Eindruck, dass es der Gesetzgeber oft recht eilig hat; hier jagt eine GWB-Novelle die andere. Das Ergebnis sind mitunter unausgegorene Regelungen. Man würde sich wünschen, dass besonders komplexe Gesetze besser geplant und strukturiert werden.

In der Wettbewerbspolitik ist zudem eine zunehmende Unwucht im internationalen Bereich zu beobachten. Ihre Verursacher sind Staaten, die ihre eigenen Unternehmen durch staatliche Eingriffe und Unterstützungen sehr stark fördern, damit diese außerhalb des eigenen Territoriums erfolgreicher sein können. Ein Beispiel ist der Mitte 2015 vollzogene Zusammenschluss der beiden staatseigenen Unternehmen China CNR Corporation – CNR – und CSR Corporation – CSR. Die neue China Railway Rolling Stock Corporation CRRC ist seither der größte Schienenfahrzeughersteller der Welt und einer der größten Industriekonzerne mit Hauptsitz in Peking.

Die beschriebene Fusion wurde von China staatlich gefördert und genehmigt, um sich auf dem Weltmarkt gegen Rivalen wie Siemens, Alstom und Bombardier besser durchsetzen zu können. Dass der Zusammenschluss der beiden größten Bahnhersteller von der chinesischen Kartellbehörde genehmigt werden würde, war einerseits absehbar. Andererseits zeugt es von den klaren industriepolitischen Zielen Chinas. Der üblichen Zwecksetzung des Kartellrechts, dem Schutz des Wettbewerbs innerhalb der eigenen Jurisdiktion, läuft dieses Gebaren diametral entgegen. Seitdem CRRC im Ausland aggressiv auftritt, hat das fusionierte Unternehmen große Aufträge gewonnen; industriepolitisch hat sich das Ganze entsprechend gelohnt.

Gewissermaßen als Antwort auf diese Entwicklung meldeten im September 2017 der deutsche ICE-Hersteller Siemens und der französische TGV-Produzent Alstom ihren Plan eines Zusammenschlusses bei der Europäischen Kommission an (Case M.8677). Um der wachsenden Konkurrenz durch den chinesischen Weltmarktführer CRRC standzuhalten, sollte ein »europäischer Champion« geschmiedet werden. Die beiden Wirtschaftsminister aus Berlin und Paris unterstützen dieses Zusammenschlussvorhaben aktiv. Mit einem Umsatz von rund 15 Milliarden Euro wäre das neue Unternehmen etwa halb so groß wie CRRC gewesen. Die aufgrund erheblicher Wettbewerbsbedenken bzw. in einzelnen Märkten in Aussicht gestellten Auflagen der Kommission lehnten die beiden Unternehmen aber ab. Deshalb hat die Kommission die Fusion trotz des massiven Drucks aus der Politik Anfang 2019 untersagt.

Auf Basis der bestehenden Regeln der europäischen Fusionskontrolle war diese Entscheidung vollkommen richtig. Nichtsdestotrotz ist es an der Zeit, eine Debatte über die zukünftige Industriepolitik Deutschlands und Europas zu führen. Wettbewerbspolitik und Regeln müssen angepasst werden, damit Europas Platz in der Welt nicht weiter geschwächt wird.

Ein gutes Beispiel europäischer Industriepolitik war die Gründung von Airbus Industrie im Jahre 1970. Damals dominierten US-Hersteller den globalen Flugzeugmarkt, europäische Unternehmen wurden erst durch die Gründung von Airbus konkurrenzfähig. Trotz einiger Probleme ist Airbus der Prototyp guter europäischer Industriepolitik. Airbus hat seither über 14.000 Flugzeuge gebaut. Der erste Prototyp hob 1972 ab, Air France als dem ersten Kunden wurde im Mai 1974 mit einem A300 das erste Flugzeug ausgeliefert.

Die Idee zur Gründung von Airbus kam aus Deutschland. Nach dem zweiten Weltkrieg war es Deutschland nämlich verboten, Flugzeuge zu bauen. Als es wieder erlaubt wurde, fanden die deutschen Hersteller beim Bau größerer Flugzeuge keinen Anschluss. 1970 schlossen sich sodann die beiden deutschen Flugzeugbauer Vereinigte Flugtechnische Werke und Messerschmitt Bölkow Blohm mit der französischen Aérospatiale zu Airbus Industrie zusammen. Später kamen noch andere Flugzeugbauer und Zulieferer aus Großbritannien, den Niederlanden und Spanien hinzu. Airbus ist heute der erfolgreichste Hersteller großer Flugzeuge. Montagewerke befinden sich in Frankreich, Deutschland, Spanien, Großbritannien, China und den USA.

14   Notariat

Dr. Astrid Plantiko

Welche drei Faktoren prägen Ihren heutigen Arbeitsalltag im Bereich Notariat maßgeblich?

Auch wenn die Mehrzahl der Notarinnen und Notare in Deutschland zugleich auch als Anwälte zugelassen sind, unterscheidet sich ihre notarielle Tätigkeit in zentralen Aspekten doch ganz erheblich von der anwaltlichen. Beide Felder sind durch eigenständige berufs- und standesrechtliche Vorgaben geprägt, die sich teilweise grundlegend unterscheiden. Die Vorgaben für die notarielle Amtsführung sind dabei nochmals strenger als das anwaltliche Berufsrecht.

Da die anwaltliche Tätigkeit von den Mitautorinnen und Mitautoren dieses Werkes bereits vertieft beleuchtet wird und diese Ausführungen auch auf anwaltliche Tätigkeiten der Anwaltsnotarinnen und -notare übertragen werden können, beziehen sich die nachfolgenden Ausführungen gezielt auf die Besonderheiten der notariellen Amtsführung.

Spagat zwischen Amtsträger und Dienstleister

Notarinnen und Notare bewegen sich als neutrale Amtsträger außerhalb der wirtschaftlichen Konflikte der Beteiligten. In einigen Bereichen wird dieses gesetzliche Leitbild des Notars in seiner reinen Funktion als (vorsorgendes) Organ der Rechtspflege aber durch die Lebensrealität aufgeweicht. Auch wenn die neutrale und unparteiische Beratung als zentrales Element der notariellen Tätigkeit uneingeschränkt gilt, werden Notare häufig – auch gerade wegen der Unparteilichkeit – in Abstimmungsprozesse zu wirtschaftlichen Fragen eingebunden.

Damit einher geht ein stetig zunehmendes Anspruchsdenken seitens vieler Mandanten. Von Notaren erwarten sie die gleiche »Dienstleister-Mentalität« wie von ihren anwaltlichen Beratern, ohne dabei Verständnis für die Besonderheiten – und berufsrechtlichen Beschränkungen – der notariellen Tätigkeit aufzubringen.

Zugleich haben gerade Privatpersonen häufig auch im Rahmen gewichtiger persönlicher und wirtschaftlicher Entscheidungen (Vorsorgevollmachten, Testamente, Immobilienerwerb oder -veräußerung etc.) kein Verständnis für gesetzliche Vorgaben mit klar geregelten Prozessen und Fristen. Leider hat sich zunehmend der Fehlglaube verbreitet, man müsse sich mit vertraglichen Details persönlich gar nicht mehr beschäftigen – der Notar »mache das schon«. Daraus ergibt sich ein stetig wachsender Bedarf an notariellen Erläuterungen und Belehrungen in Beurkundungsprozessen.

Berufs- und Standesrecht

Das notarielle Standesrecht wirkt auf viele Bürger konservativ und statisch. Wirft man einen näheren Blick hinter die Kulissen, lassen sich im Detail allerdings kontinuierlich Neuerungen und Änderungen feststellen. Der Mandant bzw. die Mandantin bekommt davon freilich oft wenig mit, da sie ausschließlich die Innensphäre der notariellen Tätigkeit betreffen.

Die Herausforderungen, vor die diese Neuerungen Notarinnen und Notare in der täglichen Praxis der Amtsführung stellen, sind vielfältig. Einerseits werden Notare zunehmend zur »Amtshilfe« für hoheitliche Aufgaben aus anderen Bereichen in Anspruch genommen. Ein praktisch wichtiger Fall ist die Identifizierung und Meldung von Verdachtsfällen von Geldwäsche. Dies ist gerade im Hinblick auf die besondere Sensibilität des Immobiliensektors sicherlich sinnvoll, zugleich aber auch mit zusätzlichem administrativem Aufwand verbunden. Entsprechende Mehrbelastungen müssen bei der Mitarbeiterauslastung und Entwurfserstellung eingeplant werden.

Ein weiterer Punkt, in dem das Berufs- und Standesrecht einer kontinuierlichen Aktualitätsprüfung unterzogen werden sollte, ist die Notwendigkeit des persönlichen Erscheinens der Beteiligten. Nicht erst in der Hochphase der Corona-Pandemie hat sich gezeigt, dass dieses Erfordernis gerade bei kurzfristigem Terminbedarf ein erhebliches Hindernis darstellt. Das gilt insbesondere in Fällen, in denen keine Verbraucher beteiligt und daher keine besonderen Fristen zu wahren sind.

Zwar wurde der Gesetzgeber hier in den vergangenen Jahren bereits tätig und hat für bestimmte notarielle Amtsgeschäfte, zum Beispiel bei der Gründung einer GmbH, die persönliche Anwesenheitspflicht aufgeweicht bzw. ganz aufgehoben. Für viele andere beurkundungspflichtige Handlungen besteht diese Möglichkeit jedoch noch nicht.

Selbstverständlich sind die bisherigen gesetzgeberischen und administrativen Anstrengungen der letzten Jahre als positiv anzuerkennen. Auch wenn die Praktikabilität der Neuregelungen derzeit noch nicht belastbar einzuschätzen ist, bleibt festzuhalten, dass hier erste wichtige Schritte für eine Modernisierung an den richtigen Stellen vollzogen worden sind. Zugleich scheint aber auch die Feststellung geboten, dass der erreichte Status quo noch nicht zum Ausruhen einlädt. Die verantwortlichen Akteure müssen am Ball bleiben und die Digitalisierung mit Augenmaß weiter vorantreiben. Das modernisiert nicht nur das deutsche Rechtswesen, sondern hat zugleich auch eine inklusive Wirkung. Dadurch wird vielen Menschen die Teilhabe am Rechtsverkehr erheblich vereinfacht.

Mit der Einführung dieser Neuerungen gehen zugleich große technische Herausforderungen einher. So standen in der Vergangenheit häufig die – zwingend zu verwendenden – technischen Schnittstellen für die elektronische Abwicklung zum gesetzlichen Startzeitpunkt der Neuerungen noch gar nicht zur Verfügung. Das führt zu erheblichen organisatorischen Herausforderungen in den Kanzleien und ist mit einem unnötigen Maß an Rechtsunsicherheit für alle Beteiligten verbunden.

Notarinnen und Notare als unparteiisch Beratende

Vor allen beurkundungspflichtigen Vorgängen berät der Notar umfassend, wie sich die (persönlichen) Wünsche der Beteiligten am besten umsetzen lassen. Er eruiert, wie Rechte und Ansprüche aller Vertragsbeteiligten am besten sichergestellt werden können. Auf Grundlage dieser Beratung und der individuellen Umstände des Einzelfalls bereitet der Notar unter Beachtung geltenden Rechts die Urkunde vor. Auch dabei achtet er auf die rechtssichere Formulierung sowie auf Fairness und Ausgewogenheit der Regelungen.

Diese Funktion des Notars steht gerade bei Erwerbsgeschäften häufig in einem gewissen Kontrast zu den Interessen der beteiligten Parteien. Diese versuchen jeweils, sich einen möglichst großen wirtschaftlichen Erfolg zu sichern.

Wo sehen Sie die drei zentralen Herausforderungen für eine erfolgreiche notarielle Tätigkeit?

Im zuvor skizzierten Spannungsfeld liegen die aktuellen Herausforderungen für die notarielle Tätigkeit besonders auf den Feldern Digitalisierung, Mitarbeitermanagement und die Einstellung gegenüber dem Mandanten.

Digitalisierung

Auch wenn die Digitalisierung perspektivisch zu erheblichen Erleichterungen in vielen Arbeitsabläufen führen wird, hat sie in der gegenwärtigen Transformationsphase spürbaren Mehraufwand und Unsicherheiten zur Folge. Dennoch ist sie aus unterschiedlichen Gründen konsequent weiter voranzutreiben.

Zum einen wird es perspektivisch nur bei elektronischer Dokumentation überhaupt noch möglich sein, den gesetzlich vorgeschriebenen Dokumentationsumfang zu beherrschen. Mit zunehmender Anzahl der in der Akte zu dokumentierenden Tatsachen und Erklärungen wird die klassische Papierakte immer weniger praktikabel – nicht zuletzt angesichts langjähriger physischer Aufbewahrungspflichten.

Die notarielle Digitalisierung ist dabei nicht isoliert, sondern als Teil des übergeordneten Systems der Rechtspflege zu betrachten. Sie wird auch in anderen Bereichen nur langsam digitaler. So ergeben sich weiterhin erhebliche Verzögerungen durch postalische Kommunikation.

Beispielsweise werden Gerichte und Behörden ebenfalls nur sukzessive systemisch angebunden. Dies hat häufig Prozesse zur Folge, die das Digitale ad absurdum führen. Beispiele sind das Ausdrucken, handschriftliche Ausfüllen und anschließende Wieder-Einscannen von Dokumenten zur digitalen Dokumentation.

Echter Innovation stehen auch die engmaschigen gesetzlichen Vorgaben für Notarinnen und Notare entgegen. Da die Rechts- und Datensicherheit oberste Priorität bei der Entwicklung technischer Lösungen genießt, scheiden viele Optimierungsansätze von vornherein aus. Deutschland ist dabei deutlich zurückhaltender als andere EU-Länder, insbesondere beim Einsatz von Drittanbieter-Software. Hier vertraut man maßgeblich auf die Bundesnotarkammer (BNotK), die zu Recht ein Maximum an Sicherheit gewährleisten möchte. Das entspricht der Korrektheit des deutschen Registersystems mit Handelsregister und Grundbuchamt, die ein sehr hohes Ansehen genießt. Diese Rechts- und die damit einhergehende Datensicherheit sollen unbedingt weiter erhalten bleiben. Inwieweit sich zum Beispiel die Öffnung des Handelsregisters zum Abruf für alle Beteiligten oder die Möglichkeit der Online-Einsicht in das Transparenzregister als Gewinn oder zusätzliches Datensicherheitsrisiko erweisen wird, bleibt abzuwarten.

Schließlich begrenzen auch die zur Verfügung gestellten Schnittstellen zum Anschluss der speziellen Notar-IT an öffentliche IT-Systeme die Bandbreite der in Betracht kommenden Lösungsansätze.

Mitarbeitende

Die allgemeinen Herausforderungen des Arbeitsmarktes machen auch vor Notarinnen und Notaren nicht halt. Gerade in den Ballungsräumen ist eine allgemeine Verknappung qualifizierter Bewerberinnen und Bewerber am Arbeitsmarkt festzustellen. Das führt zu einer Lohnspirale. Im Zuge dessen werden zum Beispiel im Rhein-Main-Gebiet für erfahrene Notarfachwirte/Notarfachangestellte Gehälter bezahlt, die denen von Volljuristen Konkurrenz machen können.

Gerade in der jüngeren Generation ist auch im Notariat die Tendenz festzustellen, dass jahrzehntelang tradierte, allgemein anerkannte Grundprinzipien des Arbeitsverhältnisses infrage gestellt werden. Das gilt insbesondere mit Blick auf Arbeitszeit und -ort. Auch wenn dieser frische Wind an vielen Stellen den Finger zielgerichtet auf alte Wunden legt und für ein oftmals notwendiges Überdenken eingefahrener Strukturen sorgt, führt er an anderen Stellen zu Missverständnissen und falschen Erwartungshaltungen. Im Rahmen der Einhaltung des Berufs- und Standesrechts lassen viele dieser Vorstellungen nicht erfüllen.

Insbesondere in den jüngsten Prüfungsdurchgängen bei der Ausbildung zu Notarfachangestellten ist zudem eine erkennbare Verschlechterung des Kandidatenfeldes festzustellen. Dies betrifft nicht nur die unmittelbaren fachlichen Inhalte der notariellen Tätigkeit. Auch zentrale

Fähigkeiten wie Rechtschreibung und Grammatik, professionelle geschäftliche Kommunikation und grundlegende mathematische Kenntnisse lassen zu wünschen übrig. Gerade angesichts der zunehmenden Komplexität des Notariats ist das eine bedenkliche Entwicklung.

Notarielles Selbstverständnis

Natürlich können wir Notarinnen und Notare an dieser Stelle nicht nur andere kritisieren. Die Selbstverortung im Spannungsfeld zwischen (von vielen Mandanten aktiv gewünschtem und auch erforderlichem) serviceorientiertem Dienstleister einerseits und von wirtschaftlichen Realitäten des modernen Geschäftslebens weitgehend freigestelltem Amtsträger andererseits führt zu einem Spagat. Am Ende des Tages wird ein guter Notar hier beides bieten müssen – im Rahmen des berufsrechtlich Zulässigen.

Faktoren wie die allgemeine Reaktionsbereitschaft und die kurzfristige Verfügbarkeit für Anfragen spielen in diesem Rahmen ebenso eine Rolle wie zum Beispiel Sprachkenntnisse, aber auch eine gute Erreichbarkeit der Kanzleiräumlichkeiten. Das gilt gerade wegen der Notwendigkeit des häufigen persönlichen Erscheinens in den Kanzleiräumen des Notars.

Sicherlich muss man sich nicht allen diesen Erwartungshaltungen beugen. Man sollte aber nicht aus den Augen verlieren, dass auch im Bereich der notariellen Tätigkeiten ein gewisser faktischer Wettbewerb herrscht. So ist etwa im Amtsgerichtsbezirk Frankfurt am Main eine dreistellige Zahl von Anwaltsnotaren zugelassen. Da jeder Notar nach dem Gesetz über Kosten der freiwilligen Gerichtsbarkeit für Gerichte und Notare (GNotKG) abrechnen muss – eine Abweichung von den Gebühren kann sogar strafbar sein –, werden gerade gewerbliche Mandanten mit fortlaufendem Bedarf an notarieller Betreuung eine Entscheidung für oder gegen einen Notar entlang anderer Kriterien treffen. Im Zweifel ziehen sie einen Wechsel des Notars in Betracht, wenn der gegenwärtige Notar die gewünschten Kriterien nicht erfüllt.

Hier dürften es die Nur-Notare zumeist leichter haben. In ihren Amtsbezirken sind regelmäßig deutlich weniger Kolleginnen und Kollegen zugelassen.

Welche Weichen sind für die Marktpräsenz von notarieller Tätigkeit in zehn Jahren zu stellen?

Gemäß § 29 der Bundesnotarordnung (BNotO) hat der Notar »jedes gewerbliche Verhalten, insbesondere eine dem öffentlichen Amt widersprechende Werbung zu unterlassen«. Auch wenn danach nicht jede Form für die Kanzlei werbender Maßnahmen untersagt ist, sind die Spielräume doch denkbar klein. Notarinnen und Notare müssen also andere Wege finden, um sich in dem voranstehend skizzierten Wettbewerbsumfeld zu positionieren.

Die Bedeutung der zunehmenden Digitalisierung für die Zukunft der notariellen Praxis sollte nicht unterschätzt werden. Wer die hier gewährten Spielräume professionell bespielt, wird viele Mandanten, die Prozesserleichterungen zu schätzen wissen, weiter an sich binden können.

Eine weitere Erkenntnis aus der Covid-19-Pandemie ist es, dass die Welt nicht zusammenbricht, wenn Mitarbeitende mobil arbeiten. Dafür müssen allerdings dauerhafte praktikable Lösungen geschaffen werden. Viele (gerade berufsspezifische) Softwarelösungen können nur im Büro verwendet werden, der Notar muss noch viele Dinge postalisch erledigen. Flexible Arbeitszeitmodelle und Lösungen für mehr Mobilität werden daher auch künftig ein zentrales Thema der Zusammenarbeit darstellen. Dasselbe gilt für das Sich-Befassen mit und Implementieren von Legal-Tech-Lösungen zur Optimierung von Prozessen und Effizienz. Im Wettbewerb um gute Mitarbeitende werden solche Fragen oft eine ebenso wichtige Rolle wie das Gehalt spielen.

In welchem Umfang hier Freiräume geschaffen werden können, hängt nicht zuletzt vom weiteren Fortbestehen der Präsenzpflicht für Beurkundungen ab. Je häufiger persönliche Termine in den Geschäftsräumen des Notars stattfinden, desto mehr Präsenzpflicht für Mitarbeitende wird bestehen.

Auch wenn das notarielle Berufsrecht und das Beurkundungsgesetz (BeurkG) recht starre und schwerfällige Rahmenbedingungen für die Berufsausübung setzen, steht es natürlich jedem Notar frei, seine eigenen Beratungsansätze zu schaffen. Notarinnen und Notare können weitestgehend frei entscheiden, zu welchen Zeiten und wie kurzfristig sie Beurkundungstermine ermöglichen. Letztlich werden sich, wie bei Beratern üblich, Kompetenz, Flexibilität und Serviceorientierung durchsetzen. Diese Faktoren werden auch in Zukunft ihre Bedeutung bei der Auswahl des Notars nicht verlieren. Es ist sogar ganz im Gegenteil zu erwarten, dass sie für Mandanten mit zunehmender Gewöhnung an flexible digitale Lösungen gewichtiger werden.

Wenn der Bereich Notariat einen Wunsch an den Gesetzgeber frei hätten: Welcher wäre das?

Das Notariat sollte weiter konsequent von unnötigen Fesseln der analogen Amtsführung befreit werden. Auf die ersten Schritte in Richtung Digitalisierung müssen noch viele weitere folgen. Eine gute und verantwortungsbewusste Ausübung der notariellen Tätigkeit bleibt auch gewährleistet, wenn sich Notarin, Mitarbeitende und Mandanten außerhalb der Geschäftsräume bewegen. Technische Lösungen hierfür sind möglich, zukunftsträchtig und sollten auch genutzt werden.

15 Patentrecht

Dr. Stefan Golkowsky/Dr. Matthias Moeferdt

Welche drei Faktoren prägen Ihren heutigen Arbeitsalltag im Bereich Patentrecht maßgeblich?

Inhaltliche Arbeit/technisches Fachwissen

Anders als alle anderen in diesem Buch untersuchten Bereiche ist Patentrecht nicht nur eine juristische, sondern auch eine naturwissenschaftlich-technische Domäne. Patentanwältinnen und -anwälte verfügen über ein abgeschlossenes naturwissenschaftliches oder technisches Hochschulstudium und eine juristische Zusatzausbildung. Dieser für Organe der Rechtspflege außergewöhnliche Werdegang unterstreicht den Stellenwert der technischen Inhalte, die die tägliche Arbeit prägen. Technische Zusammenhänge schnell erfassen und wiedergeben zu können – zum Beispiel bei der Ausarbeitung einer Patentanmeldung – gehört zur alltäglichen Arbeit ebenso dazu wie ihre patentrechtliche Beurteilung.

Beispiele dafür sind die Einschätzung eines Verletzungstatbestands oder Betrachtungen hinsichtlich der Patentfähigkeit. Technische Fragen nehmen daher im Arbeitsalltag häufig sogar mehr Raum ein als rechtliche Fragen. Die Verfahren sind geprägt durch gemischte Fragestellungen, bei denen die Grenzen zwischen Rechtsfragen und Tatfragen verschwimmen.

Kommunikation mit der Mandantschaft

Der Großteil der Patentanmeldungen wird von großen Unternehmen getätigt, die dafür oft eigene hochprofessionelle Prozesse entwickelt haben. Diese Prozesse umfassen u. a. bestimmte vorgesehene Zeitabläufe, inhaltliche Vorgaben oder Formvorgaben sowie die Verwendung spezieller (Sicherheits-)Software. Die Bearbeitung solcher Mandate setzt mithin eine genaue Kenntnis und Einhaltung der gewünschten Prozesse voraus. Die Anforderungen der Mandantschaft an die Kanzleien sind dabei extrem hoch. Sie erwarten absolut reibungslos und fehlerfrei verlaufende Vorgänge. Dabei ist es üblich, dass die Kanzleien regelmäßig bewertet und gegebenenfalls ausgetauscht werden.

Zeitmanagement und Büroorganisation

Die Arbeit im gewerblichen Rechtsschutz ist geprägt durch Fristen.

Für Patente, Marken und Designs gilt: Je früher die Anmeldung erfolgt, desto besser. Patente werden nur erteilt, wenn der Gegenstand, der unter Schutz gestellt werden soll, zum Zeitpunkt der Anmeldung noch nicht öffentlich bekannt war. Erhält eine Patentkanzlei einen Auftrag zur Ausarbeitung eines Patents, beginnt bereits der Wettlauf gegen die Zeit. Falls eine Veröffentlichung des entsprechenden Produkts geplant ist, muss eine dazugehörige Patentanmeldung zwingend vor der Veröffentlichung erfolgen. Andernfalls ist keine Patentierung mehr möglich. Nach erfolgter Anmeldung sowie bei der Durchsetzung oder Verteidigung von gewerblichen Schutzrechten herrscht bei den Ämtern und Gerichten ein strenges Fristenregime. Fristversäumnisse können im schlimmsten Fall einen vollständigen Rechtsverlust nach sich ziehen.

Der Termindruck ist im Alltag daher stets hoch. Das erfordert einerseits eine effiziente Arbeitsweise der bearbeitenden Patentanwältinnen und Patentanwälte – besonders wichtig ist es, abschätzen zu können, wie viel Zeit für bestimmte Arbeiten voraussichtlich benötigt wird –, aber auch eine gute Büroorganisation und besonders geschultes Personal, um die Überwachung und Notierung von Fristen gewährleisten zu können.

Wo sehen Sie die drei zentralen Herausforderungen für eine patentanwaltliche Beratung?

Zunehmende Internationalisierung/gesetzgeberische Veränderungen

Das Patentwesen ist stark geprägt durch internationale Vereinbarungen und Verträge. So legt die bereits 1883 in Kraft getretene Pariser Verbandsübereinkunft einheitliche Regeln dar, die eine weitgehende internationale Vereinheitlichung bewirken. Die Weltorganisation für geistiges Eigentum (WIPO) umfasst 193 Mitgliedstaaten. Durch diese Institutionen wird beispielsweise der Zugang zu Schutzrechten außerhalb des eigenen Landes deutlich vereinfacht. Das Amt der Europäischen Union für Geistiges Eigentum (EUIPO) ermöglicht Anmeldungen von Marken und Designs für die gesamte EU. Die Europäische Patentorganisation (EPO) umfasst 38 Mitgliedsländer, für die in einem einzigen Anmeldeprozess effizient Schutz nachgesucht werden kann.

Die Bestrebungen der letzten Jahre zielen auf eine noch stärkere internationale Vereinheitlichung ab, wobei zum Beispiel mit der Einführung des einheitlichen Patentgerichts (Unified Patent Court, »UPC«) zukünftig sogar Patentrechtsstreitigkeiten mit Wirkung für mehrere Länder ausgefochten werden können. Hier ist unter bestimmten Voraussetzungen dann auch eine alleinige Vertretung durch eine Patentanwältin oder einen Patentanwalt möglich.

Diese Konstellationen sind Herausforderung und Chance zugleich: Patentanwältinnen und bei den verschiedenen Ämtern zugelassene Vertreter konkurrieren hinsichtlich ihrer Mandate mitunter nicht nur mit Kolleginnen und Kollegen aus dem eigenen Land. Vielmehr stehen sie im Wettstreit mit Experten aus der gesamten EU bzw. dem gesamtem Geltungsbereich eines internationalen Vertrags. Durch neue Institutionen und Vertretungsbefugnisse werden zusätzliche Möglichkeiten eröffnet, die erlernt und ausgefüllt werden müssen.

»Mehrwert« für die Mandantschaft

Im gewerblichen Rechtsschutz können viele Handlungen, zumindest wenn sie im eigenen Land stattfinden, ohne Vertreter vorgenommen werden. Bislang vertrauen aber selbst große Unternehmen gerne auf die Unterstützung externer Kanzleien für die Anmeldung ihrer Schutzrechte.

Gleichzeitig verfügen die großen anmeldenden Unternehmen häufig selbst über signifikantes Fachwissen und ausgebildetes Personal. Bestimmte Dienstleistungen, die traditionell Patentanwältinnen und -anwälten anvertraut wurden, lassen sich über (Online-)Dienstleister erledigen. Kostenerwägungen, kurze Kommunikationswege und die oben erwähnten firmeninternen Abläufe sind weitere Aspekte, die zu einer Tendenz des »Insourcing« beitragen können.

Das stellt Patentanwälte vor die herausfordernde Frage, wie sie den Unternehmen in Anbetracht dieser Entwicklungen und Anforderungen einen möglichst großen Mehrwert bieten können.

Personal

Die zuvor genannten beiden Punkte deuten auf die Vielschichtigkeit und die besonderen Herausforderungen der Arbeit im gewerblichen Rechtschutz hin. Als Einzelkämpferin oder Einzelkämpfer in diesem Umfeld zu bestehen, wird zunehmend schwierig werden. Gefragt sind eingespielte Teams mit gegebenenfalls unterschiedlicher Expertise, die wiederum Unterstützung durch hervorragend ausgebildetes Fach- und Büropersonal benötigen.

Wie eingangs erwähnt, sind Patentanwälte Naturwissenschaftlerinnen oder Ingenieure mit einer Zusatzausbildung. Um diese Zusatzausbildung absolvieren zu können, benötigen die Betreffenden einen Ausbildungsplatz bei einer Patentanwältin oder einem Patentanwalt. Kanzleien bilden entsprechend regelmäßig Patentanwälte und -anwältinnen für den eigenen Bedarf aus und konkurrieren bei ihrer Suche nach geeignetem Nachwuchs mit Unternehmen und Einrichtungen aus Industrie und Forschung. Fertig ausgebildete Patentanwaltskräfte sind dagegen ähnlich wie fertig ausgebildete Patentfachangestellte auf dem Arbeitsmarkt nur sehr schwer zu finden.

Im Konkurrenzkampf mit Unternehmen, Forschungseinrichtungen und anderen Kanzleien kompetente Mitarbeitende für sich zu gewinnen – und dann auch zu halten –, wird für den Erfolg der Kanzleien entscheidend sein.

Welche Weichen sind für eine patentrechtliche Marktpräsenz in zehn Jahren zu stellen?

Digitalisierung

Ein Ansatz, mit dem gleich mehrere der oben genannten Herausforderungen angegangen werden können, liegt in der Theorie so nahe, wie er in der Praxis kompliziert ist: Digitalisierung.

Während mit einfacheren Softwarelösungen bis vor einigen Jahren noch ein Großteil der Aufgaben zufriedenstellend bewältigt werden konnte, haben sich in letzter Zeit Veränderungen ergeben, die es den Kanzleien nicht mehr erlauben, den ressourcen- und zeitaufwändigen Prozess der Digitalisierung noch weiter aufzuschieben.

Die Professionalisierung der Mandantschaft beinhaltet zusätzliche Abläufe, die ohne entsprechende digitale Unterstützung durch das Personal kaum zu bewältigen sind. Konkurrenzdruck durch externe Dienstleister oder Inhouse-Anwälte zwingt die Patentanwälte zu einer hocheffizienten Arbeitsweise. Der Einsatz moderner Lösungen ist also unerlässlich, um bei immer größerer Aufgabenmenge und steigendem Druck das Büropersonal zu entlasten und die Patentanwälte zu unterstützen.

Der durch die Pandemie beschleunigte Trend zum Homeoffice und zu standortunabhängigem Arbeiten wird sich auch in Zukunft fortsetzen. Als Arbeitgeber kann nur bestehen, wer diese Konzepte über die Theorie hinaus erlaubt. Insoweit müssen funktionierende Praxislösungen bereitgestellt werden, um modernes standortunabhängiges Arbeiten tatsächlich zu ermöglichen. Zur Digitalisierung zählt auch die Bereitstellung intelligenter Lösungen, die ein ortsunabhängiges und flexibles (Zusammen-)Arbeiten über mehrere Standorte hinweg und im Homeoffice erlauben.

Es ist zu beachten, dass eine Umstellung auf ein neues System ein hochindividueller Prozess ist, der in der Praxis mehrere Jahre und erhebliche Ressourcen in Anspruch nehmen wird. Eine Analyse der Anforderungen an die Software und die Auswahl des richtigen Anbieters stehen an erster Stelle. Bereits diese Prozesse können sehr langwierig sein. In der Regel müssen die Softwareprodukte dann individuell angepasst und anschließend selbstverständlich getestet werden, um Fehler auszuschließen. Das Personal muss frühzeitig auf die Umstellung vorbereitet und kontinuierlich informiert werden, da die Umstellung nur funktionieren kann, wenn sie von allen Mitarbeitenden mitgetragen wird.

Ziel sollte eine vollständige Digitalisierung der Kanzlei sein, bei der neben den internen Standardabläufen die Vorgaben sämtlicher Ämter ebenso berücksichtigt werden wie die mandantschaftsspezifischen Prozesse. Eine solche vollständige Digitalisierung, so schwierig sie zu implementieren sein mag, ist mittelfristig unerlässlich, sie stellt aber auch ein wertvolles Gut dar.

Regionale und fachliche Diversifikation

Neben den genannten Herausforderungen wie etwa dem Konkurrenzdruck durch Inhouse-Abteilungen, Dienstleister und (ausländische) Kanzleien sind zuletzt geopolitische Unwägbarkeiten aufgekommen. In jahrzehntelang kaum denkbarer Weise können sie beispielsweise dazu führen, dass ganze Länder oder Regionen als Märkte wegfallen. Darüber hinaus liegt es in der Natur der Arbeit der Patentanwältinnen und -anwälte, dass immer neue Technologien aufkommen, die traditionelle Industrien verdrängen können. Dies verstärkt den Druck auf die Kanzleien, sich sowohl inhaltlich als auch regional zu diversifizieren, dabei neue Regionen und neue Technologiefelder zu erschließen und sich inhaltlich fortzubilden.

Der gewerbliche Rechtsschutz ist, wie erwähnt, ein besonders internationales Feld: Gerade große Anmelder von Patent-, Design- oder Markenanmeldungen sind in der Regel an einem Schutz in mehreren Ländern interessiert. Da hierfür meist Inlandsvertreter in den unterschiedlichen Jurisdiktionen benötigt werden, sind Patentanwälte seit jeher gut untereinander vernetzt. Gleichzeitig sind sie aber auch darauf angewiesen, von ihren internationalen Kolleginnen und Kollegen Aufträge zu erhalten. Für eine regionale Diversifikation ist es entsprechend wichtig, verlässliche Partnerinnen und Partner auf der ganzen Welt zu finden.

Zu einer fachlichen Diversifikation bzw. Weiterbildung, die den Mandantinnen einen Mehrwert bieten kann, zählt neben technischer Weiterbildung auch, frühzeitig Erfahrungen beim neu eingerichteten einheitlichen Patentgericht (UPC) zu sammeln. Nur so lässt sich die Mandantschaft in entsprechenden Verfahren kompetent beraten und vertreten.

Arbeitsumfeld

Während sämtliche vorstehend genannten Punkte dazu beitragen, ein für alle Mitarbeitenden attraktives Arbeitsumfeld zu schaffen, verdient dieser Punkt auch für sich genommen Beachtung.

Gerade im Werben um Naturwissenschaftler und Ingenieure als mögliche Patentanwälte befinden sich Patentanwaltskanzleien in direkter Konkurrenz zu Tech-Unternehmen, in denen flexible Arbeits(zeit)modelle und zahlreiche weitere Vergünstigungen üblich sind. Hinzu kommt die Konkurrenz zu den unterschiedlichen Patentämtern, deren Mitarbeitende einen attraktiven Beamtenstatus innehaben.

Wer Mitarbeitende vor diesem Hintergrund gewinnen und halten möchte, sollte neben der Bereitstellung eines attraktiven digitalisierten Arbeitsumfelds und guter technischer Ausrüstung Arbeitszeit- und Karrieremodelle entwickeln, die in diesem Umfeld langfristig attraktiv sind.

Wenn Sie einen Wunsch an den Gesetzgeber frei hätten: Welcher wäre das?

Unser genereller Wunsch ist die Einführung einer *Neuheitsschonfrist im deutschen bzw. europäischen Patentrecht*.

Eines der Grundprinzipien des Patentrechts ist das Erfordernis der Neuheit, das besagt, dass eine Erfindung patentierbar ist, wenn sie neu ist. Eine Neuheitsschonfrist ist die Zeitspanne, die einem Erfinder bzw. einer Erfinderin nach der Offenbarung einer neuartigen Erfindung eingeräumt wird, um noch ein Patent anzumelden, ohne dass sein bzw. ihr Recht auf Patenterteilung erlischt.

Hintergrund

Die »Neuheitsschonfrist« ist ein umstrittenes Konzept im gewerblichen Rechtsschutz und seit Langem Gegenstand von Meinungsverschiedenheiten zwischen verschiedenen Ländern. Ein einheitliches Patentprotokoll auf globaler Ebene wäre ein effizienteres System, das die Kosten für die Anmeldung von Schutzrechten auf der ganzen Welt senken würde.

Internationale Bestrebungen zur Vereinheitlichung von Gesetzen im Zusammenhang mit geistigem Eigentum sind von dem Wunsch beeinflusst, eine weltweit akzeptable Norm zu schaffen, die die Unterschiede in den nationalen Eigentumssystemen ausgleicht. Die am häufigsten genannte Diskrepanz im Patentrecht zwischen den Nationen ist die Regelung der Neuheitsschonfrist.

Die Frage nach einer Neuheitsschonfrist ist daher ein Kompromiss zwischen den Flexibilitätsgewinnen für die Antragstellenden und der Rechtsunsicherheit für Dritte, die sich aus der Inanspruchnahme der Neuheitsschonfrist ergibt (vgl. Ménière/Strobel, 2022, S. 9). Vorteile ergeben sich insbesondere für kleine und mittlere Unternehmen sowie namentlich für Start-ups, die vielleicht erst im Nachhinein den Wert ihrer Erkenntnisse voll ergründen. Nachteilig ist das Konzept für etablierte Marktteilnehmer mit dem Wunsch nach bestmöglicher Übersicht: Das »Blindfenster« von in der Regel 18 Monaten vom Prioritätstag bis zur Herausgabe der Offenlegungsschrift verlängert sich um die Dauer der Neuheitsschonfrist.

In Deutschland ist eine Neuheitsschonfrist keine unbekannte Größe. Bei Gebrauchsmustern gibt es auch hier schon eine Neuheitsschonfrist. Gemeint sind patentähnliche Rechte, die sich von Patenten vor allem dadurch unterscheiden, dass sie bei der Anmeldung häufig nicht auf Neuheit und erfinderischen Schritt (Nichtoffensichtlichkeit) geprüft werden. Zudem haben sie eine kürzere Laufzeit.

Durch eine »Gebrauchsmusterabzweigung« kann für eine patentierte Erfindung die Neuheits-schonfrist sogar noch im Nachhinein – ex post – erlangt werden.

Konkrete Ausgestaltung

Im Sinne einer internationalen Harmonisierung mit Ländern wie den USA, Südkorea und Japan wäre eine Dauer von zwölf Monaten sinnvoll (siehe WIPO, 2022).

Die Neuheitsschonfrist sollte sich auf den Prioritätstag gem. Art. 4 A (1) der Pariser Verbands-übereinkunft beziehen und lediglich die Wirkung haben, dass die eigene Vorveröffentlichung in diesem Zeitraum als unschädliche Offenbarung im patentrechtlichen Sinne angesehen wird (Kammerrundschreiben der Patentanwaltskammer, 2022, S. 153–160).

Zur Rechtssicherheit wäre eine Erklärungspflicht bei Inanspruchnahme der Neuheitsschonfrist zusammen mit der Veröffentlichung der Patentanmeldung sinnvoll (vgl. Ménière/Strobel, 2022, S. 66).

Literatur

Kammerrundschreiben der Patentanwaltskammer [DE] (04/2022): Stellungnahme zum Patentrecht International – Group B+ – Sub-Group International Harmonization, S. 153–160.

Ménière, Yann/Strobel, Sylvie (2022): The European patent system and the grace period – An impact analysis. European Patent Office, Munich/Germany.

WIPO – World Intellectual Property Organization (2022): Certain aspects of national/regional patent laws. https://www.wipo.int/export/sites/www/scp/en/national_laws/grace_period.pdf, (Abruf-datum: 05.09.2022).

16   Prozessführung

Dr. Dennis Geissler

Welche drei Faktoren prägen den heutigen Arbeitsalltag im Bereich der Prozessführung maßgeblich?

Faktor Berufsrecht und Digitalisierung

Unsere Praxis bearbeitet hochkomplexe gesellschafts- und transaktionsrechtliche Streitigkeiten. Mit Unterstützung weniger Legal-Tech-Lösungen sind zudem komplexe Sammelverfahren zu bewältigen. Das gilt etwa für Aktiengesellschaften nach dem Spruchgesetz, für Rechtsdienstleister sowie zum Beispiel Luftfahrtgesellschaften oder Transportunternehmen nach allgemeinen zivilprozessualen Regeln.

Spürbar befindet sich der Alltag für Prozessrechtlerinnen und Prozesssrechtler im Umbruch. Digitalisierung, technische Abhängigkeit und ein umfassender Wandel der Arbeitskultur seien hier als Schlagworte genannt. Alltagsprägend sind gleichzeitig folgende Aspekte: Das Berufsrecht der Rechtsanwälte hat eine einseitige Abhängigkeit von verschiedenen durch Bundesrechtsanwalts- und Notarkammer erarbeiteten technischen Lösungen verursacht, die den Alltag weder erleichtert noch Rechtssicherheit gebracht hat.

Nach dem Gesetz zur Neuregelung des Berufsrechts der anwaltlichen und steuerberatenden Berufsausübungsgesellschaften sowie zur Änderung weiterer Vorschriften im Bereich der rechtsberatenden Berufe vom 07.07.2021 (BGBl. I, S. 2363), in Kraft getreten am 01.08.2022 und umgesetzt u. a. in § 31a Abs. 1 BRAO, richtet die Bundesrechtsanwaltskammer für jede Rechtsanwältin und jeden Rechtsanwalt ein besonderes elektronisches Anwaltspostfach (kurz: beA) ein. Nach Abs. 6 ist der Inhaber des sodann eingerichteten elektronischen Anwaltspostfachs verpflichtet, die für den eigenen Zugang notwendige Infrastruktur einzurichten. Das wäre schön und gut, wenn es denn funktionieren würde. Der speziell für diesen Zweck entwickelte »beA-Client« kollidiert im Zusammenhang mit jedem der vielen Updates mit herkömmlichen Anti-Virus-Programmen (hier: Norton 360).

Im Rahmen des 2022 initiierten beA-Kartentauschs verschickt die Bundesnotarkammer im Auftrag der Bundesrechtsanwaltskammer sodann willkürlich neue Nutzerkarten, die individuell einzurichten waren. Allein der Autor erhielt 2022 bereits drei verschiedene Nutzerkarten, obwohl lediglich ein Kartentausch angekündigt war (Bundesnotarkammer, 2022).

Die Einführung einer zuverlässigen und gut gemeinten – endlich – digitalen Lösung verläuft schleppend. Die rechtlich wie technisch von den angebotenen Lösungen abhängigen Inhaberinnen und Inhaber der Anwaltspostfächer leiden unter ständigen Neuerungen. Auf der anderen Seite bereitet der angedachte Aufbau der vollständig digital geführten Gerichtsakte weitere Probleme. So bleibt offen, wie eigentlich mit Originalurkunden umzugehen ist. Die praktische Umstellung hin zu einer digitalen Akte und Prozessführung ohne Handakte stellt im Alltag alle Beteiligten vor Herausforderungen.

Doch die Entwicklung ist noch lange nicht abgeschlossen. Im Bereich der Prozessführung existieren viele offene Digitalisierungsfantasien.

So denkt man auch in Deutschland über die Einführung einer digitalen Informationsplattform (in Estland e-file genannt) nach. Eine solche Plattform dient der effizienten Kommunikation aller an Gerichtsverfahren beteiligten Personen. Auch eine einheitliche Plattform zur digitalen Akteneinsicht, wie sie teilweise in arbeitsgerichtlichen Verfahren existiert, wird erwogen. Denkbar sind daneben sogenannte Civil Resolution Tribunals nach dem Vorbild der kanadischen Provinz British Columbia. Hierbei handelt es sich um digitale Tools zur Beilegung von Streitigkeiten mit geringen Streitwerten (dazu Geissler, 2022, 12 ff.). Damit würde dem Richtermangel begegnet. Denkbar und in der Entwicklung befindlich sind viele Lösungen, die auch die Prozessführung nachhaltig verändern werden (Quarch/Engelhardt, 2022, 38 ff.).

Faktor Marktbeteiligte und Technik

Einen weiteren prägenden Faktor stellt die Veränderung der am Markt auftretenden Prozessbeteiligten, namentlich der *Rechtsdienstleister und Inkassounternehmen*, dar. Luftfahrtgesellschaften etwa treffen im Regelfall (schätzungsweise in 80 % der Klagefällen) nicht mehr direkt auf ihre Kundinnen und Kunden. Klagen werden vielmehr mittelbar (im Fall des unechten Factorings) oder unmittelbar (im Rahmen des echten Factorings) von Unternehmungen eingereicht, die aufgebaut wurden, um regelmäßig Verbrauchern das Prozessieren abzunehmen. Es überrascht nicht, dass Sammelklagen mehr die Regel als die Ausnahme darstellen.

Während solche Unternehmen (z. B. Flightright, wenigermiete.de oder RightNow) schon längst auf technische Standardisierungen setzen, müssen Kanzleien erst nachrüsten oder gar auf Rechtsprechungsänderungen setzen, um überhaupt von einer individuellen Bearbeitung absehen zu können. Dies zeigt etwa ein Beispiel zu Flugverspätungen: Während der Kunde lediglich eine Verspätung zu behaupten hat, muss die Luftfahrtgesellschaft darlegen und beweisen, dass die Verspätung auf außergewöhnlichen Umständen beruhte und sie alle zumutbaren Maßnahmen ergriffen hat, um die Verspätung zu vermeiden.

Der Faktor der Teamzusammenstellung gewinnt ebenso weiter an Bedeutung. Zu beobachten ist nämlich auch eine Entwicklung der *Unternehmenskultur*, die auf schnelllebige Kommunikation, flache Hierarchien und interdisziplinäre Teamarbeit fokussiert ist. Der Bereich der Prozessführung ist schon aktuell technisch geprägt und wird es immer stärker werden. Entsprechend sind nicht nur juristisch exzellente, sondern auch technisch versierte Mitarbeitende notwendig. Allein das Thema der Fristenkontrolle prägt den Alltag mehr denn je, weil Schriftstücke gleichermaßen elektronisch und postalisch eingehen.

Teamarbeit prägt auch zunehmend die *Arbeitsweise innerhalb der Praxisgruppe*. Bei standardisierten Klagen (siehe oben) ist eine interne Geschäftsverteilung notwendig. Wie werden die Verfahren intern bearbeitet, und wie wird die Qualität der Ausarbeitung sichergestellt? Lösungen am Markt sind nicht zu finden. Deshalb suchen Kanzleien kostenintensive Individuallösungen.

Faktor Kosten und Digitalisierung

Als dritter prägender Faktor sind vor diesem Hintergrund die Kosten zu nennen. Zwar soll das Rechtsanwaltsvergütungsgesetz (RVG) eine gewinnbringende Bearbeitung sicherstellen. In vielen Fällen ist dies aber Fantasie. Schließlich sind die technischen Anforderungen – allein für Datenschutz- und Geldwäscheprävention – vielzählig und komplex.

Digitalisierung bedeutet auch für Anwälte zunächst einmal die Notwendigkeit eines fundierten *technischen Verständnisses*. Dieses ist oftmals nur mithilfe von Beratern aufzubauen (Herles, 2022, S. 60).

Wo liegen die drei maßgeblichen Herausforderungen für eine erfolgreiche Beratung im Bereich der Prozessführung?

Modernisierung

Wir gehen davon aus, dass eine erfolgreiche Beratung langfristig nur auf Grundlage einer modernen und zeitgerechten Aufstellung möglich sein wird. Zwar wird die Anwaltschaft auch in zehn Jahren verschiedene Konzepte kennen: Hochspezialisierte Boutique-Kanzleien, Einzelkanzleien und größere Kanzleien, wobei hier nochmals zwischen inländischen und internationalen Konzepten zu trennen ist. Zur Modernisierung der Kanzlei gehören eine klare Identifizierung und eine nachhaltige Erneuerung, ohne das eigene Konzept zu verwässern. Die Kanzlei Ferox Legal etwa setzt auf Vernetzung. Hier werden gesellschaftsrechtliche Streitigkeiten (allen voran Gesellschafter- und Organhaftungsstreitigkeiten) und begleiten Transaktionen sowie hieraus wachsende Streitigkeiten bearbeitet.

Dieses Selbstverständnis erfordert eine Zusammenarbeit mit anderen hochspezialisierten Kanzleien, etwa aus den Bereichen Arbeitsrecht oder IT-Recht. Zur Modernisierung gehört die ständige Pflege des eigenen fachlichen Netzwerkes, um einen Qualitätsverlust in der eigenen Beratung zu vermeiden.

Team- und Knowledge-Erhaltung

Die zentrale Herausforderung wird die Erhaltung menschlicher Ressourcen im eigenen Team sein. Die Gehaltsentwicklungen im Markt sind besorgniserregend. Es ist natürlich, dass ein Berufsanfänger den Lockruf hoher Einstiegsgehälter schon deshalb hört, weil ihm die betreffenden Kanzleien schon während seiner Ausbildung einreden, man könne nur erfolgreich zu sein, wenn man dort tätig werde. Mit dieser Grundeinstellung im Markt gelingt Kanzleien im Bereich der Prozessführung in zentralen Ballungsräumen der Personalaufbau nur durch gezielten Mehraufwand in der Ausbildung der Mitarbeiterinnen und Mitarbeiter. Umgekehrt ist eine Vielzahl von Spin-offs – Abspaltungen von größeren Kanzleien – zu beobachten. Insbesondere junge Partnerinnen und Partner sehen die Attraktivität der eigenen unternehmerischen Verantwortung. Dies betrifft insbesondere den Bereich der Prozessführung. Schließlich tendiert der Mandant bei einem Wechsel seines Ansprechpartners dazu, sich diesem anzuschließen. Eine erfolgreiche Beratung wird langfristig nur durch faire Strukturen möglich sein, die den Aufbau und die Erhaltung des eigenen Teams ermöglichen.

Im umgekehrten Fall ist der Einsatz eines Knowledge-Managements zwingend, um das aufgebaute Know-how unabhängig von personellen Zu- oder Abgängen zu erhalten. Wissenserhaltung und Wissenstransfer müssen daher durch ein Dokumentationssystem sichergestellt werden. Das System muss einfach und intuitiv zu bedienen sein. Legal Tech ist hier essenziell.

Marketing

Auf der anderen Seite gewinnt Marketing an Bedeutung. Der kluge Einsatz erfahrener Beraterinnen und Berater und die Pflege des eigenen Netzwerkes sind von zentraler Bedeutung. Im Zeitalter des Internets ist Marketing keine wiederkehrende Notwendigkeit, sondern ein ständiges Ereignis.

Welche Weichen sind für eine gute Rechtsberatung im Bereich der Prozessführung in zehn Jahren jetzt zu stellen?

- *Weiche 1: Personal* muss langfristig und so an die Praxisgruppe gebunden sein, dass es sich damit identifizieren kann. Dieser Effekt kann – muss aber nicht – in erster Linie auf einer angemessenen und leistungsbasierten Vergütung aufbauen. Eine Alternative ist die frühzeitige gesellschaftsrechtliche Anbindung, etwa durch festgelegte Optionsrechte, die die Möglichkeiten der Partnerschaft transparent und wenig flexibel aufzeigen.
- *Weiche 2:* Investitionen in den eigenen *Markenkern*. Wofür stehen wir und wie machen wir das dem Markt bekannt? Eine gute *Außendarstellung* und kluges Marketing sind von zentraler Bedeutung.

- *Weiche 3:* Eine *nachhaltige digitale Transformation.* Investitionen in maßgeschneiderte Softwarelösungen sowie in Knowledge-Management.

Wenn der Bereich Prozessführung einen Wunsch an den Gesetzgeber frei hätte: Welcher wäre das?

Neben den oben erörterten Weichenstellungen ist auch die Stärkung der *politischen Teilhabe* wichtig. Schließlich können gute und nachhaltig gute Veränderungen im Berufs- und Prozessrecht nur entstehen, wenn erfahrene Mitarbeiterinnen und Mitarbeiter aus der Branche daran mitwirken.

Literatur

Bundesnotarkammer (2022): beA-Kartentausch 2022. https://zertifizierungsstelle.bnotk.de/bea-kartentausch (letzter Aufruf 05.01.2023).

Geissler, Dennis (2022): Aktuelle Vorhaben des Gesetzgebers zur Digitalisierung des Gerichtsstandortes Deutschland. Ein kritischer Ausblick unter Einbeziehung aktueller Beispiele konkurrierender Gerichtsstände im Ausland. Legal Tech – Zeitschrift für die digitale Rechtsanwendung, 2022, Heft 1, S. 12 ff.

Quarch, Benedikt/Engelhardt Clemens (2022): Legal Tech-Markt – der Versuch eines Marktüberblick. Legal Tech – Zeitschrift für die digitale Rechtsanwendung, 2022, Heft 1, S. 38 ff.

Herles, Christian (2022): Unternehmensinterne Rechtsberatung. Stuttgart.

17 Restrukturierung

Petra Heidenfelder

Welche Faktoren prägen den heutigen Arbeitsalltag im Bereich Restrukturierung maßgeblich

Ebenso wie im an anderer Stelle behandelten Insolvenzrecht werden auch in der Restrukturierung sehr viele Tools aus dem wirtschaftsrechtlichen Bereich verwandt, um unternehmerische Zahlen für die Vergangenheit, die Ist-Darstellung und die Zukunft aufzuzeigen.

Unerlässlich ist das Beherrschen von Excel, die Arbeit mit DATEV wegen des Bezugs zu Unternehmensbilanzen bzw. der Erstellung betriebswirtschaftlicher Auswertungen. Wer als Restrukturiererin oder Restrukturierer arbeiten möchte, benötigt eine Affinität zu Zahlen und ein mathematisches Verständnis. Man muss Daten erfassen und einordnen können und ein belastbares Gefühl für Unternehmenszahlen entwickeln. Zum Handwerkszeug gehören das Lesenkönnen von Bilanzen und die Fähigkeit, aus einer Bilanz Schwachstellen des Unternehmens wie zum Beispiel zu hohe Personalkosten, zu hohe Kosten im Einkauf oder zu hohe Kosten im Bereich der Lieferketten herauszufiltern. Im schlimmsten Fall muss man auch Bilanzmanipulationen erkennen können.

Zunächst müssen bei der Übernahme eines Sanierungsmandats der Ist-Zustand des Unternehmens festgestellt und, ganz wichtig, die Stoßrichtung des Auftrags eruiert werden. Welche Motivation liegt der Mandatierung zugrunde? Erfolgt die Beauftragung auf Hinweis bzw. Druck einer finanzierenden Bank, oder sieht das Management selbst die Notwendigkeit, bestimmte Unternehmensbereiche bzw. das gesamte Unternehmen zu restrukturieren?

Im erstgenannten Fall sitzt zumindest virtuell immer die Bank mit am Beratungstisch und erwartet eine saubere Dokumentation und Offenlegung des Ist-Zustands des Unternehmens. Zuweilen verlangt die Bank ein Gutachten, das aufzeigen soll, dass das Unternehmen in einer Krisensituation nachhaltig erfolgreich saniert werden kann. Dabei handelt es sich um ein sogenanntes IDWS-6-Gutachten nach dem Standard Nr. 6 des Instituts der Wirtschaftsprüfer. In einem solchen Fall ist sicherzustellen, dass im Beratungsteam ein Wirtschaftsprüfer mit dabei ist, der die Einhaltung der IDWS-6-Regeln gewährleisten kann.

Abgesehen davon, arbeitet man als Rechtsanwalt in der Sanierungsberatung fachübergreifend eng mit Betriebswirten, Steuerberatern und Wirtschaftsprüfern zusammen.

Insoweit ist es wichtig, dem Mandanten die Notwendigkeit dafür zu vermitteln, dass er im Fall einer Sanierung sowohl eine betriebswirtschaftliche Beratung als auch eine sanierungsrechtliche Betreuung benötigt. Wünscht eine Mandantin oder ein Mandant aus Kostengründen nur die Beratung durch eine Person, besteht die Gefahr, dass der Steuerberater/Wirtschaftsprüfer nur die Zahlen aufbereitet, die rechtlichen Voraussetzungen jedoch nicht richtig einschätzen kann. Umgekehrt kann ein Rechtsanwalt als Sanierungsberater zum Teil Zahlen nicht richtig interpretieren und zum Beispiel die während einer Sanierungsphase tägliche Zahlungsfähigkeitsanalyse selbst nicht erstellen. Eine solche abgespeckte Beratung funktioniert nur, wenn im Unternehmen im Rechnungswesen sehr gute Mitarbeitende vorhanden sind.

Steht das Beratungsteam, ist zunächst auf Grundlage der vorhandenen betriebswirtschaftlichen Zahlen eine Ist-Analyse des Unternehmens zu erstellen, um die Schwachpunkte herauszuarbeiten. Anschließend erarbeitet man eine integrierte Finanz- und Liquiditätsplanung, um eine Lösungsstrategie zur Behebung der Mängel zu entwickeln.

Diese Finanzplanung sollte einen Zeitraum von mindestens zwölf Monaten umfassen, um entsprechend der Rechtsprechung (BGH v. 12.5.2016 – IX ZR 65 und BGH, Urteil v. 3.3.2022 – IX ZR 78/20) die notwendige positive Fortbestehensprognose für das Unternehmen darzulegen. Zudem ist der Tatbestand der Überschuldung nach § 19 Insolvenzordnung (InsO), der eine Insolvenzantragspflicht nach Eintritt der Überschuldung von sechs Wochen für die Unternehmensleiterin zur Folge hat, zu beseitigen.

Was die Finanzplanung betrifft, so muss diese auf die jeweilige Branche und deren Branchenkennzahlen bezogen sein. Sie ist sowohl auf die Marktentwicklung des jeweiligen Produktes des zu sanierenden Unternehmens als auch auf aktuelle politische und gesellschaftliche Gegebenheiten wie die Covid-19-Krise abzustimmen.

Das ist die Seite des Unternehmens.

Ganz wichtig in der Sanierungsberatung ist jedoch auch die Beratung der Einzelpersonen. Unternehmensleitung, Geschäftsführerinnen und Vorstände müssen Klarheit hinsichtlich einer persönlichen Haftung besitzen. Dabei legt § 15b Absatz 4 InsO die Schadensersatzverpflichtung der für die Stellung eines Insolvenzantrags verpflichteten Mitglieder des Vertretungsorgans fest. Gemäß dieser Vorschrift dürfen keine Zahlungen nach dem Eintritt der Zahlungsunfähigkeit oder der Überschuldung der juristischen Person geleistet werden. Werden dennoch Zahlungen getätigt, sind die Antragspflichtigen der juristischen Person zur Erstattung verpflichtet. Diese Zahlungsverpflichtung kann mehrere Millionen Euro groß sein, daher ist hier große Vorsicht geboten.

Die Pflichten zur Krisenfrüherkennung und zum Krisenmanagement sind klar festgelegt in § 1 des Gesetzes über den Stabilisierungs- und Restrukturierungsrahmen für Unternehmen (Unternehmensstabilisierungs- und -restrukturierungsgesetz), kurz: StaRUG. Danach sind die Geschäftsleiter eines haftungsbeschränkten Rechtsträgers verpflichtet, fortlaufend über Entwicklungen, die den Fortbestand ihrer Gesellschaft gefährden können, zu wachen. Es sind

Instrumente zu installieren, um Krisen möglichst frühzeitig zu erkennen. Dazu zählen beispielsweise die bereits erwähnte integrierte Finanzplanung und ein geeignetes Berichtswesen zur
Darstellung möglicher Risiken im Unternehmen.

Der Hinweis auf eine abgeschlossene D&O-Versicherung minimiert diese Haftungsrisiken nicht,
sofern die beschriebenen Krisenfrüherkennungssysteme nicht implementiert worden sind. In
diesem Fall besteht die Gefahr, dass die D&O-Versicherung nicht greift.

Ein nachhaltiges Arbeiten im Bereich Sanierung umfasst die Berücksichtigung der genannten
betriebswirtschaftlichen und sanierungsrechtlichen Kriterien und eine permanente Verfolgung
der sich entwickelnden Rechtsprechung in diesem Bereich. Die hier einschlägigen Gesetze ver-
wenden teilweise unbestimmte Rechtsbegriffe. Ein Beispiel ist die »bestandsgefährdende Entwicklung« in § 1 StaRUG. Entsprechend ist die Rechtsprechung im Bereich der Sanierung stets
in Bewegung. Zudem gab es in den vergangenen Jahren im Halbjahrestakt neue gesetzliche
Regelungen.

Wo liegen die drei maßgeblichen Herausforderungen für eine erfolgreiche Beratung im Bereich Sanierungs-/ Restrukturierungsrecht?

Erfolgreiche Beratung basiert unter anderem auf Eigenschaften wie guter Erreichbarkeit für die
Mandanten. Das beinhaltet eine zumindest per E-Mail mögliche Erreichbarkeit am Wochenen-
de. Gleichermaßen wichtig sind klare, verlässliche Aussagen. Die stete Verfolgung der Rechtsprechung und der neuen Gesetzgebung im Bereich der Sanierung ist ebenfalls unerlässlich.
Strukturiertes Arbeiten, das auch die Mandantinnen selbst verlangen, geht einher mit einer
verständliche Sprache, mit der teilweise schwer verständliche Gesetze und Rechtsprechung
den Mandanten erklärt werden.

Des Weiteren ist es sehr wichtig, sich mit anderen Kolleginnen und Kollegen aus dem Sanie-
rungsbereich gut zu vernetzen. Gegebenenfalls ist eine Spezialisierung auf bestimmte Branchen in der Sanierungsberatung notwendig, um wirklich eine gute Expertise vorweisen zu
können.

Zudem ist die Interpretation von betriebswirtschaftlichen Unternehmenskennziffern zwar als
solche vergleichbar. Für eine qualifizierte Beratung in Branchen wie dem Automobilsektor, der
Chemieindustrie, dem Bau oder beispielsweise im Krankenhausbereich bedarf es gleichwohl
mehrjähriger Erfahrung und mehrjähriger Branchenkenntnisse. Ansonsten kann der Mandant
nicht wirklich fundiert betreut werden.

Es ist unabdingbar, sichtbar zu sein, u. a. digital durch das Halten von Vorträgen im Internet
oder die Erstellung von Podcasts.

Aber auch öffentliche Auftritte, die medial durch Zeitungsberichte und Bilder in den sozialen Medien begleitet werden, sind sehr hilfreich, um Aufmerksamkeit zu erreichen. Das gilt nicht nur innerhalb der Sanierungsbranche, sondern insbesondere für die zu beratenden Kundinnen und Mandanten.

Welche Weichen sind für eine sanierungsrechtliche Marktpräsenz in zehn Jahren jetzt zu stellen?

Unabdingbar ist eine intensive Digitalisierung der Sanierungsberatung.

Es sind digitale Schnittstellen zu entwickeln, sodass die betriebswirtschaftlichen Zahlen des zu beratenden Unternehmens digital zum Berater übertragen werden. Eigene Schnittstellen sind zu bilden wie zu Dienstleistern wie DATEV. Steuerberatern/Wirtschaftsprüfern, Unternehmensleitung und Sanierungsberaterinnen ist ein gemeinsamer Zugriff auf die Unternehmenszahlen zu eröffnen.

Zudem sind Entwicklungen digital unterstützter Tools einzurichten. Anwendungsfälle sind die tägliche Berechnung der Zahlungsfähigkeit und die Überwachung von permanent aktuellen Warenwirtschaftsprogrammen. Im Bereich der Digitalisierung immer aktuell zu bleiben, ist unumgänglich. Dabei ist davon auszugehen, dass sich in diesem Bereich rasend schnell neue Entwicklungen ergeben. Hier heißt es, immer am Ball zu bleiben.

Um dies zu gewährleisten, muss entweder im beratenden Unternehmen oder mittels einer engen Kooperation außerhalb des beratenden Unternehmens eine enge Zusammenarbeit mit der eigenen IT oder einem IT-Dienstleister gepflegt werden. Die IT muss die Vorgaben der Rechtsprechung im Bereich der Sanierung stets begleiten und Berechnungstools an die aktuellen Gesetzesvorgaben zur Sanierung anpassen. Das gilt beispielsweise für die integrierte Finanzplanung, die Ermittlung der Zahlungsunfähigkeit nach § 17 InsO und der Überschuldung nach § 19 InsO.

Hinsichtlich der Zusammensetzung der Beratungsteams kann die IT betriebswirtschaftliche Fachkräfte nicht ersetzen, sie vermag sie lediglich zu unterstützen. Die enge Zusammenarbeit zwischen betriebswirtschaftlichen Beratern und Juristen, die auf Sanierung spezialisiert sind, ist aktiv zu fördern. Entsprechendes Personal muss aufgebaut, geschult und entwickelt werden. Hierbei ist auf ein solides Vergütungsmodell, auf fortwährende fördernde Fortbildungsmöglichkeiten und auf flexible Arbeitszeitmodelle zu achten, Stichworte: Homeoffice und Teilzeit.

Weiter ist es notwendig, innerhalb des beratenden Unternehmens eine ausgewogene personelle Mischung zu gewährleisten und jüngeren Mitarbeitenden stets berufliche Entwicklungsmöglichkeiten aufzuzeigen. Das bindet sie nicht nur an ihren Arbeitgeber, es erleichtert auch die Beratung in modernen Unternehmensformen wie beispielsweise bei Start-ups.

Außerdem sollten die Beratungsteams fachübergreifend besetzt werden. Betriebswirtschaftlich ausgebildetes Personal sowie Juristinnen und Juristen sollten mit Wirtschaftsjuristen, ITlern oder auch im Design Thinking geschulten Mitarbeitenden zusammenarbeiten. Diese qualifizierten Teams sollten ganz flache Hierarchien aufweisen, um sich möglichst kreativ und flexibel an die im Wandel begriffenen Strukturen in den zu beratenden Unternehmen anzupassen.

Das Beratungsunternehmen muss attraktiv sein für junge Mitarbeitende, neue Ideen und neue Entwicklungen. Alle Mitarbeitenden benötigen einen guten Internetauftritt und eine Sichtbarkeit auf den medialen Plattformen, in denen die Stärken und Beratungserfahrungen dargestellt werden.

Wenn der Bereich Restrukturierungs-/Sanierungsrecht einen Wunsch an den Gesetzgeber frei hätte: Welcher wäre das?

Für die Haftung von Unternehmensleiterinnen und -leitern sollten klare gesetzliche Regelungen geschaffen werden.

Ziel sollte es sein, ein geringes oder gar kein Strafmaß für die redlichen Unternehmensleiter zu fixieren. Am anderen Ende des Spektrums sollten für deliktisch agierende Unternehmensleitungen harte Haftungsregelungen geschaffen werden. Dies gilt sowohl hinsichtlich der Höhe der zu entrichtenden Schadensersatzzahlungen als auch mit Blick auf eine konsequente strafrechtliche Verfolgung.

Insgesamt ist zu beobachten, dass sich der Blickwinkel zum Thema redliches Geschäftsgebaren in den letzten 20 Jahren sehr verändert hat. Cum-Ex-Geschäfte und der Fall Wirecard zeugen von Schäden in Millionenhöhe. Aber auch im alltäglichen Geschäftsleben sind Missstände zu beklagen wie die Veruntreuung von vom Staat ausgezahlten Coronahilfen oder nicht geleistete Steuerzahlungen. Zuweilen entsteht vor diesem Hintergrund der Eindruck, dass alles erlaubt ist – man darf sich nur nicht erwischen lassen. Verschärfend kommen Sparmaßnahmen in der Judikative hinzu, was sich umso mehr auswirkt, als der Justiz ohnehin Personal fehlt. Deswegen ist die Verfolgung von Straftaten durch Richterinnen und Staatsanwälte sehr eingeschränkt.

Unter dem Strich sollte der Gesetzgeber klar unterscheiden zwischen einer redlichen und unredlichen Geschäftsleitung. Bei nachgewiesenen Straftaten sollte er auch vor Freiheitsstrafen nicht zurückschrecken. Sie besitzen eine besondere Abschreckungsfunktion. Einstellungen nach § 153 der Strafprozessordnung aufgrund von Personalmangel sind unbedingt zu vermeiden.

18 Umweltrecht

Dr. Till Elgeti

Welche drei Faktoren prägen den heutigen Arbeitsalltag im Bereich Umweltrecht maßgeblich?

Das Umweltrecht wird heute geprägt von einem sich schnell ändernden Rechtsrahmen. Es reagiert immer wieder auf aktuelle Ereignisse wie die Covid-19-Pandemie. Unter Pandemiebedingungen war die Auslegung von Unterlagen oder die Durchführung von Anhörungs- bzw. Erörterungsterminen sehr erschwert, sodass der Gesetzgeber das Gesetz zur Sicherstellung ordnungsgemäßer Planungs- und Genehmigungsverfahren während der Covid-19-Pandemie (Planungssicherstellungsgesetz – PlanSiG) schon im Mai 2022 erlassen hatte (Durinke/Elgeti, 2020).

Nach der Entscheidung des Bundesverfassungsgerichts (BVerfG, Beschluss vom 24.03.2021 – 1 BvR 2656/18, 30) wurde anschließend das Bundes-Klimaschutzgesetz (KSG) maßgeblich geändert, um den Vorgaben des BVerfG zu genügen. Der Green Deal der Europäischen Kommission (Strategie der Europäischen Union) und besonders aktuell: die Gas- und Energiekrise (Verordnung zur Sicherung der Energieversorgung über kurzfristig wirksame Maßnahmen, Stand 01.10.2022) führten zu immer neuen (umweltrechtlichen) Fragen.

Verwerfungen durch die Pandemie wie ein erhöhter Krankheitsstand und Produktionseinstellungen in China oder den Angriffskrieg gegen die Ukraine mit den daraus resultierenden Lieferkettenstörungen haben Folgen: Sie führen dazu, dass Personal und/oder Vorprodukte bzw. Betriebsmittel wie zum Beispiel Fällmittel in der Abwasserreinigung nicht verfügbar sind (Presserklärung der DWA vom 21.09.2022). Betreiber sind zu temporären Außerbetriebnahmen oder einem Notbetrieb gezwungen. In einigen Fällen wird aufgrund der besonderen Situation sogar mit den Behörden und Ministerien über Überschreitungen von Grenzwerten diskutiert. Es werden Sonderregelungen getroffen, um die Daseinsvorsorge sicherzustellen. Der Alltag im Umweltrecht fordert daher einen steten Blick auf die Entwicklungen in Brüssel und Berlin sowie auf aktuelle Gerichtsentscheidungen.

Diese Dynamik ist allerdings kein Alleinstellungsmerkmal des Umweltrechts. Immer wieder müssen sich die Rechtsanwendenden auf Änderungen einstellen. Über das aktuelle Tagesgeschehen hinaus fügt sich dieses Rechtsgebiet ein in einen Gesamtprozess. Darin beklagen sich Industrie, Verbände, aber auch Vorhabenträger der öffentlichen Hand wie Trinkwasserversorger oder Abwasserentsorgungspflichtige über lange, kostspielige und komplexe Genehmigungs- und Gerichtsverfahren. Drei Faktoren sind insoweit hervorzuheben:
- die »Entbürokratisierung« der öffentlichen Verwaltung in den 1990er und 2000er Jahren,

- die Einbeziehung »aller« Umweltauswirkungen in die Genehmigungsverfahren aufgrund europa- bzw. bundes- oder landesrechtlicher Vorgaben und die daraus resultierenden
- umfangreichen technischen Planungen und naturwissenschaftlichen Gutachten, ohne die ein Zulassungsverfahren nicht erfolgreich abgeschossen werden kann.

In den 1990er und 2000er Jahren wurden dabei die althergebrachten Verwaltungsstrukturen infrage gestellt (zur Abschaffung der Regierungspräsidien in Niedersachsen vgl. Meyer, 2013; zur Kommunalisierung von Umweltaufgaben in NRW vgl. Höfling/Engels, 2008). Gleichzeitig wurde Personal insbesondere in den Umweltbehörden abgebaut. Entbürokratisierung sollte Effizienzgewinne erzeugen. Zwar erzeugten Skandale um unzureichende Überwachung (Lenz, 2022, Stichwort: »Gammelfleisch«) immer wieder Handlungsdruck.

Dieser Handlungsdruck äußerte sich jedoch meist nur in der Verschärfung von Gesetzen und nicht in einer angemessenen Ausstattung der (Überwachungs-)Behörden. Auch zusätzliche Aufgaben für die Umweltbehörden durch europäische Regelungen wie die Umsetzung der Wasserrahmenrichtlinie führten nicht in einem angemessenen Umfang zur Aufstockung der Kapazitäten (Palmen/Schönenbroicher, 2008).

Aktuell verfällt nicht nur die Infrastruktur in Form von Straße und Schiene, sondern auch die von Gebäuden der Verwaltung. Gleichzeitig gehen viele Mitarbeitende der Behörden in Pension (Hermanowski, 2019). Inzwischen haben die Verwaltungen im Bund und in den Ländern und Kommunen das Erfordernis von Personal und moderner Ausstattung erkannt und steuern gegen. Dieser Bedarf trifft aber auf einen Arbeitsmarkt, in dem die öffentliche Hand mit der Privatwirtschaft um versierte (technische) Fachkräfte konkurriert, die Ausbildung eigener Fachkräfte länger dauert und das Renovieren alter Immobilien teuer ist. Engpässe lassen sich so nicht kurzfristig beheben.

Materiell hat der Europäische Gerichtshof die hergebrachte Rechtsprechung der deutschen Verwaltungsgerichtsbarkeit umgekehrt: Inzwischen sind immer mehr Verfahrensfehler relevant sowie rügefähig (EuGH, Urteil vom 08.03.2011 – C-240/09 – Slowakischer Braunbär; EuGH, Urteil vom 12.05.2011 – C-115/09 – Trianel Kohlekraftwerk; EuGH, Urteil vom 07.11.2013 – C-72/12 – Altrip, und EuGH, Urteil vom 15.10.2015 – C-137/14; dazu auch Keller/Rövekamp, 2015). Währenddessen stellt die Gerichtsbarkeit weiterhin erhöhte inhaltliche Anforderungen an einzelne umweltrechtliche Prüfungstatbestände wie die Verträglichkeitsprüfung im Artenschutz bzw. Gebietsschutz (EuGH, Urteil vom 26.01.2012 – C-192/11; BVerfG, Beschluss vom 23.10.2018, 1 BvR 2523/13 und 1 BvR 595/14 – Rotmilan; EuGH, Urteil vom 07.11.2018 – C-293/17 und C-294/17 – Düngen in FFH-Gebiet; vgl. auch Schober/Calabro, 2022).

Dasselbe gilt für einen wasserrechtlichen Fachbeitrag nach der Wasserrahmenrichtlinie (EuGH, Urteil vom 01.07.2015 – C-461/13 – Weservertiefung; BVerwG, Urteil vom 27.11.2018, 9 A 8.17 – A20; vgl. auch Elgeti/Geise, 2017). Gleichzeitig können Fehler in diesem Zusammenhang nicht nur von Umweltvereinigungen, sondern auch zunehmend von Privaten oder Kommunen gerügt werden (EuGH, Urteil vom 28.05.2020 – C-535/18). Dabei entfällt die Filterfunktion der früheren Präklusion für Behörden und Vorhabenträger (EuGH, Urteil vom 15.10.2015 – C-137/14), welche eine Begrenzung des Streitstoffs für die Entscheidung der Behörde und vor Gericht ermöglichte.

Wenn in einem umweltrechtlichen Verfahren ein Gutachten einzureichen ist, so muss dieses in letzter Konsequenz die Erwartungen eines später über die Rechtmäßigkeit der Zulassung urteilenden Gerichts erfüllen. Die Beteiligten wünschen sich dabei eine Eindeutigkeit bei den Ergebnissen der fachlichen Gutachten, die sich aus naturwissenschaftlicher Sicht meist nicht konstatieren lässt (DWA Fachausschuss Recht 3 – Vollzugsfragen des Wasserrechts, 2022).

Um damit erfolgreich ein Verfahren durchzuführen, bedarf es versierter Gutachter. In enger Abstimmung mit den Juristen müssen sie verfahrensgängige Unterlagen erstellen, welche nicht nur ausgewählte, sondern alle rechtlich relevanten Aspekte des Vorhabens prüfen. Dafür ist oft eine detaillierte Erfassungen von Basisdaten erforderlich, beispielsweise zu Brutvögeln oder Vorkommen von geschützten Arten. Das wiederum ist sehr zeitaufwändig. Das Verständnis für technische und naturwissenschaftliche Zusammenhänge wird immer besser, in vielen Fällen ist aber noch kein fachlicher Konsens erreicht. Die Bewertung der Auswirkungen erfordert damit stets eine aufwändige Einzelfallentscheidung.

Die Probleme auf Verwaltungsebene hat das BVerfG inzwischen bemängelt (BVerfG, Beschluss vom 23.10.2018 – 1 BvR 2523/13 und 1 BvR 595/14 – Rotmilan) und der Gesetzgeber hat sie zumindest erkannt. Um den Ausbau von Windenergie an Land zu beschleunigen, hat er zum Beispiel fachliche Maßstäbe für die Bewertung unbestimmter Begriffe wie »signifikante Erhöhung des Risikos« in das BNatSchG (§ 45b BNatSchG und Anlage 1, § 44 Abs. 5 Nr. 1 BNatSchG mit Gesetz vom 20.07.2022) eingeführt.

Diesen Weg der Konkretisierung von bisher nur in der Rechtsprechung und der Wissenschaft diskutierten Begriffe muss der Gesetzgeber weitergehen, um Genehmigungsverfahren weiter zu beschleunigen. Vorhabenträger und Behörden hätten damit eine sichere Basis für ihre Entscheidungen. Gerichtsentscheidungen wären nicht auf einzelne Experteneinschätzungen zu gründen.

Wo liegen die drei maßgeblichen Herausforderungen für eine erfolgreiche umweltrechtliche Beratung?

Eine erfolgreiche umweltrechtliche Beratung erfordert
- rechtzeitige Einbeziehung,
- technisches Verständnis und
- Kommunikation.

Eine umweltrechtliche Beratung beginnt nicht erst, wenn das Projekt im Verfahren ist oder die behördliche Entscheidung vor Gericht beklagt wird. Eine frühzeitige Einbeziehung umweltrechtlichen Sachverstandes in die Projektplanung ermöglicht parallel zur technischen Planung die Vorbereitung auf die umweltrechtlichen Anforderungen. Damit steht das Umweltrecht nicht auf der Bremse des Projekts, es begleitet das Projekt wie eine technische Planung auch. Mögliche Hindernisse werden nicht erst nach Abschluss der Planung gesehen, den Hindernissen kann die Planung damit frühzeitig ausweichen (»agiles Planen«).

Für viele Vorhabenträger ist es inzwischen selbstverständlich, dass Projekte nicht mehr als notwendig in Natur und Umwelt eingreifen. Hier können schon in der Planung Überlegungen zur Optimierung bzw. Minimierung angestellt werden, beispielsweise zur Bauzeit oder der Variantenwahl. Spätere Projektverzögerungen wegen bisher ausgelassener Umweltprüfungen führen (meist) zu Mehrkosten. Dieser Effekt lässt sich vermeiden, wenn die rechtliche Beratung ein technisches Verständnis für das Projekt aufbringt und dieses Wissen in umweltrechtliche Anforderungen übersetzen kann.

Tatsächlich arbeiten immer wieder technische Planung und Begutachtung der Umweltauswirkungen nebeneinander, ohne sich gegenseitig zu unterstützen. Die materiellen Anforderungen erfordern eine weitgehende Spezialisierung der Fachleute, welche dann den Blick für das Projekt insgesamt verlieren. Der Umweltjurist kann hier gemeinsam mit der Projektleitung frühzeitig für eine Zusammenarbeit sorgen. So entsteht ein in sich schlüssiger Antrag, welcher auch die Kommunikation mit Behörden (und später Gerichten) erleichtert.

Parallel dazu erfordert (fast) jedes umweltrelevante Projekt eine Unterrichtung der Öffentlichkeit. Auch wenn der Vorhabenträger keinen Zweifel aufkommen lassen sollte, dass über den Inhalt des Antrags nur er und über die Zulässigkeit nur die Behörde entscheidet, sind Anregungen aus dem Kreis der Betroffenen sinnvoll. Entsprechende Anpassungen sind in einem frühen Stadium des Projekts oft noch möglich, was zu mehr Akzeptanz und damit auch zur Beschleunigung des Verfahrens führt.

In der Praxis wünschen sich viele Betroffene grünen Strom durch Windenergie, gute (Schnell-) Straßen für ihre Autos und eine ausgebaute Schieneninfrastruktur. Sie sind aber gegen die Auswirkungen (wie »Verspargelung der Landschaft«, Lärm, Flächenverbrauch), falls sie selbst davon betroffen sein sollten. Gute Kommunikation wird diese egoistische Sicht der Betroffenen nicht ändern können, sie kann aber Verständnis wecken. Dann wird der Widerstand wenigstens nicht noch stärker.

Welche Weichen sind für eine umweltrechtliche Marktpräsenz in zehn Jahren jetzt zu stellen?

Das Umweltrecht erfordert eine gewissenhafte Personalarbeit. Die Komplexität (großer) umweltrechtlicher Verfahren erfordert eine hohe Spezialisierung der Mitarbeitenden. Neben dem rechtlichen Know-how muss auch das Wissen um die technischen und naturwissenschaftlichen Anforderungen bzw. Auswirkungen vorhanden sein, damit man zügig und rechtssicher beraten kann. Komplexe Verfahren erfordern Erfahrung. Mitarbeitende der Kanzleien müssen daher frühzeitig herangeführt werden und Antragsunterlagen sowie Einwendungen bearbeiten. Reine gutachterliche Tätigkeiten sind nicht ausreichend. Dieses »Training on the case« ist eine der interessantesten Seiten des Umweltrechts. In Zeiten des Fachkräftemangels macht es diesen Bereich attraktiv für neue Mitarbeitende. Um auch in zehn Jahren am Markt zu bestehen, müssen diese Grundlagen jetzt gelegt werden.

Für eine umweltrechtliche Marktpräsenz wird die Zusammenarbeit mit geeigneten Gutachter- und Planungsbüros von großer Bedeutung sein. Bisher unabhängige Ingenieurbüros werden von immer größeren Ingenieurkonzernen aufgekauft und bieten oft eine eigene umweltrechtliche Kompetenz an. Dieser Konzentrationsprozess ist noch nicht zu Ende. Größere gut geführte Einheiten können in der Mangelsituation oft nicht nur mit mehr Gehalt, sondern auch mit interessanten Projekten, erprobten, flexiblen Arbeitszeitmodellen, planmäßigen Fortbildungen, einer guten (technischen) Ausstattung und Aufstiegsmöglichkeiten locken. Viele kleinere Büros klagen aktuell über Nachwuchsmangel und verringerte Risikobereitschaft für eine selbstständige Tätigkeit. Zusammen mit geeigneten Büros lässt sich eine umfassende Beratungsleistung im umweltrechtlichen Zulassungsverfahren und vor Gericht anbieten.

Wenn der Bereich Umweltrecht einen Wunsch an den Gesetzgeber frei hätte: Welcher wäre das?

Der Gesetzgeber hat immer wieder Sondergesetze für einzelne umweltrechtliche Materien geschaffen, etwa das BImSchG, WHG, EnWG, EnLAG, NABEG, BBodSchG und das KrwG. In viele dieser Gesetze wurden spezielle Verfahrensregelungen eingefügt (z. B. die Planfeststellungen im § 43 EnWG, § 17 FStrG, § 18 NABEG; vgl. Kloepfer, 2016). Diese Spezialregelungen modifizieren Verfahrensschritte wie die Auslegung von Unterlagen, die notwendige Bekanntmachung, die Einwendungsfristen und die Anforderungen für eine Zulassung des vorzeitigen Beginns bzw. für Teil- oder Vorbescheide. Daneben sind im Umweltrecht die Regelungen des Umweltverträglichkeitsprüfungsgesetzes und des Umweltrechtsbehelfsgesetzes relevant. In vielen Fällen ergeben sich so abweichende Anforderungen von den allgemeinen Grundsätzen des Verwaltungsverfahrensgesetzes und der Verwaltungsgerichtsordnung.

Auch im Verhältnis zwischen den umweltrechtlichen Fachgesetzen kann es zu Unterschieden kommen. Immer neue, teilweise selbst für den Fachmann leicht zu übersehende Sonderregelungen führen zu Unsicherheiten und Verzögerungen. Ein einheitliches in sich schlüssiges Verfahrensrecht für das Umweltrecht kann viele verwaltungsrechtliche Einzelbetrachtungen überflüssig machen. Im Zuge der Covid-19-Pandemie hat der Gesetzgeber mit dem Planungssicherstellungsgesetz (Durinke/Elgeti, 2020) bewiesen, dass eine Vereinheitlichung möglich ist.

Diesen Weg sollte man bei der geplanten Einführung einer speziellen Regelung für digitale Offenlegung oder Online-Konsultationen konsequent weitergehen.

Literatur

Durinke, Peter/Elgeti, Till (2020): Das Planungssicherstellungsgesetz. In: Umweltrechtliche Beiträge aus Wissenschaft und Praxis, 10. Jg., Heft 4, S. 167–175.

DWA Fachausschuss Recht 3 – Vollzugsfragen des Wasserrechts (2022): Fachliche Gutachten in wasserrechtlichen Verfahren. In: Umweltrechtliche Beiträge aus Wissenschaft und Praxis, 12. Jg., 2022, Heft 1, S. 52–56.

Elgeti, Till/Geise, Miriam (2017): Das Verschlechterungsverbot, die Elbvertiefung und die A20. In: Zeitschrift für Deutsches und Europäisches Wasser-, Abwasser- und Bodenschutzrecht, 6. Jg., Heft 4, S. 190–194.

Hermanowski, Richard (2019): Zur Lage der Personalwirtschaft des öffentlichen Dienstes. In: Die Öffentliche Verwaltung, 74. Jg., S. 991–999.

Höfling, Wolfram/Engels, Andreas (2008): Verwaltungsstrukturreformen und Beamtenstatusrechte. In: Neue Zeitschrift für Verwaltungsrecht, 26. Jg., S. 1168–1172.

Keller, Karsten/Rövekamp, Christiane (2015): Anmerkung zu EuGH: Verstoß gegen Verpflichtung zur Umweltverträglichkeitsprüfung bei bestimmten öffentlichen und privaten Projekten. In: Neue Zeitschrift für Verwaltungsrecht, 33. Jg., S. 1665–1673.

Kloepfer, Michael (2016): Umweltrecht. 4. Aufl., München.

Lenz, Tobias (Hrsg.) (2022): Produkthaftung. 2. Aufl., München.

Meyer, Hubert (2013): Gebiets- und Funktionalreform des letzten Jahrzehnts. In: Zeitschrift für Gesetzgebung, 28. Jg., S. 264–338.

Palmen, Manfred/Schönenbroicher, Klaus (2008): Die Verwaltungsstrukturreform in Nordrhein-Westfalen. In: Neue Zeitschrift für Verwaltungsrecht, 26. Jg., S. 1173–1178.

Schober, Katharina/Calabro, Claudio (2022): Qualitätssicherung bei artenschutzrechtlichen Prüfungen von Windenergieprojekten. In: Neue Zeitschrift für Verwaltungsrecht, 40. Jg., S. 115–122.

Rechtsprechung

BVerfG, Beschluss vom 23.10.2018 – 1 BvR 2523/13 und 1 BvR 595/14 – Rotmilan

BVerwG, Urteil vom 27.11.2018 – 9 A 8.17 – A20

BVerfG, Beschluss vom 24.03.2021 – 1 BvR 2656/18, 30

EuGH, Urteil vom 08.03.2011 – C-240/09 – Slowakischer Braunbär

EuGH, Urteil vom 12.05.2011 – C-115/09 – Trianel Kohlekraftwerk

EuGH, Urteil vom 26.01.2012 – C-192/11

EuGH, Urteil vom 07.11.2013 – C-72/12 – Altrip

EuGH, Urteil vom 01.07.2015 – C-461/13 – Weservertiefung

EuGH, Urteil vom 15.10.2015 – C-137/14

EuGH, Urteil vom 07.11.2018 – C-293/17 und C-294/17 – Düngen in FFH-Gebiet

EuGH, Urteil vom 28.05.2020 – C-535/18

19   Vergaberecht

Dr. Matthias Freund/Levin Krüger

Welche drei Faktoren prägen den heutigen Arbeitsalltag im Bereich Vergaberecht maßgeblich?

Digitalisierung der Auftragsvergabe

Die Digitalisierung, die im Bereich der öffentlichen Beschaffung zügig voranschreitet, prägt auch den Arbeitsalltag in der vergaberechtlichen Beratung. Dies betrifft zunächst die Beratung von Auftraggebern im Rahmen der Vorbereitung von Beschaffungen sowie die Beratung von Bewerbern bzw. Bietern bei der Ausgestaltung von Teilnahmeanträgen und Angeboten, die in großem Maße digital erfolgt. Beispiele dafür sind die elektronische Aktenführung, die Rechtsrecherche in elektronischen Datenbanken oder auch Videokonferenzen mit Mandantinnen und Mandanten.

Vor allem wirkt sich die Digitalisierung bei der Anwendung elektronischer Vergabe-Plattformen aus. Die Verwendung solcher Plattformen ist gesetzlich vorgeschrieben. Hierüber werden Aufträge ausgeschrieben und Teilnahmeanträge bzw. Angebote eingereicht. Auch die Kommunikation zwischen Vergabestellen und Bewerberinnen bzw. Bieterinnen erfolgt über entsprechende Plattformen. Neben der Funktion als Kommunikationsplattform bezwecken entsprechende Portale die Sicherstellung des Geheim- und Bieterschutzes – ein Beispiel stellen Vorkehrungen dahingehend dar, dass Angebote erst nach Ablauf von Angebotsfristen durch den Auftraggeber elektronisch geöffnet werden können.

Die Vorteile solcher Plattformen liegen auf der Hand: Eine größere Zahl von Marktteilnehmenden wird angesprochen und so der Wettbewerb gestärkt, Transparenz wird gefördert, Prozesse lassen sich standardisieren und vereinheitlichen. Die Dokumentation der Ausschreibungen ist wesentlich erleichtert. Vergaben werden insgesamt weniger fehleranfällig.

»Vergaberechtsfremde« Auftraggeber und geförderte Projekte

Ein Aspekt, der die Beratung wesentlich prägt, sind »vergaberechtsfremde« Auftraggeberinnen und Auftraggeber. Gemeint sind solche, die typischerweise nicht dem Vergaberecht unterworfen sind, ihm allerdings aufgrund besonderer Umstände unterfallen. Dies können vor allem gemeinnützige oder kirchliche Akteure sowie auch private Unternehmen sein, die staatliche Fördermittel in Anspruch nehmen. In diesem Fall werden sie streng zur Einhaltung des Vergaberechts verpflichtet, soweit mit Fördermitteln finanzierte Leistungen beschafft werden sollen.

Zur Anwendung des Vergaberechts angehalten sein können aber auch mittelbar staatliche Akteure (z. B. staatliche oder staatlich beteiligte Unternehmen), die zwar weder dem europäischen noch dem nationalen Vergaberechtsregime unterfallen. Sie sind jedoch im Zuge einer Selbstverpflichtung oder aufgrund von Vorgaben der Gesellschafter vergaberechtlichen Bindungen unterworfen. Derartige Akteure haben typischerweise keine oder kaum Erfahrung mit der Anwendung des Vergaberechts und dementsprechend einen oft sehr grundlegenden Beratungsbedarf.

In Bezug auf die erstgenannte Fallgruppe – die vergaberechtliche Beratung von Fördermittelnehmern – ist zu berücksichtigen, dass sich vergabe- und zuwendungsrechtliche Vorgaben gegenseitig bedingen und ineinander verwoben sind, was erhöhten Beratungsbedarf zur Folge hat. Verstöße gegen Vergaberecht erzeugen erhebliche Risiken einer Rückforderung von Fördermitteln. Dies gilt vor allem dann, wenn Fördermittel aus EU-Förderprogrammen zum Einsatz kommen. Hieraus resultieren wiederum naturgemäß erhebliche Risiken einer Anwaltshaftung.

»Vergaberechtsfremde« Veränderungen des Vergaberechts

Zunehmend bemerkbar macht sich auch eine Prägung des Vergaberechts durch »vergaberechtsfremde« Gesichtspunkte. So ist seit einigen Jahren der Trend zu beobachten, dass die Auswahl von Angeboten nicht allein auf Grundlage von Preis- und Leistungskriterien erfolgt. Vielmehr werden auch solche Kriterien angelegt, die nur mittelbar mit der Leistungserbringung in Zusammenhang stehen. Konkret lässt sich diese Entwicklung etwa durch die Aufnahme sozialer und umweltbezogener Aspekte, von Nachhaltigkeitsaspekten oder solchen der Lieferkettensorgfalt (jüngst umgesetzt im neuen Lieferkettensorgfaltspflichtengesetz, kurz: LkSG) belegen. Hierbei erkennt und nutzt der Gesetzgeber seine Möglichkeiten, politisch gewollte Ziele abseits von solchen der Wirtschaftlichkeit und Sparsamkeit im Rahmen der öffentlichen Auftragsvergabe zu verankern.

Aufseiten öffentlicher Auftraggeber führt dies mitunter zu Schwierigkeiten in der Umsetzung. Denn zum einen sind derartige Kriterien nicht selten in »vergaberechtsfremden« Rechtsquellen verortet (neben dem schon genannten LkSG etwa im Mindestlohngesetz oder dem Schwarzarbeitsbekämpfungsgesetz). Zum anderen erzeugt die Aufnahme entsprechender Anforderungen Unsicherheiten bei der Festlegung etwa von Eignungs- und Leistungskriterien im Rahmen der Beschaffung.

Wo liegen die drei maßgeblichen Herausforderungen für eine erfolgreiche vergaberechtliche Beratung?

Identifizierung des Vergabegegenstandes, Beseitigung von Missverständnissen und Fehlvorstellungen

Bei der Beratung öffentlicher Auftraggeber ist es in erster Linie entscheidend und weichenstellend, den Beschaffungsgegenstand (Dienstleistungen, Waren, Bauleistungen, Konzessionen) und seinen Wert präzise herauszuarbeiten. Die Einordnung des Beschaffungsgegenstands ist unmittelbar relevant für die Anwendbarkeit des unterschwelligen oder des oberschwelligen Vergaberechts, das bei Erreichen bestimmter Auftragswerte europaweite Veröffentlichungen erfordert.

Anhand der Einordnung des Beschaffungsgegenstands entscheidet sich die Art des Vergabeverfahrens und leitet sich auch der zu prognostizierende Umfang der weiteren Projektbegleitung und Beratung ab. Letztere erfordert in diesem Zusammenhang vielfach die Zuarbeit aus technisch-wirtschaftlicher Perspektive. Häufig erforderlich ist eine intensive Zusammenarbeit mit Ingenieurbüros, Wirtschaftsprüfern und anderen Fachberaterinnen und Fachberatern.

Auch muss die vergaberechtliche Beraterin stets das europäische Beihilferecht im Blick haben, denn mit der Beschaffung kann einem Unternehmen unter Umständen ein ungerechtfertigter Marktvorteil zukommen. Verstöße gegen Beihilferecht führen zur Nichtigkeit abgeschlossener Verträge. Das Beihilferecht stellt sich als »Haftungsfalle« dar, die auf Vergaberecht spezialisierte Berater häufig unterschätzen.

Schnelle und unkomplizierte Vergabe

Regelmäßig begehren Auftraggebende eine schnelle und unkomplizierte Vergabe. In zeitlicher Hinsicht lässt sich dies nicht immer wunschgemäß umsetzen, u. a. weil bei der Durchführung von Vergabeverfahren vielfach Mindestfristen zu gewähren sind. Das gilt namentlich für Teilnahme- und Angebotsfristen. Das Bedürfnis nach Rechtssicherheit überwiegt dann regelmäßig das Bedürfnis nach schneller Umsetzung. Daneben ist nicht selten der Wunsch groß, das Verfahren möglichst direkt und ohne förmliche Bindungen zu gestalten.

Da gerade bei kleineren Auftraggebern häufig kein vergaberechtserfahrenes Personal vorhanden ist, kommt es in Bezug auf den insoweit einzuhaltenden Rechtsrahmen häufig zu Fehleinschätzungen der rechtlichen Rahmenbedingungen. Oftmals sind auch die Verwaltungen kleinerer Kommunen in Bezug auf die Digitalisierung bereits im Normalbetrieb noch nicht in ausreichendem Maß ausgestattet und erfahren. Deshalb wird der Umgang mit den genannten elektronischen Vergabe-Plattformen erst recht als kompliziert empfunden.

Entscheidungsfreude trotz Regelungsflut und Unsicherheiten

Eine stetig wachsende Herausforderung der vergaberechtlichen Beratung stellt der Umgang mit einer erheblichen Anzahl an Gesetzen unterschiedlichster Rangstufe dar. Die starke unionsrechtliche Prägung des Vergaberechts macht es zudem nötig, neben entsprechenden Verordnungen und Richtlinien auch die europäische Rechtsprechung laufend im Blick zu haben. Hinzu kommen im Rahmen geförderter Projekte der beihilfe- und zuwendungsrechtliche Rechtsrahmen bzw. die Bewertung von Risiken der Rückforderung von Fördermitteln als Folge von Vergaberechtsverstößen.

Die komplexen rechtlichen Rahmenbedingungen und rechtlichen Risiken führen häufig zu einer »Entscheidungsstarre« auf Ebene der Entscheidungträger. Somit stellt es eine zentrale Herausforderung für den Berater dar, der Mandantin einen Weg durch das Regelungsdickicht zu schlagen und hierbei offensiv Ratschläge zu erteilen. Oft ermöglichen sie es dem Entscheidungträger überhaupt erst, eigene Entscheidungen zu treffen. Herausfordernd ist es insoweit, die häufig bestehenden rechtlichen Risiken durchaus zu benennen, gleichzeitig aber sinnvolle und zielführende Vorgehensmöglichkeiten aufzuzeigen.

Welche Weichen sind für eine vergaberechtliche Marktpräsenz in zehn Jahren jetzt zu stellen?

Regelmäßige Fortbildung des Vergaberechtsteams

Um als vergaberechtlicher Berater in zehn Jahren am Markt präsent zu sein, ist es zwingend erforderlich, das Vergaberechtsteam laufend fortzubilden, vor allem im Bereich der Digitalisierung. Die Erfahrung hat gezeigt, dass die Teilnahme an Fortbildungen – etwa im Bereich des Vergabemanagements – nicht nur das »Absitzen« von Stunden in Fortbildungsveranstaltungen bedeutet. Sie generiert konkreten Mehrwert für die Mitarbeitenden im täglichen Geschäft der vergaberechtlichen Beratung und Projektsteuerung. Durch stetige Fortbildungen wird zugleich sichergestellt, dass anstehende Veränderungen der rechtlichen Rahmenbedingungen und daraus abzuleitende Umstellungen von Projektschemata rechtzeitig erkannt, bewertet und in die Arbeitsprozesse einbezogen werden können.

Anwaltlichen Beratern, die vergaberechtlich spezialisiert arbeiten wollen, ist zudem dringend zu empfehlen, die Fachanwaltschaft für Vergaberecht anzustreben. Diese wird inzwischen vielfach als Grundvoraussetzung für die Beratung öffentlicher Auftraggeber angesehen, ist aber auch sehr hilfreich für die Beratung und Begleitung von Bewerbern bzw. Bietern in öffentlichen Vergabeverfahren.

Identifizierung mittel- und langfristig vergaberechtrelevanter Märkte

Für eine Marktpräsenz in zehn Jahren ist es weiterhin erforderlich, mittel- und langfristig neue vergaberechtsrelevante Märkte zu identifizieren. Diese können sich zum einen in all jenen Bereichen ergeben, in denen der Bund, die Länder und die Kommunen bei der Erfüllung ihrer originären Aufgaben durch äußere oder innere Entwicklungen einem starken Veränderungs- bzw. Investitionsdruck ausgesetzt sind. Dort sind öffentliche Aufträge über die laufenden Geschäfte hinaus zu erwarten. Beispiele sind die Bereiche der Digitalisierung der Verwaltung oder der Ertüchtigung der Bundeswehr. Zum anderen können diejenigen Felder vergaberechtliche Bedeutung erlangen, in denen es weniger um die Erfüllung originärer staatlicher Aufgaben als um die Verbesserung der allgemeinen Lebens- und Wirtschaftsbedingungen geht.

Angesprochen sind insoweit solche Lebensbereiche, die durch staatliche Leistungen (erheblich) gefördert werden sollen. Das trifft zum Beispiel zu auf die Versorgung der Bevölkerung mit schnellem Internet und Mobilfunk, die Bewältigung des Klimawandels oder die Umsetzung der Verkehrswende. Denn regelmäßig ist, wie schon angemerkt, im Kontext geförderter Projekte auch das Vergaberecht zu beachten.

Interdisziplinärer Ansatz

Das Vergaberecht ist per se geknüpft an spezifische Merkmale, Eigenheiten und Üblichkeiten im jeweils relevanten Beschaffungssektor. Schon um Eignungs- und Leistungskriterien rechtssicher herauszuarbeiten, müssen Beraterinnen und Berater im Vergaberecht die Brille des Juristen zeitweise ablegen. Sie müssen bereit sein, sich in völlig fremde Bereiche hineinzuversetzen. Dazu zählen etwa die Gebiete der Informatik, der Logistik oder des Breitbandausbaus. Gute Berater müssen offen für deren Besonderheiten und Bedürfnisse sein. Vielfach erforderlich ist die Zusammenarbeit mit Fachberaterinnen anderer Beratungsdisziplinen. Für eine vergaberechtliche Marktpräsenz in zehn Jahren dürfte es weiterhin eine Kernkompetenz darstellen, zu entsprechender interdisziplinärer Beratung in der Lage zu sein und über gute Netzwerke mit Fachberatern zu verfügen.

Wenn der Bereich Vergaberecht einen Wunsch an den Gesetzgeber frei hätte: Welcher wäre das?

Das wäre eine Vereinheitlichung des Vergaberechts – konkret: eine Vereinheitlichung des teils sehr unterschiedlichen Landesrechts, das unterhalb bestimmter Auftragsschwellenwerte gilt. Auch eine Vereinheitlichung der Anforderungen an die zu nutzenden elektronischen Vergabe-Plattformen würde eine erhebliche Erleichterung der Rechtsanwendung mit sich bringen, Fehlerquellen reduzieren und das Vergabewesen insgesamt beschleunigen.

20 Versicherungsrecht

Johanna Mathäser

Welche drei Faktoren prägen den heutigen Arbeitsalltag im Bereich Versicherungsrecht maßgeblich?

Die vielfältigen Möglichkeiten der anwaltlichen Betätigung im Versicherungsrecht zeigt ein Blick in § 14a der Fachanwaltsordnung. Dort sind die Sachgebiete aufführt, in denen der zukünftige Fachanwalt besondere Kenntnisse nachweisen muss:

1. allgemeines Versicherungsvertragsrecht und Besonderheiten der Prozessführung,
2. Recht der Versicherungsaufsicht,
3. Grundzüge des internationalen Versicherungsrechts,
4. Transport- und Speditionsversicherungsrecht,
5. Sachversicherungsrecht (insbesondere das Recht der Fahrzeug-, Gebäude-, Hausrat-, Reisegepäck-, Feuer-, Einbruchdiebstahl- und Bauwesenversicherung),
6. Recht der privaten Personenversicherung (insbesondere das Recht der Lebens-, Kranken-, Reiserücktritts-, Unfall- und Berufsunfähigkeitsversicherung),
7. Haftpflichtversicherungsrecht (insbesondere das Recht der Pflichtversicherung, privaten Haftpflicht-, betrieblichen Haftpflicht-, Haftpflichtversicherung der freien Berufe, Umwelt- und Produkthaftpflicht, Bauwesenversicherung),
8. Rechtsschutzversicherungsrecht sowie
9. Grundzüge des Vertrauensschaden- und Kreditversicherungsrechts.

In der Praxis bietet das Versicherungsaufsichtsrecht, das Teil des Verwaltungsrechts ist, für externe Berater kein gesondertes Betätigungsfeld. Versicherungsunternehmen sind aus Sicht der Aufsichtsbehörden dazu verpflichtet, den notwendigen Sachverstand in der eigenen Rechtsabteilung vorzuhalten, um die Interessen des Versicherungsunternehmens ohne externe Unterstützung gegenüber der Aufsicht wahrnehmen zu können. (Halm/Engelbrecht/Krahe, 2018, S. 1).

Wie die Liste des § 14a Fachanwaltsordnung zeigt, ist das Versicherungsvertragsrecht mit all seinen Untergebieten so umfangreich, dass wiederum eine gewisse Spezialisierung nötig ist. Teilweise ergibt sich diese durch die Verknüpfung der Tätigkeit mit einem anderen Spezialgebiet, zum Beispiel dem Verkehrsrecht, in dem Fragen der Fahrzeug- und Haftpflichtversicherung relevant werden. Auch eine frühere Tätigkeit bei einem Versicherungsunternehmen führt viele Anwälte praktisch automatisch in ein Tätigkeitsgebiet.

Dies wirft eine weitere Frage auf, die sich im Versicherungsvertragsrecht stärker auswirkt als in anderen Gebieten des Privatrechts – die Frage danach, ob die Mandantschaft aus dem Bereich der Versicherungen oder der Versicherten kommt. Beide Bereiche stellen den Rechtsberater vor dem Wesen nach verschiedene Anforderungen. Diese Aufgaben erschöpfen sich nicht darin, die anspruchsbegründenden Normen von gegensätzlichen Positionen zu betrachten. Der Versicherungsvertrag unterscheidet sich dadurch von anderen privatrechtlichen Verträgen, dass er gerade das Kernstück – das eigentliche Produkt des Versicherers – ist, der ihn auf den Markt bringt. Der Begriff der »Versicherung als Rechtsprodukt« hat sich eingebürgert (Wandt, 2010, S. 9). Im Regelfall handelt es sich um Massengeschäfte, deren Inhalte nicht individuell ausgehandelt werden. Vielmehr werden sie durch die vom Versicherer gestellten Allgemeinen Versicherungsbedingungen bestimmt (Kerst/Jäckel, 2020, S. 16). Damit unterliegen sie nach der Rechtsprechung des Bundesgerichtshofs den Regeln über die Allgemeinen Geschäftsbedingungen (AGB) nach §§ 305 ff. BGB mit all den Risiken, die damit für den Verwender, also die Versicherer, verbunden sind. Ein gutes Augenmaß des Rechtsberatenden führt in Fällen, in denen die Wirksamkeit und Auslegung von Allgemeinen Versicherungsbedingungen im Mittelpunkt der Rechtsstreitigkeit stehen, oft zu einer nichtstreitigen Lösung im Sinne aller Beteiligten.

Diese Erwägungen spielen für die Ausgangsposition der Anwältin, die aufseiten der Versicherten tätig ist, ebenfalls eine wichtige Rolle. Allerdings ist ihre Aufgabe vor allem von umfangreichen Erläuterungen geprägt, sind doch die meisten Fragen zu Versicherungen Rechtsfragen (Wandt, 2010, S. 9). Sie müssen den Versicherungsnehmern erklärt werden.

Wo liegen die drei maßgeblichen Herausforderungen für eine erfolgreiche versicherungsrechtliche Beratung?

Die anwaltliche Tätigkeit für den Versicherungsnehmer ist bereits bei der Anbahnung neuer Mandate geprägt durch die Unsicherheit vieler Versicherungsnehmer über den Umfang ihrer Rechte aus dem Versicherungsverhältnis. Die Ursachen hierfür sind vielfältig:

Der Rechtsanwalt wird oft erst beauftragt, wenn die Abwicklung des Versicherungsfalls zu Schwierigkeiten führt. Das liegt daran, dass die meisten Versicherten im Versicherungsfall zunächst den Versicherungsvertreter oder -makler mit der Abwicklung betrauen, bei dem sie den Vertrag abgeschlossen haben. Dabei handelt es sich nicht selten um Freunde, Verwandte oder Personen, die das besondere Vertrauen der Versicherungsnehmerin genießen. Erst wenn dessen Bemühungen gescheitert sind, wird in Erwägung gezogen, anwaltlichen Rat einzuholen, um den Anspruch durchzusetzen. In dieser Situation gilt es dem Mandanten einerseits die Angst vor einer »David gegen Goliath«-Situation zu nehmen. Andererseits darf die Sachkunde der Vertrauensperson nicht unterminiert werden. Das gelingt durch behutsame Herangehensweise und viele Erklärungen.

Das Gefühl der Ohnmacht stellt sich bei Versicherten oft ein, weil Versicherungsunternehmen in der Vergangenheit eine staatsähnliche Stellung hatten. Der Glaube, Versicherungsbedingungen unterlägen staatlicher Aufsicht und damit einer rechtlichen Kontrolle, ist immer noch sehr verbreitet. Ganz unbegründet ist dieser Glaube nicht, da Versicherungsbedingungen tatsächlich bis 1994 der Aufsichtsbehörde genehmigt werden mussten (Kerst/Jäckel, 2020, S. 26). Erst mit der Öffnung des Versicherungsmarkts durch EU-Regelungen ist dieser Akt nun auf ganz enge Bereiche begrenzt. Versicherungsbedingungen sind AGB i. S. der §§ 305 ff. BGB. Sie sind auch in diesem Rahmen vom Zivilgericht überprüfbar. Jeder einzelne Versicherungsnehmer hat damit in seinem Rechtsstreit die Chance, sich gegen Regelungen in dem Vertrag individuell zur Wehr zu setzen. Dringt er durch, besteht für das Versicherungsunternehmen die Gefahr, dass eine Vielzahl vergleichbarer Verträge betroffen ist.

Ein weiterer Grund für das Unterlegenheitsgefühl vieler Versicherter ist die finanzielle Übermacht der Gegenseite. Im Beratungsstadium des Mandats ist das keine große Hürde. Das Honorar kann von Anwaltsseite so gestaltet werden, dass es sich für den Versicherungsnehmer lohnt, eine ausreichende Entscheidungsgrundlage für das weitere Vorgehen zu bekommen. Bei der außergerichtlichen Vertretung wird es teilweise schwieriger, da die Gegenstandswerte oftmals hoch sind. Eine Geschäftsgebühr im Sinne der Nr. 2300 RVG VV, die nach den Kriterien des § 14 RVG bemessen wird, ist im Regelfall höher als eine 1,3-Gebühr: Die Angelegenheiten sind meist von wesentlicher Bedeutung für den Mandanten.

Beispielhaft dafür steht die Absicherung des Lebensunterhalts im Rahmen einer Berufsunfähigkeitsversicherung. Die Beratungsgegenstände sind zudem schwierig, da sie nicht ohne spezielle Kenntnisse im Versicherungsrecht zu bewältigen sind. Zudem gestalten sie sich allesamt umfangreich, da für die substantiierte Geltendmachung von Ansprüchen aus einem privaten Versicherungsvertrag sämtliche Unterlagen vom Versicherungsbeginn bis zur Geltendmachung geprüft werden müssen. Nur so ist der genaue Vertragsinhalt festzustellen.

In Verfahren bis 100.000 Euro kann dem Gerichtsverfahren ein Verfahren vor dem Ombudsmann vorgeschaltet werden, um Kosten zu sparen. Dieses Vorgehen ist für den Versicherungsnehmer kostenfrei (§ 14 Abs. 2 Verfahrensordnung des Versicherungsombudsmanns, Stand 23. November 2016). Der in Berlin ansässige »Versicherungsombudsmann e. V.« hat sich die Förderung der außergerichtlichen Beilegung von Streitigkeiten zwischen Versicherungen und Verbrauchern zum Ziel gesetzt (§ 2 Abs. 1 Satzung des Vereins Versicherungsombudsmann e. V. vom 28. September 2020). Voraussetzung ist zunächst, dass der Versicherer Mitglied des Vereins ist. In diesem Fall hat er sich verpflichtet, an dem Verfahren teilzunehmen und sich bis zu einem Beschwerdewert von 10.000 Euro den Entscheidungen des Ombudsmanns zu unterwerfen (§ 5 Satzung des Vereins Versicherungsombudsmann e. V. vom 28. September 2020 i. V. mit der Verfahrensordnung des Versicherungsombudsmanns, Stand 23. November 2016). Bleibt dieses Verfahren aus Sicht des Versicherungsnehmers erfolglos, steht ihm immer der Weg zu den ordentlichen Gerichten offen (§ 11 Abs. 2 Verfahrensordnung des Versicherungsombudsmann, Stand 23. November 2016).

Erreicht die außergerichtliche anwaltliche Vertretung nicht das angestrebte Ziel, so steht die Finanzierung des Gerichtsverfahrens im Mittelpunkt der Überlegungen. Neben dem Streitwert fallen hierbei Kosten für Sachverständige besonders ins Gewicht. Für die Durchsetzung von Ansprüchen im Bereich der Berufsunfähigkeitsversicherung ist neben den medizinischen Sachverständigengutachten oft die Einholung eines Gutachtens zur beruflichen Tätigkeit erforderlich. Auch der Umfang der Auswirkungen eines Krankheitsbildes auf diese Tätigkeit ist Gegenstand entsprechender Gutachten. Einfach ist diese Hürde zu überwinden, wenn eine Rechtsschutzversicherung besteht. Ansonsten gilt es möglichst viele Risikofaktoren auszuschließen. Dies kann nur durch intensive Beratung des Mandanten über sämtliche für den Versicherungsprozess entscheidende Faktoren geschehen.

Welche Weichen sind für eine versicherungsrechtliche Marktpräsenz in zehn Jahren jetzt zu stellen?

Das Versicherungsrecht unterliegt mehr als viele andere Rechtsgebiete ständiger Wandlung. Das liegt am Wesen der Versicherung. Ihr Hauptzweck besteht darin, wirtschaftliche Risiken des einzelnen Versicherungsnehmers auf das Versicherungsunternehmen zu übertragen und ihm dadurch Handlungsfreiräume zu schaffen (Wandt, 2010, S. 8). Gegenleistung der Versicherungsnehmer ist eine individuell tragbare Prämie (Kerst/Jäckel, 2020, S. 1). Aus diesem Grund passt sich die Versicherungswirtschaft ständig neuen gesellschaftlichen, technischen und medizinischen Entwicklungen an. Als Beispiel möge die D&O-Versicherung dienen. Diese entstand und wurde wirtschaftlich erfolgreich, weil Risiken von Gesellschaftern oder Vorständen sich dadurch vergrößerten, dass Haftungsansprüche in der Rechtswirklichkeit tatsächlich gegen diese durchgesetzt wurden. Erst in neueren Zeit entwickeln sich Cyberversicherungen für kleine und mittlere Unternehmen.

Für bereits bestehende Versicherungsarten wie die Sach- und Personenversicherung bedeutet Zukunftsorientierung, gesellschaftliche Entwicklungen, technische Innovationen und ihre Wirkung auf die Umwelt sowie allgemeine Entwicklungen stets im Auge zu behalten. Dazu müssen Ideen und Visionen entwickelt werden. So hat der rasante Klimawandel schon jetzt dramatische Auswirkungen auf die Versicherungswirtschaft, wie Katastrophen im Ahrtal zeigen. Dieser Erkenntnis können sich Versicherungsjuristen nicht verschließen. Deshalb hat sich der 10. DAV-Versicherungsrechtstag in Erfurt am 23.09.2022 den Themen »Auswirkungen des Klimawandels auf die versicherbaren Risiken« und »Bedeutung des Klimawandels für die einzelnen Versicherungszweige« gewidmet.

Neben der Beobachtung der materiellen Entwicklungen im Versicherungsrecht gilt es in der Anwaltspraxis, heute die Weichen für die Arbeit in der Zukunft zu stellen. Wesentliche Faktoren sind die Herausforderungen der Digitalisierung und der Anwendung von künstlicher Intelligenz. Unabdingbar ist es deshalb, die technische Ausstattung der Kanzlei diesen anzupassen. Das betrifft die Akquise neuer Mandate genauso wie die Arbeit in Beratung und Prozessführung. Eine Kanzlei, die sich der Beratung von Versicherten widmet, wird dadurch geprägt, dass sie allen Empfängern gerecht werden und die Mandantschaft technisch dort abholen muss, wo sie mit ihren eigenen technischen Möglichkeiten steht. In der Mandantschaft, aber auch bei Versicherungsverträgen, sind alle Altersklassen vertreten. Das bedeutet einerseits, dass man die alte Technik länger als andere vorrätig halten muss. Das papierlose Büro lässt sich nicht in allen Bereichen durchsetzen. Andererseits ist Mandanten die niederschwellige Möglichkeit anzubieten, mit ihrer Rechtsanwältin in Kontakt zu treten. Das geschieht beispielsweise durch Plattformen, die den Zugriff auf den aktuellen Stand der Akte inklusive der gesamten außergerichtlichen und gerichtlichen Kommunikation ermöglichen. Bei Analyse des Fortschritts, den die Wissensbeschaffung im Netz macht, wird die individuelle Beratung des einzelnen Versicherten die Arbeit des Versicherungsanwalts in der Zukunft noch mehr prägen als bisher. Die persönliche Begleitung ist nämlich ein Service, der in absehbarer Zukunft durch Technik nicht ersetzt werden kann.

Wenn der Bereich Versicherungsrecht einen Wunsch an den Gesetzgeber frei hätte: Welcher wäre das?

Aus Sicht einer Rechtsanwältin, die im Versicherungsrecht Versicherungsnehmer vertritt, ist ein Wunsch ganz oben auf der Liste: Es muss gelingen, schon am Anfang des Gerichtsverfahrens zwischen den Parteien »Waffengleichheit« im Bereich der Finanzierung von Sachverständigengutachten zu erreichen. Derzeit ist eine solche Begegnung auf Augenhöhe im Versicherungsrecht lediglich für Rechtssuchende garantiert, die entweder eine Rechtsschutzversicherung unterhalten oder Anspruch auf Prozesskostenhilfe haben. Grund dafür ist, dass der Versicherungsnehmer prinzipiell die Beweislast bezüglich des Eintritts des Versicherungsfalls trägt. Um den Beweis zu erbringen, ist im Regelfall die Einholung eines oder mehrerer Sachverständigengutachten notwendig. In der Berufsunfähigkeitsversicherung kann beispielsweise neben dem ärztlichen Gutachten, das den Gesundheitszustand feststellt, ein berufstypisches Gutachten eingeholt werden, um festzustellen, welche Anforderungen der Beruf an den Versicherten stellt.

Wie in allen Zivilprozessen setzt das Gericht den Vorschuss hierfür nach freiem Ermessen fest. Dies führt zu für den nicht rechtsschutzversicherten Versicherungsnehmer zu unabsehbaren finanziellen Risiken. Dieser Umstand kann ihn von der Durchsetzung seiner berechtigten Ansprüche abhalten, wenn er nicht über die finanziellen Mittel verfügt. Dies ist bei der Berufsunfähigkeitsversicherung oft der Fall, da die Betreffenden gerade durch Eintritt des Versicherungsfalls ihr normales Einkommen nicht mehr erzielen können.

Zusammenfassend ist das Versicherungsrecht ein zukunftsträchtiger Rechtszweig, die gerade für junge Anwältinnen und Anwälte ein vielfältiges, an ihren Interessen orientiertes Beschäftigungsfeld bietet.

Literatur

Halm, Wolfgang/Engelbrecht, Andreas/Krahe, Frank (2018): Handbuch des Fachanwalts – Versicherungsrecht. 6. Aufl. München.

Kerst, Andreas/Jäckel, Holger (2020): Versicherungsrecht. 2. Aufl. München.

Wandt, Manfred (2010): Versicherungsrecht. 5. Aufl., Köln.

21 Vertriebs-, Handels- und Logistikrecht

Frank J. Bernardi

Welche drei Faktoren prägen den heutigen Arbeitsalltag im Bereich Vertriebs-, Handels- und Logistikrecht maßgeblich?

Gegen Ende des vierten Quartals 2022 sind die Welt und Europa von drei Ereignissen geprägt. Das sind die Covid-19-Pandemie, der Krieg in der Ukraine und der – aus juristischer Sicht – erst kürzlich erfolgte Brexit.

Alle drei Elemente haben dazu geführt, dass sowohl die vorher gegebene – relative – Sicherheit der Lieferkette als auch die ebenso relativ hohe Preisstabilität ins Wanken geraten sind. Die Pandemie, einhergehend mit den diversen Lockdowns, hat zu einer beschleunigten Eingliederung EDV-basierter Lösungen in den Arbeitsalltag geführt: New Work erfolgt oft remote vom heimischen Schreibtisch aus, der Online-Handel ist offenkundig der Gewinner der Pandemie.

Das gilt nicht nur, weil er während der Zeit der Epidemie für viele Unternehmen der einzige Weg war, deren Produkte zu vertreiben. Daneben hat die schiere Länge der Pandemie diesen Vertriebsweg in den Köpfen der Verbraucher als »üblich« etabliert. Auch Händler, die klassischerweise auf Präsenz vor Ort zählen, wie zum Beispiel im Mode- oder Kosmetikbereich, haben ihre Online-Plattformen zum festen Bestandteil der Vertriebsstrategie gemacht. Multi-Channel-Vertrieb ist eines der aktuellen Schlagworte.

Dabei führt die wachsende Bedeutung des Online-Vertriebs automatisch zu einer wachsenden Bedeutung der Logistik. Weil auch Zahlungen online vorgenommen werden, haben schließlich auch Online-Zahlungssysteme Konjunktur. Dies vorausgeschickt, prägen die Instabilität langjährig aufgebauter Lieferketten, die Auswirkungen der Energiekrise und schließlich in gesetzlicher Hinsicht die im Mai 2022 erlassene neue Vertikal-GVO die Beratung im Bereich Handel, Vertrieb und Logistik. Diese Entwicklung geht Hand in Hand mit dem der Anstieg des Online-Handels.

Instabilität der Lieferketten

Der Brexit, die Pandemie und schließlich der Krieg in der Ukraine haben die Verwundbarkeit der Lieferketten gezeigt. Rechtzeitige Lieferungen sind keineswegs an der Tagesordnung, oftmals bestehen lange Wartezeiten auf platzierte Bestellungen, und schließlich können Preise nur schwer, zum Teil gar nicht, gehalten werden.

Seit nunmehr drei Jahren beruft sich eine Vielzahl von Unternehmen, gleichgültig ob Besteller oder Lieferanten, in verschiedenen Varianten auf Force Majeure, also höhere Gewalt. Das ist zwar nicht immer berechtigt, funktioniert aber oft erstaunlich gut. Am Anfang stand im kanalübergreifenden Handel die Brexit-bedingte Unfähigkeit zu liefern. Hier kam es zunächst zu einer schleppenden Abfertigung am Kanaltunnel. Danach waren zu wenige Kraftfahrer aufgrund nicht erteilter Arbeitsgenehmigungen für LKW-Fahrer bzw. Zölle zu beklagen. Gleich im Anschluss hieran hat die Pandemie mit ihren weltweit erfolgten Lockdowns die Einhaltung von Lieferterminen für viele Unternehmen zu einem Glücksspiel verkommen lassen.

Während der ersten Wellen der Pandemie herrschte dabei ein überraschend hohes gegenseitiges Verständnis der Parteien für die gegenseitigen Probleme. So wurden verspätete Lieferungen oftmals akzeptiert. Lieferanten gingen mit höherpreisigen Logistiklösungen in Vorleistung. In einigen Branchen wurden, um Termine einzuhalten und einen Stillstand der Produktion zu vermeiden, Waren mit Luft- statt mit Seefracht versendet. Erst im Nachhinein wird nun um die Mehrkosten verhandelt – und teilweise gestritten. Lieferungen aus und in Krisengebiete sind zumindest erschwert, teilweise unmöglich. Schließlich führt das neue Lieferkettengesetz (das Gesetz über die unternehmerischen Sorgfaltspflichten in Lieferketten) dazu, dass manche Produktionsstandorte überdacht werden.

Instabilität der Preise

Preisstabilität ist derzeit nicht gegeben. Bereits die vorbenannten Faktoren wirken sich auf die Kostenseite aus. Dieser Effekt wird verstärkt durch die Trendwende hin zu erneuerbaren Energien, verbunden mit der im zweiten Halbjahr 2022 im Zuge des Ukraine-Kriegs entstandenen allgemeinen Energiekrise. Dieser Umstand macht vor Handel, Vertreib und Logistik keinen Halt. Der Beratungsbedarf zu Force Majeure und Preisklauseln ist erheblich gestiegen. Ein Blick ins europäische Ausland zeigt, dass in Deutschland die Regelungsdichte vergleichbar überschaubar ist.

Neue Vertikal-GVO

Kernelement einer klassischen vertriebsrechtlichen Beratung ist die Neufassung der Vertikal-GVO. Nach Art. 101 AEUV sind mit dem Binnenmarkt unvereinbar und verboten alle Vereinbarungen zwischen Unternehmen, die geeignet sind, den Handel zu beeinträchtigen, und die eine Einschränkung des Wettbewerbs bewirken. Eine Vielzahl vertriebsrechtlicher Vereinbarungen würde grundsätzlich dem Kartellverbot aus Art. 101 AEUV unterfallen und damit unwirksam sein, zum Beispiel die geschlossenen Vertriebssysteme der Automobilhersteller. Mit der Vertikal-GVO werden allerdings aufgrund gesetzlicher Ermächtigung (Art. 101 Abs. 3 Vertikal GVO) bestimmte Vereinbarungen vom Kartellverbot aus Art. 102 Abs. 1 AEUV freigestellt.

Das ist an sich ist keine Neuerung, denn die letzte Vertikal-GVO stammt erst aus dem Jahr 2010. Jedoch kommt der Neufassung der Vertikal-GVO und den hierzu erlassenen Leitlinien (Vertikal-LL) erhebliche Bedeutung zu: Sie beinhaltet für die Praxis erhebliche Änderungen und teilweise auch Vereinfachungen. Maßgeblich für die Neufassung der Vertikal-GVO waren ausweislich der in ihr wiedergegebenen Erwägungen auch die Wichtigkeit und die Eigenheiten des Online-Vertriebs, wie der europäische Gesetzgeber erkannt hat. Einige der neuen Regelungen der Vertikal-GVO sind demnach explizit auf den Online-Vertrieb ausgerichtet. So kann nunmehr sogar ein Doppelpreissystem zulässig sein, bei dem der Abnehmer für online verkaufte Produkte einen anderen Preis bezahlen muss als für offline verkaufte Produkte (vgl. Vertikal-LL, Rn. 209).

Wo liegen die drei maßgeblichen Herausforderungen für eine erfolgreiche vertriebs-, handels- und logistikrechtliche Beratung?

Eine erfolgreiche Beratung im Bereich Handel, Vertrieb und Logistik muss kreativ, komplex und robust sein.

Dabei bezieht sich die Kreativität auf die Art und Weise sowie die Schnelligkeit der Anpassung an die sich stets wandelnden politischen und daraus folgenden gesetzlichen und weiteren Rahmenbedingungen. Komplex ist die Beratung wegen der Verzahnung der drei Bereiche Handel, Vertrieb und Logistik, aber auch wegen der Vielzahl scheinbar vertriebsfremder Themen wie IT und Datenschutz. Das Erfordernis der Robustheit steht für die Anpassungsfähigkeit und Durchsetzbarkeit erarbeiteter Lösungen im In- und Ausland – wo nötig gerichtlich oder mittels eines Schiedsverfahrens.

Kreativität und Umsetzungsgeschwindigkeit

Die sich stetig ändernden Rahmenbedingungen stehen in Wechselwirkung zueinander. Der Gesetzgeber hat nicht unbedingt – bei neuen Geschäftsmodellen von Unternehmen eher gar nicht – alle Wechselwirkungen der neu erlassenen Regelungen vor Augen. Diese gilt es schnell zu analysieren, um hieraus kurzfristig kreative Lösungsansätze zu erarbeiten und umzusetzen. So bietet etwa das Lieferkettengesetz viele Möglichkeiten, Mandanten zu beraten und dabei zu unterstützen, ihre Geschäftsideen umzusetzen.

Das gilt in jeder Richtung, beginnend mit der Absicherung der Lieferkette bis hin zum Aufbau neuer Lieferantenbeziehungen im In- und Ausland. Ein weiteres Beispiel hierfür gibt der Online-Handel: Datenschutz ist zwar ein essenzielles Bedürfnis der gesamten Bevölkerung, aber aus legitim gewonnenen Daten können auch Vorteile für Kunden folgen. Beispiele hierfür sind dem Kunden beim Online-Einkauf angebotene Zahlungsmethoden außerhalb der Kartenzahlung.

Viele Zahlungen für online getätigte Geschäfte erfolgen auf Vorkassebasis, was aus dem Gesichtspunkt des Datenschutzes die anzuratende Lösung zu sein scheint. Allerdings wird hierdurch das Leistungsrisiko faktisch auf den Kunden überlagert: Wird nicht geliefert, muss er aktiv werden, um seine Rechte zu sichern. Das Einräumen einer Bankeinzugsermächtigung ist wegen der Sensibilität der preiszugebenden Daten bei vielen Verbrauchern nicht beliebt. Sie würden, wenn sie die Wahl hätten, eher einen Kauf auf Rechnung befürworten.

Einige Unternehmen haben sich mittlerweile auf diese Fälle spezialisiert und sprechen – gegen Gebühr – Zahlungsgarantien aus, die das Risiko der Uneinbringlichkeit der Forderung vom Handel übernehmen. Eine solche kreative Lösung beschleunigt und vereinfacht das Geschäft des Unternehmens, und die Gestaltung der rechtssicheren Grundlage hierfür ist klassische Juristenarbeit.

Komplexität

Weiteres Beispiel für die mittlerweile geforderte Komplexität der Beratung ist die Verzahnung von Handel, Vertrieb und Logistik. Logistik ist eine komplexe Leistung, die für einen erfolgreichen Vertrieb so ausgestaltet sein muss, dass die Lieferung zuverlässig und unproblematisch erfolgen kann. Bereits im innereuropäischen B2C-Handel muss beim Erarbeiten einer Logistiklösung das Umsatzsteuerrecht der einzelnen betroffenen Staaten beachtet werden, will man mögliche Preisvorteile so weit wie möglich an die Kunden weitergeben.

Auch das klassische Vertriebsrecht ist komplex. Zwar ist es ein Teil des Handelsrechts: Handelsvertreter (vgl. §§ 84 ff. HGB) und Handelsmakler (vgl. §§ 93 ff. HGB) sind ein Teil des Handelsstands (vgl. Erstes Buch des HGB). Zum Vertragshändler und zum Franchise findet man allerdings im HGB keine ausdrücklichen Regelungen. Zwar greift der BGH zumindest beim Vertragshändler unter bestimmten Bedingungen auf die gesetzlichen Regelungen zum Handelsvertreter zurück. Hingegen gibt es in Deutschland im Unterschied zu anderen europäischen Ländern wie Frankreich und Italien kein explizites Franchise-Gesetz. Allerdings geben auch hier die neue Vertikal-GVO und die Leitlinien Anhaltspunkte vor. Diese dürften ihrerseits Einfluss auf die in den vorbenannten Ländern bestehende Praxis haben.

Robustheit

Die größte Herausforderung ist es, robuste Lösungen zu entwickeln. Das mag schon immer so gewesen sein, allerdings haben die drei aufgezeigten Entwicklungen Brexit, Pandemie und Krieg gezeigt, dass auch im internationalen Bereich viele Vereinbarungen getroffen worden sind, ohne dass Mechanismen in die geschlossenen Verträge eingearbeitet wurden. Eine Regelung zur höheren Gewalt mag im deutschen Recht nicht als zwingend erforderlich angesehen werden. Das BGB liefert mit dem Leistungsstörungs- und Unmöglichkeitsrecht bereits gute Ansätze, um eine Vielzahl von Problemen zu beseitigen. Andererseits gibt es Fälle, in denen Wirtschaftsunternehmen mit einer individualvertraglichen und vom gesetzlichen Grundkonstrukt abweichenden Lösung mehr geholfen ist.

Auch dann, wenn das ein Widerspruch zur eben angeratenen individualvertraglichen Lösung zu sein scheint, ist die Bedeutung guter, auf den individuellen Geschäftsbereich des Verwenders zugeschnittener AGB überaus wichtig. In beiden Fällen, beim Individualvertrag wie bei den AGB, sollte man besonderen Wert auf einen funktionierenden Streitbeilegungsmechanismus legen.

Welche Weichen sind für eine rechtliche Präsenz im Bereich Vertrieb, Handel und Logistik in zehn Jahren jetzt zu stellen?

Multidisziplinärer oder vielseitiger Beratungsansatz

Aus den vorstehenden Ausführungen lässt sich erkennen, dass die Komplexität der Rechtsberatung in den letzten Jahren erheblich zugenommen hat. Wer in Zukunft bestehen will, muss dieser Entwicklung Rechnung tragen und Rechtsberatung als Teil einer komplexen Dienstleistung begreifen. Die reine Konzentration auf ein Fachgebiet, seien es Vertriebsrecht, Handelsrecht oder Logistik, schränkt den Einsatzbereich erheblich ein. Nur dann, wenn gezielt Rat im Spezialgebiet angefragt wird, wie beispielsweise bei der Mandatserteilung durch die Rechtsabteilung eines Unternehmens, mag das reine Spezialwissen ausreichend sein. Diese Konstellation deckt aber nur einen Teil des Rechtsmarkts ab.

Beratung im Wirtschaftsrecht ist immer auch Beratung in wirtschaftlichen, also zahlengetriebenen, Fragen. Zumindest in Grundzügen sind daher bereichsspezifische Kenntnisse im Steuerrecht und auch der Bilanzierung unumgänglich. Insoweit wird die Fähigkeit, Grundfragen zu beantworten, als selbstverständlich vorausgesetzt. Zu solchen Grundfragen zählt beispielsweise die, ob ein Handelsvertreterausgleichsanspruch der Umsatzsteuer unterliegt.

Vor dem Hintergrund der globalen Aufstellung der beratenen Wirtschaftseinheiten und des schnell grenzüberschreitenden E-Commerce stellen sich besondere Fragen nach rechtlichen Zusammenhängen und Kollisionsnormen.

Steigerung der wahrnehmbaren Präsenz

Personen, die in der Rechtsberatung tätig sind, müssen sich und ihre Leistungen wahrnehmbar machen, damit potenzielle Mandanten sie im Meer der Angebote überhaupt ausmachen können. In Ansätzen war das schon immer so. Allerdings hat die zunehmende Komplexität der Beratung dazu geführt, dass der räumliche Einzugsbereich einer Kanzlei zumindest im Vertriebsrecht erheblich größer ist, als das noch vor 20 Jahren üblich war. Das bedeutet, dass der Internetpräsenz einer Beratungseinheit erhebliche Bedeutung bei der Marktwahrnehmung zukommt. Besonders deren Auffindbarkeit ist enorm wichtig.

Hier lässt sich das eigene Fachwissen durch selbst verfasste Publikationen wahrnehmbar hinterlegen. Solche Veröffentlichungen auf der eigenen Kanzleiseite werfen ein positives Schlaglicht auf die Kanzlei. Allerdings ist damit, dass viele Einheiten stark publizieren und dabei Fachprobleme ausleuchten, auch ein gewisses Risiko verbunden: Das Wissen der Kanzlei verliert an Exklusivität und damit an Wert; guter Rat droht zur Selbstverständlichkeit zu verkommen. Angesichts der hohen Qualität vieler Artikel hat die Mandantschaft von Anfang an einen guten Überblick über die rechtliche Dimension ihrer Herausforderungen. Positiv betrachtet, können Beratungsgespräche dadurch zielgerichteter geführt werden, was zur Kosteneffektivität beiträgt.

Steigerung der Kosteneffektivität

Die Kosteneffektivität der Kanzleien muss unabhängig von ihrer Aufstellung verbessert werden. Das ist ein ständiger Prozess, der nicht erst gestern begonnen wurde: Heute gibt es aufgrund der Textverarbeitungs- und Spracherkennungssysteme nicht mehr das Schreibbüro von früher. Genauso müssen auch andere Bereiche des täglichen Schaffens, die immer wiederkehrende Arbeiten beinhalten, neu und besser strukturiert werden. Hier kommen EDV-getriebene Instrumente zum Einsatz. Ein Beispiel unter vielen ist das entsprechende Tool für die Berechnung eines Handelsvertreterausgleichs.

Personal

Der Vertrieb hat in jedem Unternehmen einen sehr hohen Stellenwert. Entsprechend ist davon auszugehen, dass der Beratungsbedarf in diesem Bereich nicht nachlassen, sondern im Gegenteil eher zunehmen wird. Dieser Umstand geht einher mit dem zunehmenden Fachkräftemangel. Die Zahl neu hinzukommender Rechtsanwältinnen und Rechtsanwälte, von Rechtswirtinnen und Rechtsanwaltsfachangestellten nimmt ab. Auf der anderen Seite drängen immer neue Bewerber auf den Markt, die einen Bachelor-Abschluss im Recht haben. Nur wer seine Arbeitsorganisation auch insoweit an die sich ändernden Gegebenheiten anpasst, wird in Zukunft bestehen können.

Wenn der Bereich einen Wunsch an den Gesetzgeber frei hätte: Welcher wäre das?

Feste und mathematisch berechenbare Vorgaben zur Kündbarkeit von Vertragshändlerverträgen würden viele Unsicherheiten beseitigen.

22 Wirtschaftsstrafrecht

Dr. Christian Rosinus

Die Zukunft der wirtschaftsstrafrechtlichen Rechtsberatung

Die Beratung im Wirtschafts- und Steuerstrafrecht in seiner aktuellen Form hat sich in den letzten beiden Jahrzehnten in signifikanter Weise zu einem eigenständigen Rechts- und Beratungsgebiet für Rechtsanwältinnen und Rechtsanwälte entwickelt.

Vorausgeschickt sei insoweit, dass in diesem Beitrag von einem umfassenden Verständnis wirtschaftsstrafrechtlicher Beratung ausgegangen wird. Gemeint ist die Beratung und Verteidigung von Individuen und juristischen Personen in den Bereichen Wirtschafts- und Steuerstrafrecht und den angrenzenden Gebieten wie dem Ordnungswidrigkeitenrecht und dem sonstigen Sanktionsrecht. Dies umfasst sowohl die präventive (Criminal Compliance; siehe hierzu Kap. 5) als auch die repressive Tätigkeit als Verteidigerin bzw. Verteidiger. Darüber hinaus ist die Beratung von Geschädigten, etwa zu Strafanzeigen, Neben- und Adhäsionsklagen sowie im Bereich Fraud-Litigation ein Teil der wirtschaftsstrafrechtlichen Beratung.

Das Strafrecht führte noch zu den Studienzeiten des Autors Ende der 90er Jahre des vergangenen Jahrhunderts im Kontext wirtschaftsrechtlicher Beratung eher die Rolle eines »Schmuddelkindes«. Heute ist es nahezu selbstverständlich, dass das Strafrecht auch ein attraktives Betätigungsfeld für wirtschaftsrechtlich interessierte Juristinnen und Juristen darstellt. Gab es früher nur vereinzelt Rechtsanwältinnen und Rechtsanwälte, die sich – und auch nicht ausschließlich – mit dem Wirtschaftsstrafrecht beschäftigt haben, existieren heute zahlreiche Sozietäten mit ausschließlich wirtschaftsstrafrechtlichem Tätigkeitsschwerpunkt. Ebenso gibt es inzwischen bei führenden internationalen Großkanzleien erfolgreiche Dezernate, die sich den Bereichen Wirtschaftsstrafrecht und Compliance Investigations widmen.

Zu dieser Entwicklung haben sicherlich verschiedene Umstände beigetragen, von denen hier nur einige kurz skizziert werden können. In den vergangenen Jahrzehnten gab es einen Anstieg an bedeutenden und öffentlichkeitswirksamen Verfahren. So wurde etwa im Rahmen des sogenannten »Siemens-Skandals« erstmals für die breite Masse an Strafverteidigerinnen und Strafverteidigern wahrnehmbar ein Verfahren mit großem Ermittlungsdruck seitens der US-Behörden geführt.

Hierdurch entstanden völlig neue Herausforderungen für die anwaltliche Tätigkeit. Dazu zählten etwa der Umgang mit internationalen Ermittlungen, die Begleitung der Mandantinnen und Mandanten in internen Untersuchungen und die Fülle an Dokumenten und Unterlagen, die es zu bewältigen galt. Zudem wurden die Vorschriften der Verbandsgeldbuße gemäß § 30 OWiG und der Aufsichtspflichtverletzung gemäß § 130 OWiG aus ihrem jahrzehntelangen Schattendasein befreit.

Seither gibt und gab es zahlreiche Verfahrenskomplexe, die einen ähnlichen oder noch viel erheblicheren Umfang angenommen haben. Beispielhaft seien aus der jüngsten Zeit etwa die Ermittlungen rund um den sogenannten »Dieselskandal«, um »Cum Ex«-Geschäfte oder die verschwundenen Milliarden der »Wirecard« zu nennen. All diese Verfahren werden medial intensiv begleitet, füllen Gazetten, Podcasts und sonstige Medien.

Welche drei Faktoren prägen den heutigen Arbeitsalltag im Bereich der wirtschaftsstrafrechtlichen Beratung maßgeblich?

Faktor Komplexität

Wirtschaftsstrafrechtliche Beratung zeichnet sich in aller Regel durch eine hohe Komplexität aus.

Wirtschaftsstrafrecht ist zunächst auch Wirtschaftsrecht, auf das man Strafrecht gleichsam »aufsetzen« muss. Grundlage eines Verfahrens sind in aller Regel wirtschaftliche oder unternehmerische Vorgänge. Beratende im Bereich des Wirtschaftsstrafrechts sollten sich daher betriebswirtschaftliche und wirtschaftsrechtliche Kenntnisse aneignen. Dabei reicht das Strafrecht in nahezu alle Bereiche des Wirtschaftsrechts hinein. Deshalb ist es erforderlich, sich in ein breites Spektrum an Wirtschaftsrecht einzuarbeiten. So sind Kapitalmarkt-, Umwelt-, Arbeits-, Gesellschafts- und Steuerrecht ständige Begleiter von Beratenden im Wirtschaftsstrafrecht.

Ein weiterer Aspekt, der zur Komplexität des Wirtschaftsstrafrechts beiträgt, ist die große Menge an physischen und elektronischen Unterlagen und Daten, die Gegenstand wirtschaftsstrafrechtlicher Verfahren sind. Gerade in Großverfahren werden häufig Terrabyte an elektronischen Daten sichergestellt und müssen ausgewertet werden. Derartige Datenmengen sinnvoll zu sichten, zu strukturieren und abzuschichten, stellt oftmals eine große Herausforderung dar. Sachverhalte lassen sich wegen dieser Komplexität häufig nicht im Sinne einer »objektiven« Wahrheit aufklären, oder man bewegt sich in rechtlichen Graubereichen.

Dynamik in Rechtsprechung und Gesetzgebung

Das Wirtschaftsstrafrecht liegt im Trend. Es gab in den letzten Jahren zahlreiche Entwicklungen in Gesetzgebung und Rechtsprechung, die im Rahmen der Beratungstätigkeit zu berücksichtigen sind.

Galt eine Steuerhinterziehung gemäß § 370 AO vor einigen Jahren noch als lässliches Kavaliersdelikt, hat sich dies heute diametral ins Gegenteil verkehrt. Dies ist Folge der Rechtsprechung des Bundesgerichtshofs, etwa zur Unzulässigkeit der Teilselbstanzeige (Bundesgerichtshof (BGH), Beschluss vom 20.05.2010 – Az. 1 StR 577/09), zu den »Bestrafungsschritten« (Stichwort: Haft ohne Bewährung ab einem hinterzogenen Betrag von mehr als 1 Mio. Euro) und von gesetzgeberischen Aktivitäten, etwa im Selbstanzeigerecht sowie im Verjährungsrecht (Steuerhinterziehung verjährt heute im besonders schweren Fall erst nach 15 Jahren, vgl. § 376 Abs. 1 AO).

Hinzu kommen gesetzliche Initiativen, wie etwa jüngst der Entwurf des Verbandssanktionengesetzes, das Lieferkettensorgfaltspflichtengesetz oder das Hinweisgeberschutzgesetz. Auch der Koalitionsvertrag sieht vor, dass das Unternehmenssanktionenrecht näher geregelt werden soll (Koalitionsvertrag, 2021, S. 111)

Individualität vs. Teamwork

Wirtschaftsstrafrechtliche Mandate zeichnen sich einerseits durch ein hohes Maß an Individualität, andererseits durch das Erfordernis der Teamfähigkeit aus.

Im Mittelpunkt steht gerade bei Individualmandaten die Strafverteidigerin bzw. der Strafverteidiger, welche allenfalls von einem kleinen Team unterstützt werden und ansonsten die maßgeblichen Tätigkeiten übernehmen. Gerade bei Hauptverhandlungen ist deren Aktenkenntnis, Reaktionsgeschwindigkeit und Kommunikationsstärke gefragt. Auch die Mandantschaft ist häufig stark an »ihre« Strafverteidigerin bzw. »ihren« Strafverteidiger persönlich gebunden.

Dennoch ist es erforderlich, dass Beratende im Wirtschaftsstrafrecht in hohem Maße Teamfähigkeit besitzen. Aufgrund der interdisziplinären Struktur von wirtschaftsstrafrechtlichen Mandaten ist es notwendig, über ein großes (internationales) Netzwerk an Spezialistinnen und Spezialisten zu verfügen, die in den jeweiligen Mandaten zum Einsatz kommen. Hierzu gehören etwa Expertinnen und Experten in den Bereichen Wirtschaftsprüfung und Steuerberatung sowie Rechtsanwältinnen und Rechtsanwälte aus angrenzenden Fachdisziplinen. Ganz besonders wichtig ist darüber hinaus ein gutes Netzwerk aus anderen Rechtsanwältinnen und Rechtsanwälten im Wirtschaftsstrafrecht. Vor dem Hintergrund der Vermeidung von Interessenkollisionen werden Mitbeschuldigte häufig von anderen Sozietäten vertreten.

Insbesondere bei der Beratung von Unternehmen, bei denen mehrere Mitarbeitende beschuldigt sind, werden mehrere Verteidigerinnen und Verteidiger benötigt, mit denen im Rahmen des berufsrechtlich Zulässigen zusammengearbeitet werden muss. Solche Konstellationen treten regelmäßig bei Sockelverteidigungen auf und führen in der Regel zu den besten Ergebnissen für die Mandantschaft. Animositäten und Konflikte zwischen den einzelnen Verfahrensbeteiligten sind hier zu vermeiden.

Wo liegen die drei maßgeblichen Herausforderungen für eine gute wirtschaftsstrafrechtliche Beratung?

Kommunikation

Ein großer Erfolgsfaktor für gute wirtschaftsstrafrechtliche Beratung sind Kommunikations- und Empathiefähigkeit, die auf verschiedenen Ebenen relevant werden:

Wirtschaftsstrafrechtlerinnen und -strafrechtler arbeiten gerade in Verteidigungssituationen häufig mit Menschen zusammen, die sich in existenzbedrohenden Ausnahmesituationen befinden, etwa wenn Freiheitsstrafen oder erhebliche berufliche oder persönliche Konsequenzen drohen. Solche Situationen stellen eine Herausforderung dar, insbesondere wenn Anzeichen psychischer Erkrankungen vorliegen, Angehörige involviert sind oder das Unternehmen im Fortbestand bedroht wird. Insoweit sind die Beratenden auch auf emotionaler Ebene und in ihrer Kommunikations- und Empathiefähigkeit gefragt.

Dabei ist es ähnlich wie bei Heilberufen wichtig, eine gewisse emotionale Distanz zu wahren, um objektiv beraten zu können. Im Sinne des Mandats muss man aushalten können, sich bei anderen Verfahrensbeteiligten (manchmal auch Mandantinnen und Mandanten) unbeliebt zu machen. Verteidigung ist eben manchmal auch Kampf, wie schon Hans Dahs postuliert hat: »Verteidigung ist Kampf […]. Gemeint war und ist der Kampf um das Recht mit den Mitteln des Rechts.« (Dahs, 2015, S. 6).

Im unternehmerischen Kontext ist gute Kommunikation ein wesentlicher Erfolgsfaktor. So unterscheidet sich die Kommunikation mit der fachnahen Rechtsabteilung von der Kommunikation mit Geschäftsleitungsorganen und Aufsichtsgremien. Beides sollte gut beherrscht werden. Gerade im Umgang mit Gremien ist die Fähigkeit der sinnvollen Zusammenfassung von komplexen Sachverhalten und der Formulierung einer klaren Empfehlung entscheidend.

Die Kommunikation mit (Ermittlungs-)Behörden ist ebenfalls von hoher Bedeutung. Diese sollte selbstverständlich von einer respektvollen Umgangsweise und Tonalität geprägt sein. Aussagen sollten verlässlich sein und vereinbarte Fristen möglichst eingehalten werden. Schriftsätze sollten klar und deutlich formuliert sein und sich auf das Wesentliche beschränken.

Bei der Kommunikation mit Dritten, insbesondere Medien, ist nach Auffassung des Autors Zurückhaltung geboten. Hier sollte das Mandanteninteresse gut abgewogen werden. Ansonsten gilt auch hier Vertrauensvolle und zuverlässige Kommunikation sind die entscheidenden Erfolgsfaktoren.

Umgang mit Interessen und Positionen

Im Wirtschaftsstrafrecht ist es erforderlich, die jeweiligen Interessen von Verfahrensbeteiligten und Dritten genau zu identifizieren und vor diesem Hintergrund das Mandanteninteresse herauszuarbeiten und umzusetzen.

Zunächst einmal sind bereits formal bei der Mandatsannahme Interessenkonflikte zu vermeiden. Zu beachten ist insbesondere, dass es im Strafverfahren das Verbot der Mehrfachverteidigung (gemäß § 146 StPO) gibt. Die Mandanteninteressen stehen stets im Vordergrund. Diese Interessen differieren jedoch abhängig von Verfahrensrolle und Beratungssituation.

Wird ein Unternehmen im Zuge eines Wirtschaftsstrafverfahrens vertreten, ergeben sich andere Interessenlagen als bei der Verteidigung von Individualpersonen. Ein wesentlicher Gesichtspunkt für Unternehmen ist in allen Verfahrenssituationen die Reputation gegenüber Stakeholdern – wie etwa dem Kapitalmarkt, Kreditgebern oder Kunden – zu wahren oder wiederherzustellen.

Ein geschädigtes Unternehmen hat je nach Situation Interesse daran, dass strafrechtliche Ermittlungen geführt werden oder nicht. Das hängt davon ab, was vielversprechender in Hinblick auf die Durchsetzung von Schadensersatzansprüchen erscheint.

Wird gegen ein Unternehmen oder sein Management und Mitarbeitende ermittelt, stellt sich strafrechtlich zunächst die Frage, ob und inwieweit Geldbußen oder Einziehungsentscheidungen auch gegen das Unternehmen drohen und welche Verteidigungsmöglichkeiten diesbezüglich bestehen. Aus einer strafrechtlichen Haftung können sich zudem auch Schadensersatzansprüche gegenüber Dritten oder vergaberechtliche Konsequenzen ergeben. Insoweit wird es regelmäßig ein Kooperationsinteresse mit Behörden geben. Vor diesem Hintergrund und auch meist aus gesellschaftsrechtlichen Gründen ist es geboten, den Sachverhalt vollständig aufzuklären und Sachverhaltsinformationen durch eine interne Untersuchung zu generieren.

Andererseits haben Mitarbeitende des Unternehmens, die (potenzielle) Beschuldigte sind, das Interesse, nicht strafrechtlich sanktioniert zu werden und arbeitsrechtliche Sanktionen oder Schadensersatzansprüche zu vermeiden. Daher mag es unter Umständen für Beschuldigte im Strafverfahren sinnvoll sein, im Hinblick auf etwaige Einlassungen zum Sachverhalt zu schweigen, im Hinblick auf rechtlich gebotene Kooperation gegenüber dem Arbeitgeber jedoch Angaben in internen Untersuchungen zu machen.

Wesentlich zu berücksichtigen sind bei alledem die Interessen der Ermittlungsbehörden und Gerichte, etwa an einer umfassenden Aufklärung, einer Eingrenzung oder Beschleunigung des Verfahrens. Im Blick zu behalten gilt es auch die Interessen der Belegschaft, von einschlägigen Versicherungen und der Öffentlichkeit, die jeweils erheblichen Einfluss auf den Verfahrensgang haben können.

In der wirtschaftsstrafrechtlichen Beratungspraxis hat sich zum Umgang mit derartigen Interessenlagen ein weites Sammelsurium an Maßnahmen herausgebildet, das die Beratenden kennen und anwenden müssen. Beispielhaft seien etwa die Prüfung einer frühzeitigen Kooperation als Kronzeuge (vgl. hierzu Mayr, 2021), die Durchführung von Amnestieprogrammen (vgl. hierzu auch Krug/Skoupil, 2017), Kostenübernahmen von Verteidigungskosten bzw. Geldauflagen nach § 153a StPO (zur Zulässigkeit und den Voraussetzungen vgl. Scharf, 2022) oder die Sockelverteidigung (vgl. hierzu ausführlich Pfordte/Tsambikakis, 2022) genannt.

Rückschaufehler

Ein wesentlicher Aspekt bei der wirtschaftsstrafrechtlichen Beratung und auch der Zieldefinition ist die Berücksichtigung von Rückschaufehlern (»Hindsight Bias«). Darunter versteht man den Effekt, dass ein zentrales Ergebnis in der Rückschau als vorhersagbarer eingeschätzt wird, als dies in der Vorschau tatsächlich der Fall gewesen ist (vgl. Ott/Klein, 2017). Der Effekt ist empirisch nachweisbar.

Für die Beratungspraxis hat die Thematik des Rückschaufehlers verschiedene Aspekte. Einerseits mag es manchmal angezeigt sein, die Mandantschaft dahingehend zu beraten, das Verfahren schnell abzuschließen, etwa durch eine Einstellung des Verfahrens nach § 153a StPO, um eine langwierige, im Ergebnis nicht voraussehbare Hauptverhandlung zu vermeiden. Andererseits müssen gerade in Fällen, in denen subjektive Aspekte, Beurteilungs- und Ermessensentscheidungen eine Rolle spielen, die jeweiligen Abwägungskriterien präzise herausgearbeitet werden. Gegebenenfalls ist auch das Phänomen des Rückschaufehlers explizit zu adressieren.

Welche Weichen sind für eine wirtschaftsstrafrechtliche Marktpräsenz in zehn Jahren jetzt zu stellen?

Die wichtigste Ressource im Bereich des Wirtschaftsstrafrechts sind gut ausgebildete Rechtsanwältinnen und Rechtsanwälte, die den stets wachsenden Herausforderungen qualifiziert begegnen können. Daher ist sozietätsintern auf eine gute Ausbildung nah am Mandat zu achten. Neben der rein fachlichen Ausbildung empfiehlt es sich, auch sogenannte »Soft Skills« zu trainieren. Hierzu gehören etwa Rhetorik und gute Englischkenntnisse. Es wäre insoweit erstrebenswert, wenn von Seiten der Rechtsanwaltskammern die Einführung eines Fachanwalts für Wirtschaftsstrafrecht in die Wege geleitet würde.

Darüber hinaus wird zunehmend eine Binnenspezialisierung wichtiger werden. Gerade Bereiche mit Bezug zum Wirtschaftsstrafrecht wie Internet-/Kryptokriminalität oder Themen rund um Environmental Social Governance, kurz ESG-Fragen, setzen eine vertiefte Expertise voraus.

Ferner wird die Digitalisierung in Zukunft noch eine viel größere Rolle spielen. Nicht nur die bereits gängige Auswertung nach Suchbegriffen, auch die inhaltliche Auswertung von Dokumenten und Akten werden an Gewicht gewinnen. Dies stellt eine Chance für die Beratung in Wirtschaftsstrafsachen dar, die genutzt werden sollte. Insoweit sollten wirtschaftliche und zeitliche Ressourcen in den Auf- und Ausbau dieser Thematik investiert werden.

Wenn der Bereich der wirtschaftsstrafrechtlichen Rechtsberatung einen Wunsch an den Gesetzgeber frei hätte: Welcher wäre das?

Die Beschränkung auf einen Wunsch an den Gesetzgeber ist für einen Berater im Wirtschaftsstrafrecht angesichts des erheblichen Reformbedarfs eine gewisse Herausforderung.

Aus Sicht des Autors besteht derzeit der dringlichste Regelungsbedarf für den Bereich des Wirtschaftsstrafrechts in einem einheitlichen Recht der Unternehmenssanktionen. Der Gesetzgeber hat in der Legislaturperiode zwischen den Jahren 2017 und 2021 bereits einmal den Entwurf eines Verbandssanktionengesetzes vorgelegt, der jedoch der Diskontinuität anheimgefallen ist (vgl. Kudlich, 2023, Rn. 44a). Daneben gibt es zahlreiche Gesetzesinitiativen, die einzelne Aspekte beleuchten. Hier finden sich Regelungen in der DSGVO, im Lieferkettensorgfaltspflichtengesetz und im Entwurf des Hinweisgeberschutzgesetzes.

Dennoch sind grundlegende Aspekte, die im Wirtschaftsstrafrecht täglich eine Rolle spielen, immer noch ungeregelt. Besonders augenfällig wird dies im Bereich der internen Untersuchungen. Beispielhaft seien in diesem Zusammenhang etwa fehlende Regelungen zu Vernehmungen von Mitarbeitenden, zur Verwertbarkeit von Erkenntnissen, zu der Stellung der Unternehmensverteidigung und Auswirkungen auf die Bußgeldzumessung zu nennen.

Literatur
Dahs, Hans (2015): Handbuch des Strafverteidigers. 8. Aufl. Köln.

Koalitionsvertrag (2021): Mehr Fortschritt wagen – Bündnis für Freiheit, Gerechtigkeit und Nachhaltigkeit. Koalitionsvertrag zwischen SPD, Bündnis 90/die Grünen und FDP. https://www.bundesregierung.de/resource/blob/974430/1990812/04221173eef9a6720059cc353d759a2b/2021-12-10-koav2021-data.pdf?download=1 (Abrufdatum: 20.12.2022).

Skoupil, Christoph/Krug, Björn (2017): Befragungen im Rahmen von internen Untersuchungen. NJW, Vol. 70, Nr. 33, S. 2374–2379.

Kudlich, Hans (2023): Münchener Kommentar zur StPO. 2. Aufl. Bd. 1 A. V. 4.

Mayr, Alexander (2021): Der Kronzeuge als »neuer« Akteur des Wirtschaftsstrafverfahrens? NZWiSt, 2021, S. 340–344.

Ott, Nicolas/Klein, Karen (2017): Auswirkungen und Methoden des »Debiasing«. Die Aktiengesellschaft, Vol. 62, Nr. 7, S. 209–221.

Pfordte, Thilo/Tsambikakis, Michael (2022): Sockelverteidigung. In: Müller/Schlothauer/Knauer (Hrsg.), Münchener Anwaltshandbuch Strafverteidigung. 3. Aufl., München, S. 846–872.

Scharf, N. (2022): Zivilrechtliche Erstattung von Verteidigungskosten, Bußgeldern, Geldauflagen und Geldstrafen. In: Müller/Schlothauer/Knauer (Hrsg.), Münchener Anwaltshandbuch Strafverteidigung. 3. Aufl. München, S. 1798–1833.

Rechtsprechung

BGH, Beschluss vom 20.05.2010, Az. 1 StR 577/09

Teil 4 – Ausblick

23 Zukunftsfeste Rechtsberatung im Überblick

Dr. Anette Schunder-Hartung

Rechtsberatung 2023 ist in Deutschland ein eher konservatives Geschäft. Schon auf den ersten Blick zeigt sich beispielsweise, dass sie eher rechtsgebiets- als branchengesteuert ist. Von A wie Arbeitsrecht (**Kap. 3** Pusch/Wißler, ab S. 37) bis hin zu W wie Wirtschaftsstrafrecht (**Kap. 22** Rosinus, ab S. 169) – die Kategorisierung erfolgt anders als im Ausland noch immer vor allem entlang der Rechtsgebiete. Wer als Kollegin oder Kollege einen der begehrten Fachanwalts-titel erlangen will, dem begegnen sie nach der aktuellen Fachanwaltsordnung (i.d.F. vom 01.06.2022) sogar in wachsender Zahl. Dabei reichen die *Praxisanforderungen in Unternehmen und vor Gericht längst über die entsprechenden Themenfelder hinaus*: Wer Baurecht macht, muss sich oft gleichzeitig den Herausforderungen des Immobilienrechts (**Kap. 10** Koch, ab S. 87) stel-len, und die Zeiten, in denen man als Baurechtlerin lediglich die Grundzüge des Rechts der öffentlichen Vergabe (**Kap. 19** Freund/Krüger, ab S. 149) kennen musste, sind sowieso längst vorbei.

Entsprechend aufschlussreich sind die *Schnittmengen*. Das gilt für die Branchenkenntnisse zum Energierecht (**Kap. 8** Brück von Oertzen, ab S. 75) oder zu Freizeit und Tourismus (**Kap. 9** Vogel, ab S. 81), ebenso wie hinsichtlich der modernen Anforderungen an das Notariat (**Kap. 14** Plantiko, ab S. 115). Wieder andere Bereiche wie etwa das internationale Recht (**Kap. 12** Yakhloufi, ab S. 105) oder die Prozessführung (**Kap. 16** Geissler, ab S. 129) befassen sich seit jeher mit den unterschiedlichsten Themen, von Metafeldern wie der Compliance (**Kap. 5** Rettenmaier/Rost-alski, ab S. 51) ganz zu schweigen. Themenfelder wie Insolvenzrecht (**Kap. 11** Kolmann, ab S. 97) und Restrukturierung (**Kap. 17** Heidenfelder, ab S. 135) wiederum weisen mit ihren ho-hen betriebswirtschaftsrechtlichen Anforderungen bereits weit über das alte Juristendogma »Iudex non calculat« hinaus. Wer da keine Bilanzen lesen kann, ist verloren.

So unterschiedlich, wie in den einzelnen Bereichen die praktischen Anforderungen sind, ver-langen sie einerseits nach einer praktischen *Spezialisierung*, die bis hin zu einer Kombination von Rechtsgebiet und Branche reichen kann (so in **Kap. 13** Jungermann für das Kartellrecht, ab S. 111, und in **Kap. 20** Mathäser für das Versicherungsrecht, ab S. 155). Umso auffälliger ist an-dererseits, dass unsere Autorinnen und Autoren immer wieder ähnliche praktische Musts beto-nen. So spielt die Suche nach dem richtigen Business Partner bei gleichzeitig guter Teamarbeit nicht nur in der unternehmensinternen Rechtsberatung (**Kap. 2** Herles, ab S. 25) eine zentrale Rolle. Immer wieder werden zudem Soft Skills und das richtige Mindset betont, und das auch in einem Kernbereich der B2B-Betreuung wie der Rechtsberatung zu Banking- & Finance-Fragen (**Kap. 4** Walter/Waldbröl, ab S. 45).

Nicht überraschend, aber im Sinne eines umfassenden »Gamechangers« kommt zudem die fortschreitende *Digitalisierung* zum Tragen. Als hätten beispielsweise Vertriebsrechtler nicht schon mit den Anforderungen der Covid-19-Pandemie, dem Krieg in der Ukraine und dem aus juristischer Sicht erst kürzlich erfolgten Brexit zu tun (**Kap. 21** Bernardi, ab S. 161), als wäre der Zugang zum juristischen Beratungsmarkt nicht ohnehin schon für andere Rechtsdienstleister und Inkassounternehmen geöffnet, erzwingt die digitale Transformation ein grundlegendes Überdenken gewohnter Geschäftsmodelle.

Was vor wenigen Jahren in der Beratung zur strategischen Geschäftsentwicklung gerne noch als unrealistisch abgetan wurde, ist mittlerweile gelebte Gegenwart: Die Sammlung von Sachverhaltsdaten und ihre Verarbeitung in Regeln zu Prognosen und/oder Entscheidungen sind kein originär anwaltliches Pfund mehr. Automatisierte Tools wie wenigermiete.de waren erst der Anfang – mittlerweile sind es *komplexe Programme wie ChatGPT (für Generative Pre-trained Transformer), die mitten ins Herz der juristischen Betreuung zielen*. Gerade in einem für den B2B-Beratungsmarkt so lukrativen Segment wie Corporate-M&A sind diese und andere Anwendungen gerade dabei, die Weichen umzustellen (**Kap. 6** Maluch, ab S. 57).

Auch das wiederum ist *erst der Anfang, Stichwort: Quantencomputer*. Diese neue Rechnergeneration bedient sich nicht mehr der gewohnten binären Schaltkreise, sondern nutzt quantenmechanische Phänomene wie Überlagerung und Kopplung, um Informationen zu verarbeiten. Während bisher nur ein Zustand zur gleichen Zeit gespeichert werden kann, sind Quantenbits oder kurz: Qubits darauf nicht beschränkt. Dass sie eine größere Zahl von Informationen parallel verarbeiten können, ermöglicht eine exponentielle Steigerung der Rechenleistung. Dieser Effekt wird nicht nur die Suche in großen Datenbanken und das Bewältigen komplexer Optimierungsprobleme auf eine neue Ebene heben. Er zielt ins Herz der juristischen Entscheidungsfindung.

Im B2B-Geschäft verschafft die elektronische Unterstützung zwar den juristischen Dienstleistern einerseits Zeit für andere qualifizierte Tätigkeiten. Andererseits birgt diese Entwicklung aber jedenfalls für die externen anwaltlichen Berater die *Gefahr, dass sachkundige Auftraggeber die Wegstrecke, auf der sie juristische Betreuung abrufen, weiter verkürzen*. Juristinnen und Juristen werden nicht aussterben. Sie könnten aber von Lösungsentwicklern immer mehr zu »nur« Prüfenden werden – die dann auch entsprechend schlechter vergütet werden.

Juristische Dienstleistungen sind, wie in meinem **Kap. 1** (ab S. 15) ausgeführt, schon heute *keine Black Boxes mehr*. Was, wenn die Anwaltschaft von der Gestalterin juristischer Produkte zu einer Art »vorgelagerten Richterschaft« wird, die nur für die letzten 20% als Geschäftspartnerin bemüht wird? Schon jetzt streben Personalabteilungen der Unternehmen, wie Herles (**Kap. 2**, ab S. 25) betont, nach einer Automatisierung bei der Erstellung von Arbeitsverträgen, Zeugnissen und anderem. Das führe unmittelbar zu einer Reduzierung an Standardanfragen für Rechtsanwälte in den Bereichen, in denen Software die gewünschten Ergebnisse schnell und kostengünstig generiere. Jede weitere Entwicklung hat gravierende Folgen für die *Zahl der Billable Hours*, auf die viele Sozietäten noch immer unverdrossen setzen. Von sinkenden Beiträgen an das Versorgungswerk, aus dem heraus die Babyboomer in absehbarer Zeit ihre Renten beziehen wollen, ganz zu schweigen.

Dass auch *die juristische Ausbildung* vor diesem Hintergrund nicht mehr up to date ist, sei an dieser Stelle noch einmal ausdrücklich hervorgehoben. *Examenserfolge, die im Wesentlichen von der Fähigkeit abhängen, Fakten aufzuarbeiten und auf Grund der richtigen Rechtsregeln zu verarbeiten, sind im KI-Zeitalter zunehmend unbrauchbar.* Nur das zu können, was auch eine KI zunehmend lernt, kann im wahrsten Sinne des Wortes nicht ausreichend sein. Die Kriterien zur Examensprüfung für Juristen, die mindestens vier Arbeitsjahrzehnte lang am Markt reussieren sollen, müssen dringend in Richtung Sozial- und Tech-Kompetenz reformiert werden.

Das wiederum verweist zurück auf das *Thema Personal.* Augenfällig werden entsprechende Herausforderungen nicht nur in klassischen Unternehmen und Sozietäten, sondern zum Beispiel auch im Bereich der Patentanwaltskanzleien (**Kap. 15** Golkowsky/Moeferdt, ab S. 121). Hier müssen sich Rechts- und Patentanwälte trotz ihrer unterschiedlichen Ausbildungen eng miteinander abstimmen. Umso wichtiger ist das angesichts des pandemiebedingt aufgetretenen, aber wohl dauerhaft bestehenden *Trends zur Remote-Arbeit.* Home und Mobile Offices rufen nicht nur nach organisatorisch praxistauglichen Lösungen. Auch psychosozial besteht Anpassungsbedarf – sowohl, was den Führungsstil von Chefsyndizi und Anwaltspartnerinnen, als auch, was Compliance und Loyalität der Mitarbeitenden betrifft.

Funktionierender Lösungen bedarf es damit in ganz unterschiedlicher Hinsicht. Nicht nur Kolmann (**Kap. 11**, ab S. 97) weist darauf hin, dass es gerade bei Verhandlungen über Zukunftslösungen hilfreich ist, wenn mit einem potenziellen strategischen Mehrwert argumentiert werden kann. Was für das Unternehmen in der Insolvenz gilt, gilt auch für die allgemeine Betreuung im juristischen Bereich: Bereits jetzt besteht Einigkeit darüber, dass *guter Rechtsrat weit über den Hinweis auf Paragrafen-Leitplanken* hinausgeht.

Juristenexpertise, die mit automatisierter 24/7-Subsumtion zunehmend weniger mithalten kann, wird künftig jedoch noch viel mehr können müssen: *Auch auf menschliche Expertise zurückzugreifen, muss objektiv immer noch praktisch sein. Subjektiv sollte es seitens potenzieller Auftraggeber mehr Freude bereiten und/oder Akzeptanz schaffen denn je* – Stichwort: UX oder User Experience. Entsprechend genau müssen Beratende verstehen, worauf es ihren internen wie externen Auftraggebern wirklich ankommt. Welche *Interessen* stehen hinter den Positionen, die im Arbeitsauftrag formuliert werden? Welche abweichenden *Ziele* verfolgen Auftraggeber und Drittbetroffene, und wie lassen sich daraus *Win-Win-Situationen* machen?

Ein zentrales Element, um insoweit nicht aneinander vorbeizureden, ist die von unseren Autorinnen und Autoren immer wieder benannte *Kommunikation.* Nur gute Kommunikation kann – um es mit Elgeti (**Kap. 18**, ab S. 141) zu formulieren – Verständnis wecken. Rosinus (**Kap. 22**, ab S. 169) weist zu Recht darauf hin, dass sie mit Empathiefähigkeit verknüpft ist. Gleichzeitig ist es aber erforderlich, dass man *richtig hinzuhören* lernt. Allein zwischen Sagen, Hören und Verstehen liegen zuweilen breite Gräben – vom blinden Fleck auf dem Rücken ganzer Rechtsabteilungen und Sozietäten, von Dissonanzen zwischen Standorten, Praxis- und Branchengruppen ganz zu schweigen.

Zudem sind unterschiedliche *Persönlichkeitstypen* zu adressieren, sei es nach dem klassischen DISG-Modell von William Moulton Marston, sei es nach dem seit den Fünfzigerjahren des letzten Jahrhunderts weiter entwickelten Wertemodell von Clare W. Graves. Beispielsweise werden Sie einen sog. roten Typ nach DISG mit ausführlichen Erörterungen rasch nerven – er bevorzugt den Zahlen-Daten-Fakten- oder kurz: *ZDF-Stil*. Umgekehrt erwartet der personenorientiert-extrovertierte gelbe Typ, wie er unter Redakteuren häufig anzutreffen ist, ein *gutes Storytelling*. Dort sind Content Marketing durch gut erzählte Geschichten und ein einleuchtendes Narrativ gefragt. Das Graves-Modell wiederum unterscheidet neben anderem Bürokraten und Materialisten, Einzelkämpfer und Beziehungsmenschen, die alle auf ganz unterschiedliche Anreize reagieren. Je nachdem, wen Sie sie von sich überzeugen wollen, müssen Sie unterschiedliche Zugangs- und Arbeitsweisen beherrschen (siehe zum Ganzen bereits Schunder-Hartung, 2019).

Persönliche, soziale sowie methodische Soft Skills und das richtige Mindset spielen im Zuge dessen – wie etwa Walter und Waldbröl (**Kap. 4**, ab S. 45) betonten – eine zentrale Rolle. Das gilt nicht nur mit Blick auf die aktuellen Stakeholder. Ebenso wichtig ist es im allfälligen *War for talents*, dem Kampf um die größten Talente im Zuge der Personalplanung. Das Thema Personal zieht sich wie ein roter Faden durch unser Buch, von der Verfügbarkeit über die Aus- und Weiterbildung bis hin zur Entlohnung. Autorinnen wie Yakhloufi (**Kap. 12**, ab S. 105) und Heidenfelder (**Kap. 17**, ab S. 135) kommen immer wieder darauf zurück.

Dabei konstatiert Notarin Plantiko (**Kap. 14**, ab S. 115) mit Blick auf die jüngere Generation die Tendenz, jahrzehntelang tradierte, allgemein anerkannte Grundprinzipien des Arbeitsverhältnisses infrage zu stellen. Insbesondere mit Blick auf Arbeitszeit und -ort herrsche ein frischer Wind, der für ein Überdenken eingefahrener Strukturen sorge. Allerdings führe er zuweilen auch zu Missverständnissen und falschen Erwartungshaltungen – denen sich einmal mehr nur durch rechtzeitige, saubere Kommunikation begegnen lässt.

In Sachen Arbeitshaltung sind für die *unersetzliche User Experience* zudem ein konsequenter Perspektivwechsel und eine iterative Herangehensweise erforderlich. Nach dem Vorbild des *Legal Design Thinking* ziehen sich die Beratenden dabei nicht länger mit einer definierten Aufgabenstellung zurück, bis sie diese präsentabel bearbeitet haben. Stattdessen wirken alle Beteiligten in einem interdisziplinären Prozess zusammen. Ihre Vorgehensweise ist gekennzeichnet von Elementen des Verstehens, Beobachtens, des Einnehmens von Standpunkten, Entwickelns von Ideen und Prototypen und des Testens. Gleichzeitig findet eine frühzeitige Rückkopplung an das ursprünglich verfolgte Ziel statt. Die juristische Arbeitsweise wird zunehmend agil – das kommt in mehreren Beiträgen zum Ausdruck.

Dass ein derartiges Vorgehen auch eine neue Fehlerkultur erfordert, versteht sich von selbst. Hier besteht ebenfalls erheblicher Nachholbedarf in der Praxis.

Entsprechende Arbeitsweisen sind umso wichtiger, als ja auch die geltende *Dogmatik in den meisten Bereichen von einem sich schnell ändernden Rechtsrahmen gekennzeichnet* ist. Das Umweltrecht (**Kap. 18** Elgeti, ab S. 141) liefert dafür ein ebenso beredtes Beispiel wie die Beratung in den Bereichen Datenschutzrecht und IT (**Kap. 7** Kühn, ab S. 63). Dazu passt, dass (nicht nur) diese beiden Autoren neben technischem Verständnis die rechtzeitige Einbeziehung und Kommunikation für die maßgeblichen Herausforderungen der Beratung halten. Über bestehende rechtliche Schemata ist stets hinauszudenken.

Das bei Pusch und Wißler (**Kap. 3**, ab S. 37) ausdrücklich zu findende Petitum nach *mehr Wertschätzung für Unternehmen* schlägt die Brücke hin zu den allseitigen Wünschen de lege ferenda. Mit Blick auf den Gesetzgeber wird nicht nur eine nachhaltige Änderung der Juristenausbildung gefordert. Auch in der Praxis ist systematische Aufmerksamkeit geboten, und zwar entlang der gesamten Wertschöpfungskette juristischer Beratungsprodukte.

Was insoweit die Digitalisierung betrifft, reicht das Spektrum von den oben beschriebenen grundlegenden Erwägungen einschließlich der von Herles (**Kap. 2**, ab S. 25) so bezeichneten »Entwicklung eines fundierten technischen Verständnisses« bis hin zu den *virtuellen Sitzungen,* von denen bei Pusch/Wißler, Maluch, Kühn, Koch und Heidenfelder (**Kap. 3, Kap. 6, Kap. 7, Kap. 10** sowie **Kap. 17**, ab S. 37) die Rede ist. In Einklang damit sollte nach Plantiko auch das Notariat »weiter konsequent von den unnötigen Fesseln der analogen Amtsführung befreit werden«.

Die *praktische Durchführbarkeit* von Maßnahmen – dort: Compliance-Maßnahmen – mahnen Rettenmaier/Rostalski (**Kap. 5**, ab S. 51) an. In dieselbe Richtung zielt auch Kühn (**Kap. 7**, ab S. 63) mit seinem Wunsch nach der Erstellung durchdachter und praktikabler Rechtsvorschriften. Bisher hätten nationale und europäische Gesetzgeber nicht immer überzeugende Antworten auf neue technologische Entwicklungen gefunden. Dass es einerseits an Digitalisierungsressourcen fehlt, andererseits vor lauter Neuregelungen »auch versierte Kenner der Materie schon einmal den Überblick verlieren«, wie es Kolmann (**Kap. 11**, ab S. 97) mit Blick auf die Insolvenzantragspflicht formuliert, darf schlicht nirgends passieren.

Weniger Schnellschüsse, weniger Regulierung und mehr (sichere) Digitalisierung fordert Immobilienrechtler Koch (**Kap. 10**, ab S. 87). Unübersichtliche Regelungen verlangten nach *Reformen mit dem Ziel eines Weniger ist mehr.* Passend dazu betont Vertriebsrechtler Bernardi (**Kap. 21**, ab S. 161), dass feste und mathematisch berechenbare Vorgaben zur Kündbarkeit von Vertragshändlerverträgen viele Unsicherheiten beseitigen würden. Der Gesetzgeber habe nicht unbedingt und bei neuen Geschäftsmodellen von Unternehmen eher gar nicht alle Wechselwirkungen der neu erlassenen Regelungen vor Augen.

Auch Kartellrechtler Jungermann (**Kap. 13**, ab S. 111) hat den Eindruck, dass – dort im GWB – »eine Novelle die andere jagt«, mit dem Ergebnis unausgegorener Regelungen. Gleichzeitig beobachtet er eine zunehmende politische Unwucht im internationalen Bereich. Dass auf internationaler Ebene nicht alles rund läuft, betont ebenso Yakhloufi (**Kap. 12**, ab S. 105). Sie findet eine *Harmonisierung der Rechtsvorschriften* für eine global agierende Weltwirtschaft unabdingbar. Passend dazu beklagt Elgeti (**Kap. 18**, ab S. 141) für das Umweltrecht immer neue, teilweise selbst für Fachkundige leicht zu übersehende Sonderregelungen. Sie führten zu Unsicherheiten und Verzögerungen, während ein einheitliches, in sich schlüssiges Verfahrensrecht viele verwaltungsrechtliche Einzelbetrachtungen überflüssig machen könne.

Das Petitum von Walter und Waldbröl (**Kap. 4**, ab S. 45), dass der Gesetzgeber Abstand von seiner jedenfalls impliziten Garantie an die Bürger nimmt, sie vor allen Risiken beschützen zu wollen, zielt in die allgemeine *rechtspolitische Richtung*. Vergleichbar äußert sich Vogel (**Kap. 9**, ab S. 81): Die Gesetzgebung habe eine allumfassende Haftung – dort: des Reiseveranstalters – nicht nur etabliert, sondern beständig ausgebaut. Dieser Umstand verschaffe dem Reisenden eine *Vollkasko*-Sicherheit, die innovative Geschäftsmodelle lähme. Eine Stärkung der politischen Teilhabe fordert dagegen Geissler (**Kap. 16**, ab S. 129): Nachhaltig gute berufs- und prozessrechtliche Veränderungen könnten nur unter Mitwirkung erfahrener Branchenkräfte entstehen.

Im Versicherungsrecht geht es hingegen um die Herstellung von *Waffengleichheit*: Dadurch, dass der Versicherungsnehmer für den Schadensfall prinzipiell die Beweislast trägt, ist eine Begegnung auf Augenhöhe nur bei bestehender Rechtsschutzversicherung oder einem Anspruch auf Prozesskostenhilfe gegeben. Dass ansonsten das Risiko einer Beweisfälligkeit mangels der Finanzierbarkeit von Gutachten besteht, sieht Mathäser (**Kap. 20**, ab S. 155) zu Recht kritisch.

Weitere inhaltliche Aspekte kommen zum Tragen, wenn sich Herles (**Kap. 2**, ab S. 25) ein klar geregeltes *Unternehmensstrafrecht* wünscht. Auch Wirtschaftsstrafrechtler Rosinus (**Kap. 22**, ab S. 169) sieht den dringendsten Regelungsbedarf in einem einheitlichen Recht der Unternehmenssanktionen. Beispielsweise fehlten im Bereich der internen Untersuchungen Regelungen zu Vernehmungen von Mitarbeitenden, zur Verwertbarkeit von Erkenntnissen, zu der Stellung der Unternehmensverteidigung und den Auswirkungen auf die Bußgeldzumessung. Damit einhergehend fordert Heidenfelder (**Kap. 17**, ab S. 135) klare gesetzliche Regelungen für die Haftung von Unternehmensleiterinnen und -leitern. Zwischen einer redlichen und unredlichen Geschäftsleitung sollte der Gesetzgeber klar unterscheiden – zumal redliches Geschäftsgebaren in den letzten beiden Jahrzehnten deutlich zurückgegangen sei.

Für den Corporate-M&A-Bereich mahnt Maluch (**Kap. 6**, ab S. 57) wiederum nicht nur eine *Förderung der Start-up-Kultur und der Venture-Capital-Landschaft* an. Er plädiert nachdrücklich für eine grundlegende Vereinfachung des Steuerrechts. Was das Energierecht betrifft, so wünscht sich Brück von Oertzen (**Kap. 8**, ab S. 75) statt des bisherigen Zieldreiecks aus Versorgungssicherheit, Wirtschaftlichkeit und Umweltverträglichkeit ein Viereck, das auch den Faktor *Kli-*

maschutz integriert. Dass der Staat nach Art. 20a GG zum Klimaschutz verpflichtet ist, hat das Bundesverfassungsgericht ja auch schon im Senatsbeschluss vom 24.03.2021 (BVR 2656/18 u. a.) betont.

Golkowsky/Moeferdt (**Kap. 15**, ab S. 121) schließlich sprechen sich für die Patentanwaltskanzlei ganz konkret für eine *Neuheitsschonfrist* aus, national und international. Sie zielt auf den Zeitraum, in dem man eine Erfindung publik machen kann, ohne dass das einer späteren Patentanmeldung entgegensteht. Sie sehen darin einen geeigneten Kompromiss zwischen den Flexibilitätsgewinnen für die Antragstellenden einerseits, der Rechtsunsicherheit für Dritte andererseits.

Im Ergebnis spielen damit zentrale objektive wie subjektive Kriterien eine Rolle, müssen Gesetzgeber wie Rechtsanwenderinnen und -anwender in unterschiedlichster Hinsicht aufmerksam sein und bleiben. Neue Regelungen sollten gut durchdacht sein und zu einer Vereinheitlichung der Verhältnisse beitragen; einige Rechtsbereiche sind dabei in besonderer Weise zu reformieren. Alle Beteiligten müssen zudem Strategien entwickeln, mit denen sie im Zeitalter des digitalen Umbruchs attraktiv und gefragt bleiben. Soft Skills und User Experiences rücken in nie gekannter Weise in den Mittelpunkt der Schaffung juristischer Dienstleistungsprodukte. Entsprechend kann auch die Aus- und Weiterbildung nicht bleiben, wie sie ist.

Digitale Transformation, Ausbildungs- und Personalfragen sowie gesetzgeberische Schnellschüsse einerseits, Versäumnisse andererseits: Diese Gemengelage erzeugt Herausforderungen über Herausforderungen. »Nicht weil es schwer ist, wagen wir es nicht, sondern weil wir es nicht wagen, ist es schwer«, postulierte allerdings schon Lucius Annaeus Seneca. In diesem Sinne sollten wir alle frisch ans Werk gehen.

Literatur

Schunder-Hartung, Anette (2019): Erfolgsfaktor interne Kanzleikommunikation. In: Schulz, Martin/ Schunder-Hartung, Anette (Hrsg.), Recht 2030. Frankfurt.

Autorinnen und Autoren

Frank J. Bernardi ist Rechtsanwalt, Fachanwalt für Handels- und Gesellschaftsrecht und Partner bei Rödl &Partner, wo er mittelständische und größere Unternehmen umfassend zu allen individualrechtlichen und kollektivrechtlichen Fragestellungen des nationalen und internationalen Vertriebsrechts berät. Einen Schwerpunkt seiner Tätigkeit bilden das Vertriebsrecht und die Vertretung der Interessen seiner Mandanten vor ordentlichen Gerichten und Schiedsgerichten.

Martin Brück von Oertzen ist Rechtsanwalt und Partner der auf den öffentlichen Sektor spezialisierten Kanzlei Wolter Hoppenberg Rechtsanwälte Partnerschaft mbB: Er ist Fachanwalt für Handels- und Gesellschaftsrecht und Wirtschaftsmediator. Er berät bereits seit mehr als 25 Jahren in allen Bereichen des Energierechts, insbesondere kommunale Versorgungs- und Infrastrukturunternehmen.

Dr. Till Elgeti ist Rechtsanwalt und Partner der auf den öffentlichen Sektor spezialisierten Kanzlei Wolter Hoppenberg Rechtsanwälte Partnerschaft mbB. Er ist Fachanwalt für Verwaltungsrecht. Er begleitet seit vielen Jahren die Öffentliche Hand und private Mandantinnen und Mandanten (als Behörden und Vorhabenträger) im Umweltrecht. Er ist ehrenamtliches Mitglied der Deutschen Vereinigung für Wasser, Abwasser und Abfall e. V. (Obmann des Fachausschusses für Vollzugsfragen des Wasserrechts) und Lehrbeauftragter an der Ruhr-Universität-Bochum für Umweltrecht.

Dr. Matthias Freund, Rechtsanwalt, ist Fachanwalt für Vergaberecht, Fachanwalt für Verwaltungsrecht und Fachanwalt für Bau- und Architektenrecht. Dr. Matthias Freund ist Partner der Kanzlei Muth & Partner mbB und seit über 20 Jahren schwerpunktmäßig mit telekommunikationsrechtlichen sowie vergaberechtlichen und baurechtlichen Fragestellungen befasst. Er verfügt über weitreichende Erfahrung in der Begleitung von öffentlichen Infrastrukturprojekten jeglicher Organisationsform und berät sowohl öffentlich-rechtliche Auftraggeber als auch Bieter in allen vergaberechtlichen Fragestellungen.

Dr. Dennis Geissler ist Rechtsanwalt und Partner in der Kanzlei Ferox Legal, Frankfurt und München. Er ist Fachautor in verschiedenen Kommentaren und bearbeitet komplexe Streitigkeiten.

Dr. Stefan Golkowsky ist Patentanwalt, seit 2002 Partner der Patentanwaltskanzlei Pfenning und als Aufsichtsrat aktiv. Er hat unter anderem die Bücher »Employees' Inventions in Germany« (als Autor mit H. Reitzle und P. Karge; München 2020) sowie »IP-Strategien für Start-ups« (als Herausgeber; Stuttgart 2020; mit parallelen Ausgaben in den USA, UK und in China) publiziert.

Petra Heidenfelder ist Rechtsanwältin, Fachanwältin für Insolvenz- und Sanierungsrecht und seit über 15 Jahren in diesem Bereich bei SGP Schneider Geiwitz & Partner Wirtschaftsprüfer Steuerberater Rechtsanwälte PartGmbB tätig. Sie ist Partnerin am Standort Frankfurt a. M.

Dr. Christian Herles ist Rechtsanwalt in der Kanzlei Baer Legal und war Syndikusanwalt in verschiedenen digitalen Wachstumsunternehmen. Im Schäffer-Poeschel Verlag ist sein Buch »Unternehmensinterne Rechtsberatung« (2022) erschienen.

Dr. Sebastian Jungermann ist ein auf das Kartellrecht spezialisierter Rechtsanwalt und Partner der Kanzlei Arnecke Sibeth Dabelstein in Frankfurt a. M. Zu seinen Mandanten zählen große internationale Firmen ebenso wie Unternehmen aus dem Mittelstand und natürliche Personen. Dr. Sebastian Jungermann veröffentlicht regelmäßig in Zeitschriften, Büchern (etwa »Handbuch Fusionskontrolle«, Frankfurt a. M.), Kommentaren (etwa »Frankfurter Kommentar zum Kartellrecht«, Köln) und anderen deutschen und internationalen Publikationen.

Dr. Detlef Koch ist Rechtsanwalt, Partner und Standortleiter des Frankfurter Büros von Advant Beiten. Sein Tätigkeitsbereich umfasst Unternehmens- und Immobilientransaktionen, Organberatung und Organstreitigkeiten sowie die Beratung von Unternehmen im immobilienwirtschaftlichen Bereich.

Dr. Stephan Kolmann ist Rechtsanwalt und Partner der überwiegend im süddeutschen Raum tätigen Kanzlei KJK – Kolmann Jakobs Kramer, die auf krisennahe Beratung in Restrukturierungs- und Insolvenzfällen sowie auf Prozessführung spezialisiert ist. Er referiert und publiziert regelmäßig zu Themen an der Schnittstelle zwischen Insolvenz- und Gesellschaftsrecht.

Levin Krüger ist Rechtsanwalt in der Kanzlei Muth & Partner mbB. Er berät insbesondere öffentliche Auftraggeber und Bieter in vergabe- und beihilferechtlichen Fragen. Ein weiterer Schwerpunkt liegt in der kommunalrechtlichen Beratung von Kommunen und kommunalen Unternehmen.

Mark Oliver Kühn, LL.M. (Denver) ist Rechtanwalt, Attorney und Counselor at Law (NY) und Partner im Frankfurter Büro der Rittershaus Rechtsanwälte Steuerberater PartG mbB. Er hat seinen Beratungsschwerpunkt in den Bereichen Informationstechnologie- und Datenschutzrecht und berät nationale und internationale Unternehmen bei der rechtssicheren Gestaltung von Unternehmensprozessen, insbesondere in den Bereichen Softwarevertragsrecht und Open Source, IT-Outsourcing- und Projektverträge, Datenschutz und Datensicherheit, E-Commerce und Multimediarecht, elektronische Bezahlsysteme, IT-Compliance und Telekommunikationsrecht. Ferner ist er regelmäßig als Referent zu aktuellen Themen zu IT- und Datenschutzrecht sowie Compliance tätig.

Bernhard Maluch ist Rechtsanwalt und Partner in der Kanzlei Metis Rechtsanwälte. Er hat umfangreiche Erfahrung in der Begleitung von inländischen und grenzüberschreitenden Unternehmenskäufen, Joint Ventures, Umwandlungen, Verschmelzungen und Ausgliederungen einschließlich der Bereiche Private Equity und Venture Capital. Außerdem steht er Mandanten bei Immobilientransaktionen und Restrukturierungen sowie bei Insolvenzen zur Seite. Neben

Deutsch, Englisch und Französisch spricht er nach langjährigen Aufenthalten im Nahen Osten auch Arabisch.

Johanna Mathäser ist seit über 25 Jahren selbstständige Rechtsanwältin in Rosenheim. In ihrer Kanzlei berät und vertritt sie vorwiegend Versicherungsnehmerinnen und Versicherungsnehmer in allen Fragen des Versicherungsrechts. Seit 2020 vermittelt sie als Lehrbeauftragte für Versicherungsrecht an der Technischen Hochschule Rosenheim im Studiengang Wirtschaftsmathematik-Aktuarwissenschaften die Grundlagen des Versicherungsvertrags- und Versicherungsaufsichtsrechts.

Dr. Matthias Moeferdt studierte Physik am Karlsruher Institut für Technologie (KIT) mit anschließender Promotion an der Humboldt-Universität zu Berlin. Er ist als deutscher Patentanwalt und European Patent Attorney für die Kanzlei Pfenning tätig.

Dr. Astrid Plantiko ist Rechtsanwältin und Notarin mit Amtssitz in Frankfurt am Main. Sie ist Managing Partner ihrer Kanzlei Arnoul, Möller & Plantiko und betreut mit zwei weiteren Rechtsanwälten und Notaren gewerbliche und private Mandanten in allen notariellen Angelegenheiten in deutscher, englischer, russischer und italienischer Sprache. Schwerpunkte der Beratung liegen im Immobiliensektor sowie im Unternehmens- und Nachfolgerecht.

Dr. Tobias Pusch ist Rechtsanwalt, Fachanwalt für Arbeitsrecht und Gründer von Pusch Wahlig Workplace Law. Er berät nationale und internationale Unternehmen und Konzerne in sämtlichen Fragen des Arbeitsrechts und Start-ups von der frühen Gründungsphase über unterschiedliche Finanzierungsrunden bis zum Exit und darüber hinaus. Außerdem ist er Mitglied des Management Boards von L&E Global sowie Vorstandsvorsitzender des Harvard University Alumni Club Berlin e. V. und der Harvard Scholarship Foundation Germany e. V. Als Managing Partner von Pusch Wahlig Workplace Law ist Dr. Tobias Pusch prägend für die strategische Positionierung und kulturelle Ausrichtung der Sozietät.

Felix Rettenmaier ist Rechtsanwalt und Namenspartner der Kanzlei Rettenmaier Frankfurt. Er veröffentlicht regelmäßig wissenschaftliche Beiträge zu seinen Arbeitsschwerpunkten in Fachzeitschriften und Standardwerken wie dem Handbuch des Strafverteidigers (Dahs), Handbuch Wirtschafts- und Steuerstrafrecht (Wabnitz/Janovsky), Bankstrafrecht (Schork/Groß), Fiskalstrafrecht (Adick/Bülte), Healthcare Compliance (Geiger), StGB-Kommentar (Matt/Renzikowski) sowie StPO-Kommentar (Radtke/Hohmann).

Dr. Christian Rosinus ist Rechtsanwalt und Namenspartner der Kanzlei Rosinus | Partner Rechtsanwälte PartG mbB und auf die Beratung im Wirtschafts- und Steuerstrafrecht sowie im Bereich Compliance spezialisiert. Er ist neben zahlreichen Betrugsverfahren, steuerstrafrechtlichen Sachverhalten und Insolvenzverschleppungs- und Insiderhandel-Delikten ebenfalls in datenschutz- und arbeitsstrafrechtlichen Mandaten aktiv und unterstützt neben Unternehmen in der Krise auch geschädigte Konzerne. Daneben ist er Host des »Criminal Compliance Podcast« (www.rosinus-on-air.com).

Dr. Tony Rostalski ist Rechtsanwalt und Partner der Kanzlei Rettenmaier Frankfurt. Er ist Fachanwalt für Strafrecht und berät seine Mandanten zu allen Aspekten der Compliance und des Wirtschafts- und Steuerstrafrechts.

Dr. Anette Schunder-Hartung ist Rechtsanwältin, Strategieberaterin und Coach bei aHa Strategische Geschäftsentwicklung. Die langjährige Schriftleiterin juristischer Fachzeitschriften, Chefredakteurin juristischer Handbücher und Jahrbücher sowie Univ.-Lehrbeauftragte befasst sich seit über 30 Jahren mit der Zukunft des juristischen Berufsstands. »Innovative Rechtsberatung« ist ihr fünftes Sachbuch und das erste Werk, das aus der Mitte ihrer seit 2011 bestehenden bundesweiten aHa-Kanzleireihen heraus entstanden ist.

Prof. Dr. Hans-Josef Vogel ist Rechtsanwalt, Partner und Co-Leiter der Praxisgruppe Corporate/M&A bei Advant Beiten. Sein Tätigkeitsbereich ist der Bereich der Unternehmenstransaktionen und der vertragsrechtlichen Beratung. Er ist einer der ausgewiesenen Experten für das Recht der Touristik; in diesem Bereich berät er nicht nur, sondern lehrt, veröffentlicht und spricht als Experte in einer Vielzahl von TV-Sendungen.

Prof. Dr. Andreas Walter ist Rechtsanwalt, Partner und Co-Managing Partner der Sozietät Schalast Law – Tax, in der er die Praxisgruppe Banking & Finance leitet. Er ist Experte für Zukunftsgestaltung in der Finanzindustrie. Seit mehr als 20 Jahren entwickelt er Lösungen ohne Denkschranken und materialisiert Ideen mit seinem Blick für das große Ganze.

Simon Waldbröl ist Rechtsanwalt in der Praxisgruppe Banking & Finance der Sozietät Schalast Law – Tax in Frankfurt. Er fokussiert sich auf Future-Banking-Themen und berät u.a. Banken, Zahlungs- und Finanzdienstleister sowie FinTechs bei der Strukturierung innovativer Geschäftsmodelle. Vor seinem Eintritt bei Schalast im September 2020 war er drei Jahre im Bereich Financial Services (Bank-, Versicherungs- und Investmentrecht) für eine internationale Großkanzlei tätig. Dort beriet er Mandanten insbesondere zu finanzierungs-, aufsichts- und gesellschaftsrechtlichen Themen.

Eva Wißler ist Rechtsanwältin und Fachanwältin für Arbeitsrecht sowie Partnerin bei Pusch Wahlig Workplace Law am Standort Frankfurt am Main. Sie berät in sämtlichen Bereichen des individuellen und kollektiven Arbeitsrechts, auch im internationalen Kontext. Schwerpunkte ihrer Beratungspraxis bilden Unternehmenskäufe und- restrukturierungen, arbeitsrechtliche Begleitung der Insolvenz in Eigenverwaltung sowie internationales Arbeitsrecht. Eva Wißler ist Mitglied des HR-Teams bei Pusch Wahlig Workplace Law, das sich kanzleiinternen Personalthemen widmet.

Aziza Yakhloufi ist Rechtsanwältin und Fachanwältin für Arbeitsrecht sowie für Handels- und Gesellschaftsrecht. Sie ist Partnerin bei Rödl & Partner, wo sie mittelständische und größere Unternehmen umfassend zu allen individualrechtlichen und kollektivrechtlichen Fragestellungen des nationalen und internationalen Arbeitsrechts begleitet und berät.

Ihre Online-Inhalte zum Buch: Exklusiv für Buchkäuferinnen und Buchkäufer!

▶ https://mybookplus.de

▶ Buchcode: VPB-72144